シリーズ「自伝」my life my world

青春放浪から格差の経済学へ

橘木俊詔

シリーズ「自伝」
my life my world

ミネルヴァ書房

刊行のことば

自伝を書くのは勇気の要ることである。自分が仕事をなしとげ、回顧し、歩んだ途を後輩に伝えるのが自伝であるとすれば、学者の場合「功」はともかく、「学」成って初めて書けるのかもしれない。日本で最もよく読まれ、成功した自伝は『福翁自伝』であろうが、刊行は福沢諭吉が没する二年前であった。

しかし、一方で学問には終わりがないことを考えるならば、誰も自伝は書けなくなる。もちろん数学や物理学のようなハード・サイエンスでは、比較的若いうちに勝負は決まり、ソフト・サイエンスたる人文科学系の学問では、知識・資料の集積がものをいうので、集大成は晩い。社会科学はその中間だろう。このように分野による違いはあるにしても、もうすべてやり尽くしたと考える者はいないだろう。

そういったことは承知の上で、このシリーズ「自伝」my life my world は企画された。したがって、著者は自伝が書かれた時点での達成過程を書くわけで、何年か後にそれを自ら否定することだってあり得る。重要なのは、いかなる動機でその世界を出発させ、どのように進展させ、時には遍歴し、とにかくあるところまで達成したか、の軌跡を公開することである。ある場合には失敗もあったろうし、壁にぶつかったり、悩んだりしたに違いない。それらがどう乗り越えられたかを知ることだけでも、その個人の経験を超えた、「知」の求道が読み取れるだろう。この点が、本シリーズが、単なる伝記シリーズではなく、シリーズ「自伝」my life my world と銘打たれる理由である。

平成二二年（二〇一〇年）一月

速水　融・日髙敏隆

同志社大学での最終講義の日に（妻と）

檀ふみさんと『経済セミナー』で対談した時

同志社大学の学部ゼミ

はじめに

私には人生に指針を与えた愛読書が二冊ある。加藤周一著『羊の歌――わが回想』（岩波新書、一九六八年）とアルベール・カミュ著『シーシュポスの神話』（新潮文庫、一九六九年）である。前著は、文芸評論家で知的巨人とみなしてよい加藤の若い年代の人生を叙述したものである。なんと頭の良い人として生まれ、しかも知的な修練を見事にこなす姿に感動した。高校時代にこの書に接し、こんな知性の優れた人には自分はきっとなれないだろうと思われたし、努々そうなろうと思うなと感じさせた。ただただ憧れる対象としての加藤であった。

後著は、私の高校時代に人気の高かったフランスを中心としたサルトルなどの実存主義に染まった中で、カミュを知ることとなった。多くの作品を読んだがシーシュポスに取り憑かれた。もともとはギリシャ神話に登場する人である。神々がシーシュポスに課した罰は、大岩を山の頂まで運び上げることであったが、山頂まで達すると大岩は重いので麓に転がり落ちることとなる。這い上がっても這い上がっても転落し、それを繰り返す話である。人間の世界には失敗の連続という不条理のあることを教えたのであった。

加藤を知ることによって自分とは縁遠い才能を持って生まれてくる人がいることと、どうしても避けられない不条理、ないし掟が人生にはあることをカミュから知り、この二つは私の生き方に大きな影響を与えた。すなわち、自分の恵まれない才能を直視せよということと、たとえ達成不可能と予想されても努力だけは怠るな、という教訓であった。

本書で私の生きざまを書き綴るが、随所でこの教訓が反映されていることに読者の気が付くところがあれば、望外の幸せである。私は経済学の研究者・教育者になる前となった後において、挫折の繰り返しであった。それらを本書で正直に語りたいと思う。

ただ一つだけユニークな若い年代における経験がある。それは内地（当時の人はそう呼んでいた）からすると北海道という外地の異端地、アメリカという資本主義の本家、文化と芸術を誇るフランスでの生活体験である。それぞれの地で四～五年滞在した。それらを私は青春放浪の旅と称したが、自分なりに得るところは大であったし、どういう影響を受けたか、その一端も紹介したいと思う。

ミネルヴァ書房から自伝執筆のお話をいただいたとき、自分はこれを書くだけの資格や業績はない、と率直に思った。自伝シリーズに現れた近代経済学者の名前、すなわち小宮隆太郎、根岸隆、鈴村興太郎を知ると、なぜ私がこのシリーズに入っているのかを訝る経済学徒は多いのではないかと思う。前二者は文化勲章の受章者である。経済学という学問への貢献度、経済政策の運営方法に関しての斬新なアイディア提供の大きさからすると、これら優れた業績を示した巨人とは程遠い人生を送ってきた私だからである。

でも渋々ながら敢えてお話しを受けた理由を述べれば次のようになる。私の人生は紆余曲折そのものだったが、麓から這い上がる手段を講じることの大切さと、いろいろなことをやってみることの面白さを知ってもらえれば、という期待があった。そして弱者ないし敗者の立場に立って人間社会を考えることの意義を知ってもらえることになれば、との思いもあった。別の言葉を用いれば、少なくとも人々に機会の不平等はなく、貧富の格差のそれほど大きくない社会を求めたい希望があった。

後者に関しては人生後半における格差社会の分析から得られた教訓である。近代経済学という学問は経済効率性という概念を重視して、生産量を高め所得額を上げるにはどうすればよいかをまともに研究するものである。しかし経済効率性だけの追求であれば人々の間で貧富の格差が大きくなり、そのことを放置できない事態になることもある。そこで平等とか公平といった概念が大切となり、効率性と公平性の兼ね合いを検討することが私にとって重要な課題となる。

効率性と公平性のトレードオフ（一方を重視すれば他方は犠牲とならざるをえない関係）は常に私を悩ませてきたことであった。理想はこの二つを同時に満たすような制度、政策を考えることにあるが、一般論としては両者はトレードオフ関係にある。とはいえできれば理想を求めたいので、それを成就するための制度、政策を提言してきたのが私の研究の歴史といっても過言ではない。自伝という書物でそのことの具体案を示すことは不可能なので、本書の中で挙げられた私の書物や論文を参照していただければ幸いである。

これまでの私の人生でお世話になった方は数多くいる。学問上のことでご指導、ご鞭撻を賜った方のお名前は本文の中で挙げているので、それらの方をここでは記述しない。私的な生活では、父・正教、母・美佐子（二人とも故人）がなんとか私を大人になるまで育ててくれたことへの感謝の念には絶大なものがある。妻・泰子も学者の妻として研究支援と生活支援に尽くしてくれたので深く感謝したい。これらの人々の援助がなければ今日の私は存在しえないのである。

青春放浪から格差の経済学へ　目次

はじめに

序章　放浪期と学術生活期

これまでの人生を振り返ると、前半期は国内と国外を頻繁に移動する放浪生活を送り、後半期は京都で職を見つけて定住し、研究と教育に精励したということになる。

前半期（一九四三〈昭和一八〉年の誕生から一九七九〈昭和五四〉年まで）、すなわち三五年間ほどに一カ月以上住んだ国と町をここに記しておこう。必ずしも人生の順序通りにはなっておらず、むしろ国ごとに町の名前を列挙している。

日本は、兵庫県の西宮（異なる時期に二度）、名古屋、北海道の小樽、大阪府の高槻（異なる時期に二度）、の四都市である。日本を離れて初めて渡った国はアメリカであり、東部のボルティモアに四年間いた。後に西部のパロアルト（サンフランシスコ郊外）に一年間、首都ワシントンに三カ月住むことがあった。ボルティモアを離れてから大西洋を渡ってアメリカからフランスのパリに移り、そこでまた四年間住む。この間南部のエックス・アン・プロバンスに三カ月住む。日本に帰国後にイギリス、ドイツ、オランダなどを訪問する機会があった。イギリスはコルチェスター（ロンドン郊外）に一年間、ドイツはミュンヘンとベルリンにそれぞれ三カ月ずつ、オランダのライデンに一カ月滞在するという経験をした。

幸か不幸か私の外国滞在経験は先進国が主であり、発展途上国は数日から数週間というごく短期間の訪問にすぎないことが残念である。この最大の理由は、私の専門なり関心が先進国病で代表されるポスト工業国に特有な問題だったこと、発展途上国に関する開発経済学が専門でないことによる。大学の同期で商社に勤務した人と話をすると、訪問した国は七〇カ国前後になるという猛者がいる。こういう人と比較すると、私の長期間にわたる外国滞在は一〇カ国を超えないので、たいした放浪ではないし幅広い経験とは言い難い。

しかし、一つの国に比較的長期間滞在していたので、その国のことはよく理解できた自信はある。たとえば、アングロサクソン、ラテン、ゲルマンといった民族や文化の違いは、実生活の経験から大いに感得できたのである。これらの違いは学問、文化、スポーツ、料理、ファッション、人の生き方、社会・経済のあり方など多岐の分野での特色として出現しており、それらをこの自伝の中でも言及してみたい。唯一残念なのは、私自身が北欧型福祉国家として大いに敬愛するスウェーデン、デンマーク、フィンランドなどに長期滞在したことがなく、ほんの数週間の調査旅行と国際会議の出席だけ、ということにある。これらの国から学んだのは、主として文献からと、訪問した際に行った限られた量のヒアリングからの知識に依存したにすぎないのである。

では人生の後半期はどうであったろうか。一九七九（昭和五四）年から現在まで、京都と大津に住みながら、職場は京都にある京都大学（経済研究所、経済学部）、同志社大学（経済学部）、京都女子大学（現代社会学部）の三つである。研究と教育の期間といってよいが、私に関して四つほどの特色を簡単に記しておこう。第一は、一般に社会科学は研究者一人で研究や執筆をすることが多いが、私の場合は共同研究や共同執筆の例がかなりある、ということである。なぜそうであったかは本書で詳しく叙述する。

第二は、京都に在住して東京に何度行ったことか、という点である。ひどい時は週に二度のことがあったし、あるいはかなりの頻度で毎週東京に行かねばならないこともあった。最低月に二、三度は行ったのである。これは役所の研究所の客員主任研究員や東大の客員教授をしていたことをはじめとして、それこそ諸々の仕事のために東京に行く必要があった。やや大げさな頻度として毎週往復したとして計算すると、三〇年間に一〇〇〇回以上の新幹線利用である。よく身体を壊さなかったと不思議である。

東京一極集中は地方の人が頻繁に東京に行かざるをえない状況を生んでいるな、という実感である。幸いなことに私は新幹線の中で執筆と読書、ないし睡眠ができたので、決して無駄な時間ではなかったが、あれだけの振動による揺れに一週間約五時間も浸れば、肉体的・精神的な疲労が重なって、病気の原因となっているのではないかと予想する。私にあっては現時点でその兆候は出現していない、という幸運の中にいる。もっともサラリーマンの場合にはもっと多く出張しただろうから、たいしたことではない。とはいえ、G5（日米英独仏）の国の首都のうち、ワシントン、パリ、ロンドン、ベルリンという四都市に住んだことがあるのに、日本の首都である東京だけには住んだことはない、ということを人々に言いまくっているので、嫌味できざな反骨精神だけはある。

第三は、私が研究者・教育者として在籍したのは、大学の中で教養部（大阪大学）、研究所、学部という異なる組織の三つにわたるので、それぞれの組織の持つ長所・短所を実地に体験することができた。それぞれの組織においてほぼ三五年間、好きな研究と教育に精励できたという身であった。乏しい能力にもかかわらず、英語と日本語の書物（編著を含めて）をそれぞれ一八冊、およそ九〇冊前後出版し、同じく英語の学術論文八〇編前後、日本語の学術論文九〇編前後を出版する、という学究生活であった。

学者の学問業績は量ではなく質である、とよく言われる。たとえば、経済学であれば生涯に一〇編以下の論文しか出版しなかった人でも、ノーベル経済学賞を受賞している人がいる。たとえばロナルド・コースとジョン・ナッシュである。私などはこれらの人のように画期的な業績を残した人と比較すること自体が失礼であるし、雲泥の差があることは自分でよく分かっている。研究者には天才的な仕事をする人、学界の水準をかなり上げる人、それを少しだけでも上げる人、ほとんど何も貢献しない人、といろいろな役割を果たす人がいる。私がどれに属するかは第三者の評価によるべきであるが、自己評価では私は最後から二つ目のグループに属すると判断している。

あえて私の役割があったとすれば、幅広い分野の研究に取り組んだこと。日本社会の実態解明と政策のあり方をめぐって一石を投じたこと、教育に熱心で人材の輩出に努力したことにあるかもしれない、ということになろうか。それが具体的に何であるかは本書で述べることにする。

京都での研究・教育にあたって、私自身の経験で得たことを述べるのが本書の目的の一つである。教養部・学部・研究所では、期待されることや、労働条件もかなり異なっていたのであり、大学での研究と教育を考える上で非常に有益な情報なり現実を知ることができたので、それにも言及する。さらに、国立大学のみならず私立大学、女子大学にも滞在したので、国立と私立、共学と女子大の比較を行う上でも貴重な経験となり、これらについては本書の随所で記述する。

さらに中央官庁における研究所に非常勤ながらも勤務して、大学という特殊なところの人から見れば効率性の高い、しかも融通性の高い人の集まりである場所と比較することが可能であるという幸運もあった。もっとも一般企業という民間組織からすると、官庁という組織も非効率性が高いだろうし、そこで働く人も融通性が高くないとみなされているだろうから、公平な比較にはならないかもしれない。

第四に、最後に女子大学の教員になったことにより、男女共学とは異なる強みと弱みを実体験することができたことであった。これについては後に言及する。

では、人生前半期の放浪の旅と、後半期の研究・教育の道を語ることにしよう。

第一章　日本での放浪

1　誕生と少年時代

誕生と戦争による苦痛

私は一九四三（昭和一八）年八月八日、兵庫県西宮市で父・正教《まさのり》、母・美佐子の下で生まれた。父母ともに鹿児島県出身なので、薩摩隼人と鹿児島おごじょのＤＮＡを受けているが、大人になってからの私は隼人のような武士道精神や体育会系の気質を持った質実剛健さはないし、強気や頑固さには乏しいし、おごじょのように芯が通ったしっかり者ではなく、むしろ気弱といってよいほどで勇猛果敢さはなかった。

父が小学校の教員の家庭に育ち、母は造り酒屋の家系に育ったので、私が大学教員でありながら工業・商売を分析する経済学者になったのは、父と母を通した隔世遺伝かもしれないと勝手に思っている。父は九州・戸畑（現・北九州市）の明治専門学校（現・九州工業大学）で電気工学を学び、大阪の住

父母と

友電気工業で技術者というサラリーマンであった。母は鹿児島の第一高女（現・鶴丸高校）で学んだ専業主婦であった。鹿児島育ちの両親は子供の教育には特に熱心であった。一昔前の住友系などの財閥企業では専門学校出は一段格下とみなされ、東大・京大などの帝国大学出身者が優遇されていたことを父母は身をもって体験していたので、悔しい思いを抱いていたことは想像できるものであり、子供の教育に注力したのは、子供心にも分かっていた。

私もそれに応えるべく、灘高校からそれらの大学を目指したが果たせなかった。しかし弟・俊次は灘高校から東大工学部に進学したので、父母からすると子供二人のうち、一人は親孝行をしたのかもしれない。とはいえ、卒業学校名が幅を利かす学歴主義は消滅しつつあると私は判断しているので、取るに足りない話題であると思っている。

後に私が格差問題に関連して日本の過去の教育を研究した時、次のような事例に多く接した。すなわち親が大学出身者でない時、自分の子供を何とか大学に進学させようと希望していた親の多いことを知った。さらに、どの親も自分の子供には親よりも高い教育、あるいは名門校に進学させたい希望を持っており、それを私は「名門度上昇希望仮説」と称して分析した。多くの場合、子供も親の希望に沿うように努力したのである。

話題を私の誕生のことに戻すと、昭和一八年なので戦争中の出生であった。アメリカ空軍の爆撃によって西宮市に住んでいた家を焼かれ、家族が逃げ惑った姿を父母からよく聞いたし、戦中・戦後の貧困、食糧難で苦しんだことも聞いていた。私自身は戦争の過酷さを身をもって体験した記憶はないが、戦中世代の人々が苦労したことは、父母の世代の人々から想像できるほど聞いていた。私達の世代あたりの人々は幼児期における栄養不足が原因で、他の世代よりもやや身体能力が劣るということも、後に大人になってから知ることとなった。しかし繰り返すが幸か不幸か、私自身は戦争被害を身をもって体験した記憶はない。

この記憶のなさは私達の世代の感覚に微妙な影響を与えた。私達の世代より前の人々は、戦争の悲惨さを身をもって体験しているだけに、心なしか反戦論を支持する人の数が多いように思える。一方で食糧の不足することの苦痛が記憶にある世代でもあるので、経済が大切だという認識が強く、他の世代よりも勤労を尊び、経済中心の生活を支持する人が多いと映る。それでも、それらの人々よりも少し若い戦中世代の私達も、幼児の頃は日本が貧乏であったことの記憶は明確にある。

なぜこのようなことを述べるかといえば、日頃若い学生と接している時、経済が豊かな時代に育った現代の若人には、食べることに苦労した体験がほとんどなく、時にハングリー精神に欠けることを発見するからである。今の学生の親の世代にあっては、猛烈社員で代表されるように、「働くことが人生である」との思想の下にあった。そのお蔭で日本は高い経済成長をしたことにより経済的に豊かになり、その人々の子供世代は貧困の経験なしに育ったので、ハングリー精神に欠けることは本人たちの責任ではない。

人間は自分が生まれて育った頃の生活実感が、その世代の人々の信条や生き方を規定する要因となっている、というのがここでの教訓である。社会学では「ライフコース論」というのがあって、生まれた世代ごとの違いがどこにあるのかという特色を分析する科目がある。たとえばアメリカではベトナム戦争の時に徴兵制度に引っかかった世代の生き方は、他の世代とは異なることが指摘されているし、多くの国にあって「ベビーブーム世代」は競争心が強い、ということが報告されている。本書で綴る私の人生が戦中世代という宿命に囚われているのか、あるいは囚われていないのかの判断は読者に任せたい。

西宮と名古屋の思い出

小学校は西宮市の学校（西宮市立津門《つと》小学校）に通っていた。繰り返すが、ほとんどの国民が貧困の中にいたので、食べられるだけで満足であった。学校給食でアメリカ支給のまずい脱脂粉乳を飲んでいた記憶しかない。もう一つの記憶は、小学校で学業成績が良かったということで、級長をしたことである。それが、先生の指名だったのか、それとも生徒の選挙による結果であったのかは記憶にはない。現代では級長という言葉はもう死語で、学級委員とかクラス委員と称されているようだ。

最初の放浪が小学校四年生の時に発生した。父の名古屋転勤に伴い、一家は名古屋市に住居を移した。名古屋市南区の名古屋市立桜小学校に転入することとなった。名古屋の小学校ではいくつかの興味ある体験をした。

第一は、体は大きくなかったが、野球が大好きで「三角ベース」などで級友や近所の子供と一緒に、西宮にいる時から野球を楽しんでいた。意外と運動神経は悪くない方で、そこそこの技量を示して中心選手であった。父親から阪神タイガースファンの血を引き継いで、プロ野球は虎を応援していた。名古屋に移住してすぐに級友の野球仲間に入れてもらったが、「橋木はどこのチームが好きか」と問われて、正直に「阪神だ」と答えると、すぐに一発殴られる羽目となった。なぜ殴られたのかすぐには分からなかったが、「ここは名古屋だ、中日ドラゴンズの本拠地だ」と気付くと、さもありなんと変に納得して、殴り返すことはしなかった。ケンカが強くなかったので抵抗しなかったのであるが、意外と他人の立場に立って物事を判断する心があったからこそ、殴り返さなかったのかもしれない。

第二は、小学校六年生の時、全校での生徒会の会長選挙にまわりの級友に推されて立候補した時に発生した。応援の手段として級友達が小さな紙に「橋木を生徒会長に」と書いて、二階の教室から校庭めがけてビラを多く散布する行動に出たのである。小学生にしては派手な選挙運動に走ったのである。これが先生方の眼にとまってお叱りを受けることとなり、結局は立候補辞退に追い込まれたのである。選挙違反という不名誉なことを生まれて初めて経験したことになる。その後の人生で自ら選挙に立候補することはなかったが、後に述べるように最近になってさらに二度経験することになる。

中学校は、愛知学芸大学（現・愛知教育大学）の附属名古屋中学校に入学した。水準の高い学校だったので入学試験があり、幸いにも倍率の高かった人生最初の入学試験に合格できたのである。この学校は経済的に比較的裕福な子女が通学していたし、勉強の良くできる子が多かった。この中学校を卒業したら、同級生の多くがするように愛知県立旭丘高校に進学するだろうな、と思っていた。

ところが、である。また父親に転勤の話が起こり、中学三年生の時にまた西宮市に移ることとなった。西宮市立学文《がくぶん》中学校への転入である。この中学校は附属中学校と異なり、公立中学校の典型としてそれこそ様々な家庭環境や学力を持った生徒の集合体であった。私はこれからも述べるように色々な学校に通学したり教えたりしたが、実はこの学校の思い出が一番大きいし、私の教育に対する考え方の基礎はこの学校での体験から形成されたと言っても過言ではない。

どういうことかと言えば、勉強が好きでよくできる子からそれができずに嫌いな子もいたし、不良少年もいたし、同和地区の子もいた。家庭の経済状況も貧乏から金持ちまで様々であった。日本の生徒、家庭の縮図がこの学校であった。一番ショックなことは、勉強のよくできる生徒でありながら、家庭の経済事情から高校に進学できず、高校進学をあきらめて中卒で就職する生徒がかなりいたことであった。当時は地方からのぼりを立てて、「金の卵」と称されて中学校卒業生が都会に集団就職する時代であった。したがって、中卒で就職するのは別に珍しくない時代だったのだが、勉強が好きでしかもよくできる生徒が高校に進学できない姿に、大きな矛盾を私は感じたのである。この公立中学校での体験が格差問題、教育問題を考える時の原点だったことを、後になって自覚する次第である。

灘高校では落ちこぼれ

中学時代に成績が良かっただけに、阪神地区ではトップ校とみなされていた神戸の私立・灘高校を受験して、合格ということとなった。灘中学校から一五〇人が入学する中高一貫校であるが、高校からも新しく五〇人が入学する学校であった。この学校への入学が、私の人生に大きく影響を与えるようになるとは夢にも思わなかった。まずは後になって、『灘校――なぜ「日本一」であり続けるのか』（光文社新書、二〇一〇年）を出版するようになるとは想像もできないことであった。

灘高での親しい友と（右端が著者）

この学校では、灘中学卒業の段階で高一から高二の水準までの学業を既に終えており、私達のような他中学から進学した生徒は、一年間の間に灘中からの進学生の高い学業水準に到達せねばならない、という荒行を課せられていた。他の中学ではトップクラスの学力を持っていた生徒が新高一に新しく入学しているのであるから、多くの生徒は頭もよくてその荒行に耐えるべく努力するのであるが、私はダメであった。校内試験での成績も下位から数えた方が早いという、俗に言う「三桁」の成績が多くなった。二〇〇人の総生徒数であるから、平均より上の成績は「二桁」、下の成績は「三桁」ということになるのである。

「こんなはずはなかった」と思いながらも徐々に自信を失うよ

うになり、勉強が手につかないようになってしまった。弱い自分がそこにあったのである。果ては「受験勉強はナンセンス」などと生意気で言い訳がましいことを言うようになり、勉強をしなくなってしまった。結局は灘高校生の落ちこぼれとなってしまったのである。

勉強しなくなると何をするかといえば、本を手当たり次第に読んだり、映画館に出入りするようになった。特に文学や思想になじんで、好きな作家を持つようになった。外国であればアルベール・カミュ、日本であれば遠藤周作であった。前者は人生の不条理とは何であるかを考えるようになった。後者は灘の大先輩であるが、硬軟交った文学から影響を受けた。特に遠藤が灘校の落ちこぼれであることに親近感を覚えた。遠藤は旧制高校入試に失敗を繰り返したのであり、私が勉強しないことへのなぐさめに利用したのであった。さらに、遠藤がフランスのリヨンに留学していたことを知り、またカミュもフランス人であることから、この時点でなんとなくフランスという国に大きな関心を抱くようになった。「いつか自分もフランスへ」という憧れが小さいながらも心の中で芽生えていたのである。しかし、自分に文才のないことはよく分かっていたので、作家になりたいなどという気は微塵もなかった。

でも、あえて灘校に入学しての価値は、世の中にはすごい秀才がいるものだ、ということを認識できたことであった。たとえば和歌山から来た同級生は、高校に入学した時に大学数学科の定番教科書である、高木貞治著『解析概論』を既にマスターしていたのである。こんな秀才とは競争できないと正直思った。現にこの級友は当然のごとく東大に入学して、名大で物理学者として生活を送ったのである。もう一人の秀才は京大からハーバード大に進学して、名大で工学者となり、後にシカゴ大学の教授にまでなっており、ノーベル賞候補と取り沙汰されているほどである。こういう秀才が世の中をリードしているのだろうな、と逆に頼もしく思えたほどであった。

他にも勉強しなくとも数学や物理の試験で常に満点を取る生徒、多くの生徒が読むことに苦労する古文を自分で書ける生徒、など秀才に接することができた。自分よりよくできる人を認識できたのであるが、それをうらやましく思うことはなかった。人間には素晴らしい才能を持って生まれる人、平均的な才能しかない人、才能なく生まれる人の不条理さが分かったのである。

当時の高校生、大学生に関して特記しておかねばならないことが一つある。それは、優秀な学生のうち少なからずの人が、学生運動に突っ走ったことである。灘高でもトップクラスにいた生徒が、東大や京大に進学後に当時の大学で盛んであった学生運動に参加してその活動に没頭したのである。いわゆるエリートコースへの道を歩むことを選択せずに、大学や社会の不正義に抵抗したのである。現代の学生の右傾向と比較すれば隔世の感であるが、私達の学年より少し若い世代が一九六七（昭和四二）年頃の大学闘争の中心となった。私達はその前兆の世代なのであった。

2　遠い北海道へ

憧れの小樽商科大学に入学

灘校での落ちこぼれになっていた私は、一年浪人するも志望校の京都大学には入学できず、第二志望の国立大学二期校の小樽商科大学に進学する。当時の大学受験制度は国立大学に一期校と二期校の区別をしていて、一期校には旧帝大や旧制大学の後身校がなっていた。二期校は旧制専門学校や旧制高校の後身校が多く、自然と一期校入試の落武者の多くが二期校に集まるようになっていた。大学進学機会を二度与えるという一見温情主義を感じさせる制度であるが、現実には二期校進学者には落伍者の烙印が押される宿命があった。

この一期校・二期校の区別は、一九七九（昭和五四）年の大学共通第一次学力試験制度の導入と同時に廃止された。廃止された一つの動機として、二期校の大学生に学生運動の闘士が多いことが指摘され、劣等感に悩むことによって生じる攻撃精神の発露とみなされたことがある。私自身は確かに名門高校からの落伍者としての悲しみはあったが、それほどのショックはなく、これが運命と思って達観していた。

自分には受験失敗の経験があり、大学教師として同志社大や京都女子大の学生と接する中で、第一志望の大学に行けずに悩んでいる学生を見ると、「自分も落武者だし、試験なんて半分は運だ、それに学歴主義は消えつつある」と言って、励ましの言葉を投げかけてきた。

父母や弟と

むしろ興味深いことは、今の若年層、中年層の人からすると「二期校」というのは既に死語であることにある。あるジャーナリスト（二期校の横浜国立大学出身者）が新聞記事の中で、一期校に落ちて泣く泣く二期校の大学に進学した本人の悲劇を書いていたが、こういうことの理解できる人々の数はいなくなるであろう。私達より一世代前の人が、旧制高校の思い出をよく語っていたが、旧制高校出身者はこの世の中では非常に少なくなっているのと同じである。

ここで私のことに戻すと、大学は新天地の北海道に行くことに何かを期待したいと思ったし、失敗の悲しみを克服しようとする気持ちの方が強かった。敗北を和らげようとする逃避行と希望に満ちた新天地への旅、という二つの側面を有した複雑な妥協の産物が北海道行であった。明治、大正、昭和時代にかけて北海道には多くの人が各地から移住したが、多分これらの人々も住んでいるところから逃げ出したくなったことと、新しい土地で新しい人生を切り開きたいという希望に燃えて、北海道の開拓に向かったのではないか、と思いを馳せながら北海道に向かった。しかし私の北海道行などは親からの仕送りがあったので生活苦はなく、北海道開拓民のような命と生活をかけての苦難に満ちた北海道行きとは全く異なっていることはよく自覚していた。

当時は飛行機はまだ普通の人が使える交通手段ではなく、関西からは東日本の汽車と青函連絡船の利用による一日がかりの長時間の旅だったので、非常に遠い地方というのが北海道であった。

小樽商大のことをご存じない方が多いと思うので、ここでこの学校のことを簡単に紹介しておこう。明治時代の後半、大正時代にかけて日本の経済が強くなりつつある頃に、ビジネス分野で活躍する人材の育成が期待されるようになった。もともとは富国強兵、殖産興業の旗印の下、官僚、軍人、技術者、医者の養成が急務と考えられていた明治時代の初期にあっては、法学、医学、工学を重視した学校づくりであった。しかも江戸時代における「士農工商」の身分制度は明治時代になっても残っており、商人やビジネスマンの養成は後に追いやられていた。とはいえ、東京高商（現・一橋大）、慶應義塾など商学、経済学を教える学校があったことだけは無視できない。

明治時代の後半になると商人、ビジネスマンへの需要が高くなり、大阪、神戸、長崎、山口、小樽などに高等商業学校が設立されるようになった。商社、金融機関、海運会社などで働くビジネスマンの養成が始まったのである。小樽高商は一九一〇（明治四三）年に設立され、翌年の一九一一年に開校した全国第五番目の官立高商であった。創立以来他の学校と合併することもなく、戦後の学制改革によって単独で大学に昇格して以来、二〇一一（平成二三）年に開校百周年を祝った伝統のある学校である。旧制時代に東京、大阪、神戸の高商は大学に昇格して商科大学（神戸だけは商業大学と呼ばれた）となり、三商大として名門校振りを誇った。長崎、小樽、横浜の高商が大学になるのは、戦後の新制大学まで待たねばならなかったが、数多い高商の中でも戦前においては三大高商と呼ばれて名門校としての地位を確保していた。

戦後の学制改革の際、ＧＨＱは一県一国立大学を原則としていたので、小樽高商も札幌にある北海道帝大との合併が計画されたが、小樽は単独昇格を望んだ。学内と卒業生の熱意が強かったことと、人口の多い府県や面積の広い府県ではＧＨＱも必ずしも一県一国立大学にこだわらなかったので、小樽は単独で小樽商科大学として昇格したのである。単独の大学となったのは国立大の文科系では東京商大→一橋大と小樽高商→小樽商大の二校だけであり、他の商大や高商は他の学校との合併を強いられたので、小樽は他校から羨ましがられたほどである。

単独の昇格とはいえ、小樽商大は一橋大には質量ともに到底及ばない大学であった。北海道では名門の誉れが高かったが、戦前のように地方の学校に教員や学生が進んで行く雰囲気が弱くなり、逆に北辺の地ということもハンディとなった。優秀な教員と学生を集めるのに苦労するようになり、全国区での名門校とはなり得なかった。それでも企業の経営者になる人を少なからず輩出したので、商人とビジネスマンの養成にはある程度成功したし、二人の異色な文人をも生んだのである。

その二人とは、『蟹工船』などで有名なプロレタリアート作家の小林多喜二と、『雪明りの路』『若い詩人の肖像』『鳴海仙吉』『日本文壇史』などで有名となった詩人、作家、文学者の伊藤整である。二人の小樽高商時代については橘木著『三商大　東京・大阪・神戸』（岩波書店）に譲るが、この二人の存在が私をして関西からはるばる小樽まで向かわせた一つの理由であった。経済の学校でありながら、異色の文人を生んだ北辺の小さな学校に憧れたと言えば、少女趣味として葬り去られようか。

現に私が入学した時、小樽商大は一学年の学生数が一八〇人前後で、普通の高校よりも小規模の大学であった。先生と学生の間の親近感は強く、学生間であっても顔と名前は一致しなくとも、お互いに商大の学生だな、ということは見ただけで認識できた。先生方は兄貴分の東京商大、一橋大の卒業生が多く、いわゆる近代経済系が主流であった。当時の日本の経済学にあっては、資本主義の国でありながらも経済学者の数としては、近代経済学者よりもマルクス経済学者が多数派であった。なぜそうであったかを説明するには、東大・京大という二大経済学部ではマルクス経済学が中心で研究・教育されていたことが影響している。両大学の経済学部の歴史と現在については、橘木著『東京大学エリート養成機関の盛衰』『京都三大学　京大・同志社・立命館』（ともに岩波書店、二〇〇九年、二〇一一年）を参照されたい。東京商大（現・一橋大）においてなぜ近代経済学が主流であったかに関しては、前掲書、橘木著『三商大』に詳しい。『ニッポンの経済学部』（中公新書ラクレ、二〇一五年）『経済学部タチバナキ教授が見たニッポンの大学教授と大学生』（東洋経済新報社、二〇一五年）なども関連した著者の書物である。

同期の一八〇人のうち、約四割が北海道以外から来た学生、約六割が北海道の出身であった。内地（当時はそう呼んでいた）からの学生の大半は私と同様の落ちこぼれであり、悲しさと希望が相半ばの気持ちで入学していた。北海道出身者はまだ小樽が名門だったので、自信に満ちた人が多く、内地からの落ちこぼれを温かく迎え入れてくれた。これら内地組と道内組が四年間のうちにうまく融合して、愛校心を育むようになるのである。

経済学を学び始める

小樽商大の一年生での「経済学概論」という科目では、早見弘教授がポール・サミュエルソン（P. Samuelson）の教科書『*Economics*』を使用して、経済学入門を習った。当代一流の経済学者による千頁にも達する分厚い定番の原書を新入生に英語で読ませるというハードな科目であった。当時まだこの本の日本語訳はなかったと思うので、大学入学後すぐに原書で読むという機会に接して、これぞ大学教育だと興奮して、全部を読破するのだと意気込んだ記憶がある。当時マルクス経済学を勉強せんとした学生が、マルクスの『資本論』を読破すると意気込んだことと同じ心境の決意である。

大学一年生という経済学の知識のなさと英語力の不足は明らかで、サミュエルソンの英書を読み終えるということなど、到底不可能であった。教科書の読破などせずに、単位だけ何とか取得するという形で、一年生の「経済学概論」は終了したが、経済学をどれだけ習得したかは大いに疑問であった。しかし何となく経済学はおもしろそうだな、ということだけは分かることができた。たとえば効用最大化原理とか利潤最大化原理のように、数学を用いて分析するだけに、人々や企業の経済行動が論理で説明できる点が多いことを知り、経済学はあいまいな学問ではないな、ということを知りえた。

しかしこの経済学への興味と関心は、二年生の時に修得した「経済原論」という科目で打ち崩された。いやむしろ、生半可な気持ちで経済学を勉強してはいけない、ということを担当の藤井栄一教授（後の学長）が教えてくれた。たとえば効用最大化の理論を、制約付き最大化原理というラグランジュ乗数法を使えば簡単に解けることや、厚生経済学の基本定理を導くためにはどうすればよいか、など数学を用いれば試験問題は簡単に解けると思い込んで、学科試験に臨んだが見事に落第した。藤井先生の科目は合格するのが非常に困難で、落第せずに一度の受験だけで合格すれば勲章ものだったのである。

藤井先生の試験問題は、数学を用いて経済理論を解くといったものではなく、日常発生している経済事象（たとえば交通混雑のことや天候不順による農作物の不作といった問題）を、経済理論を用いて解説した上で、好ましい政策を提案せよ、といった応用問題ばかりであった。これは経済理論を表面的な「なんとかの定理」といった数学だけで理解するだけではダメで、経済問題に即して考えねばならない、ということを私達に教えてくれたのである。この藤井先生の試験問題から、経済学の意義を理解できた気がして、後になって私が経済の現実問題に関心を寄せるようになったきっかけとなったので、藤井先生への学恩が大である。

計量経済学に興味を覚える

とはいえ、経済学が数学、統計学を駆使して、経済理論をつくったり統計資料を用いて実証分析をやる学問であることには新鮮味を覚えた。データ解析によって現実を語らせるという説得力の高さも魅力であった。そこで当時の小樽商大には管理科学科というのがあり、統計学を専門にされていた西川欽也教授のゼミに入った。数学、統計学がそう得意ではなかったが、逆に先生から統計学を学んでその知識を高めたい、という希望もあった。勉強をしていく中で、統計学を分析手法としながら経済理論の教える学説なり主張通りに、現実の経済は動いているかどうかをデータで確かめる学問、すなわち計量経済学という学問のあることを知った。そしてそのデータ解析という実行にあたっては、当時既に汎用性が高まっていたコンピュータ（電子計算機）を使いこなす必要性のあることも分かったのである。

当時のコンピュータのデータ処理能力は現在のコンピュータと比較すればはるかに劣っていたし、一枚一枚のカードにデータやプログラムを大量に入力して、それをコンピュータに読ませて計算するというプロセスであった。入力に際しては何十枚、あるいは何百枚のカードを作成したし、出力においても紙で何ページにもわたる印字出力であった。計算機のプログラムもFORTRANと呼ばれるものを自分で書いて、それを入力して、試行錯誤を重ねながら計算結果を得るというのであるが、正しい解を得るまでには何度も入力・出力を重ねなければならなかった。プログラムの作成には頭脳も必要であったが、何よりも体力勝負という面もあった。それは何度もカードによる入力・出力を繰り返すという作業だったので、時間を要することであり、正しい結果が出るまでには何日、あるいは何週間もかかることだったからである。計算機センターに立てこもって、連日深夜までプログラムと闘ったことが懐かしく思い出される。

現代であれば、様々な汎用プログラムが開発されているので、ほんの数行のプログラム入力で計算を指示できるし、大量のデータも小さなフラッシュメモリーに入っているので、大量枚のカードにデータを入力する必要がなく、ほんの数分で正しい計算結果を得られるようになっているのであり、隔世の感がする。コンピュータ技術の開発にはものすごいものがあり、計算スピードの速さと、誰でも計算できるような使いやすさの進歩は飛躍的に伸びてきたことを、私の学生時代の頃と計量経済学を教える身分になった頃を比較して痛感するものである。

計算機の技術進歩の速度のすさまじいことは、科学の発展にとって好ましいことは確実であるが、一点だけ経済学徒からの反省がある。それは何も分からずにデータを入力すれば、コンピュータが計算結果をすぐに出力してくれるので、それで研究は終わり、という雰囲気が若い学生のみならず研究者の間にもあるということである。経済理論の意義や統計解析手法の長所・短所をよく理解せずに、データさえ入力して計算結果が出たことだけで満足してしまうのである。あるいは今の汎用プログラムは、大量の計算結果を出力してくれるが、それの意味するところをほとんど分からないままに、計量経済学の実証研究を終えることがある。

西川ゼミでの研修を続けていく中で、ますます計量経済学での実証研究を極めたいという気持ちが強くなり、大学院進学を考えるようになった。小樽商大には大学院がなかったので、どこの大学院を目指すかということを決めなければならない。どの大学院にどのような経済学者がいるかを探索している中で、大阪大学という魅力が飛び込んできた。小樽商大は一橋大の弟分を自認していたので、一橋大は当然の候補であったし、小樽商大から大学院に進学する学生も一橋大に行く人が多かったが、私には大阪大学が新鮮な目標と映った。三年生の中頃から受験対策をするようになり、試験科目である英語、仏語、経済原論、経済政策、経済史の準備を始めた。

小樽での話題、いくつか

生まれて初めて関西から一昼夜かけて、新天地の北海道小樽に到着した私にとって、日常生活はやはり珍しいことばかりであった。

まずは当然予想していたこととはいえ、冬の寒さと雪の多さに驚愕したことである。北海道の日本海側は特に雪が多いことで有名であり、屋根から落ちた雪に下宿の窓が全部覆われて、昼間でも外の空が見えないという生活であった。雪かきが大変な仕事であるということを身をもって体験したし、現代においても毎冬になると北国での雪かきで苦労するお年寄りのことが報道されると、身につまされる思いである。

小樽商大クラブ同期卒業記念（前列左端が著者）

第二に、学生生活そのものは楽しいものであった。クラブ活動はもともとクラシック音楽が好きだったので、自分の声（ガラガラ声）にもかかわらずグリークラブに入った。毎夏演奏旅行で北海道内を旅行できるという魅力と、混声合唱の機会が札幌の女子大生との間であるという魅力が具体的な動機という、きわめてよこしまなものであった。そこで私の活躍の場は、演奏旅行のマネージャーや女子大コーラス部の人々との交流会を企画する幹事というところにあった。演奏では口パク（口を動かすだけで声を出さない）かウラ声の使用という常習犯であった。ところで、グリークラブにおいてミサ曲やレクイエムに接して宗教曲の素晴らしさを知ることとなり、後にヨーロッパに滞在中に、本場の宗教曲演奏会に頻繁に通うことになる機縁がグリークラブ加入のもう一つのメリットであった。

第三に小樽商大卒業後の四十年ほど経過してから、同校の学長選挙の候補者になるというハプニングが起こった。どこの大学でも学内に派閥はあるもので、現職の学長に対抗する一派から推されて、渋々候補者となったのである。結果は二人の決選投票の末で敗れるということになったが、せめてもの慰めは教員の投票数は私の方が多かったのであり、事務職の投票数によって総投票に決着がついたのであった。もともとなりたいと思っての候補ではなかったので、落選を淡々と受けとめたのである。小学校の時は生徒会長選挙での不祥事による敗北、そして学長選挙での敗北と、人生二回の選挙の経験はともに敗戦という憂き目で終了したのである。もっとも後述するように後にもう一度選挙の体験をすることになる。

3　大阪大学でもまれる

大阪大学における経済学

大阪大学における経済学は戦後スタートの新制大学になってから始まったのであり、旧制大学の東大、京大、東京商大、慶應義塾などや旧制高商の長崎、山口、小樽などにおける経済学の研究・教育といった伝統はない。もともと大阪帝大は医学、理学、工学の理科系大学だったので、文学、経済学などの文科系学部は戦後になって新設されたのである。橘木著『三商

大　東京・大阪・神戸』（岩波書店、二〇一二年）は大阪帝大が新制・大阪大学になる時、旧制の神戸商業大学や大阪商科大学との合併話のあったことを記しているが、結局それは実現せずに、文科系学部が新しく創設されることとなった。

新しく創設されるということは、教授を外部から招かねばならないし、教育方針も新しく設定する必要があった。そこで大阪大学は経済学に関して斬新な方針を打ち出すことになる。それは旧制帝大の東大や京大におけるマルクス経済学中心の研究・教育体制ではなく、非マルクス経済学、すなわち通称・近代経済学を研究・教育体制とする。とはいえ、東大や京大は意外なことにマルクス経済学は退潮することなく、むしろ勢力がその後増したのである。阪大を含め他の大学で経済学がどう進展したかは橘木著『ニッポンの経済学部』（中公新書ラクレ、二〇一四年）に詳しい。

ところで大阪大学で近代経済学の方針がなぜ採用されたのか、推察されるいくつかの理由を挙げておこう。第一に、旧制・大阪帝大は理科系の大学だったので、理系教授はもともと実学に理解のある教授陣が多数派であり、新しく新設される経済学も実学の精神に沿う近代経済学がふさわしいと考えられた。近代経済学はマルクス主義のような思想中心の学問ではなく、資本主義や市場経済がいかに機能しているかを研究する学問だからである。第二に、日本の社会においては、敗戦によって破綻した経済を発展させることが期待されており、政府、文部省（現・文部科学省）、財界などの指導者層は、日本ではマルクス主義の影響力を弱める必要があるとの認識が存在していた。第三に、第一と第二で述べたことを推し進めるために、中心として人事や教育方針を企画・実行する人として近代経済学の大家をまず集めた。その一人として高田保馬を挙げておこう。高田保馬は京大では、むしろ国家主義に近い経済学者としてGHQから排除された人であった。だが近代経済学の分野では「勢力説」を主張したりして研究業績を上げていたし、近代経済学界での重要人物の一人としての地位があった。

新制・大阪大学での経済学は設立当初は法文学部の中で、法学、文学と一緒に小規模で研究・教育されることとなった。その後経済学科が分離独立して、中規模の新しい経済学部となった。その間若くして前途有望な人や、他の大学において既に著名になっていた中堅・ヴェテランの経済学者を集めることに成功していた。阪大経済学部は「近代経済学のメッカ」と呼ばれるほどの名門校になりつつあった。

さらに経済学部から社会経済研究所が独立して設立されることとなった。この研究所は論文を英語で国際学術誌に発表する人が集まる場所となり、国際的に名の知られた経済学者の集合体となった。代表的な経済学者として、安井琢磨、森嶋通夫、二階堂副包、畠中道雄、市村真一、佐藤和夫、斎藤光雄、天野明宏、厚見博などがいた。その後は稲田献一、久我清なども在籍した。分野としては、数理経済学、計量経済学が中心であるし、これらの分野で世界的に著名な経済学者を社会経済研究所は抱えることとなった。

大阪大学大学院での研鑽

一九六六（昭和四一）年秋の阪大大学院入試に合格して、翌年の四月に新しく入学することとなった。当時は文科系において大学院に入学するということは、ほぼ将来のキャリアとして研究者を目指す人が多かったので、入学の志願者数も合格者数もそれほど多くなかった。したがって入試の困難度はそう厳しくなかったと想像される。このことが理由となって、思わぬことに私は経済の大学院にトップの入試成績での合格であった。ちなみに阪大のみの志望で他の大学院はどこも受験せず、不合格だったら浪人するという覚悟をもしていたほど阪大への思い入れは強かった。阪大大学院の合格を最も喜んでくれた方は、小樽での指導教官であった西川先生であった。と同時に、国際的に活躍する経済学者が多いので、生半可な気持ちで入学してはダメであるとの忠告と激励をいただいた。

　ところが入学してから思わぬ出来事に遭遇する。大学院生には一人の指導教官が付くことになる制度となっているが、それが希望通りに進まなくなった。計量経済学を専攻しようとしていたので、計量モデルやその他の分野で応用計量経済学者である市村真一先生を指導教官と考えていたが、社会経済研究所の教授は大学院生（そして学部のゼミをも含めて）の指導教官になることは認められていなかった。

　このことは外部の方々には分かりにくいことであろうが、大学での教育は学部（大学院教育をも兼ねる）の教員の責任と義務であり、研究所の教員は研究のみ、という区別が規則で決められていたのである。研究所の教員は大学院において一科目を授業として教えることはできるが、修士号や博士号の論文指導の資格は与えられていないのであり、これら学位の授与は学士号をも含めて学部のみが学位の授与機関という認識だったのである。

　もう一つ悪いことに阪大の経済学部と社会経済研究所では教員間の仲が悪く、険悪な雰囲気すらあったのである。このようなことは小樽の田舎学生には到底知ることのできないことであった。ついでながら、主要国立大学（東京、京都、一橋、大阪、神戸）には経済関係で学部と研究所の二つが独立して存在しているが、ほとんどの大学で両者は仲が悪い。その理由や現状については橘木著『三商大東京・大阪・神戸』（岩波書店、二〇一二年）を参照されたい。

大学院生の多くは社会経済研究所の先生方を指導教官にできないのか、少しばかりの抗議行動を行ったが、規則と制度の壁は厚くて経済学部の先生方を選ばなければならなかった。結局は熊谷尚夫教授を指導教官とすることになったが、今になって考えれば自分のその後の研究方向を考えるとゴリゴリの計量経済学者になっていないので、熊谷先生の選択は最適なことであった。

熊谷先生は英語で理論や計量の論文を書く人ではなかったが、経済政策論の大家として既に有名であった。著書『経済政策原理』は名著であるし、この本は東大の館龍一郎・小宮隆太郎両教授による『経済政策の理論』とともに、当時は国家公務員上級試験の受験者が必読書とみなしていたほど評価が高かった。両著書ともに、経済理論に立脚して財政、金融、産業、労働などの諸政策を検討して提言するという新しいアプローチによる経済政策論だったので、読者には新鮮に映ったし説得力があった。

大学院では先生一人と学生が一つの書物（ほとんどが英語）を輪読というのが典型的な教育方式であった。いわゆるゼミ形式の延長である。たとえば森嶋先生はJ・R・ヒックスの『*Value and Capital*』、市村先生はダーンバーグ・マクドウガルの『*Macroeconomics*』、畠中先生はA・ゴールドバーガーの『*Econometrics*』という教科書を用いた。ヒックスの本はミクロ経済学の古典であるし、他の二つは当時の定番教科書であった。日本では大学院の科目は輪読が主だったので、後に私が留学するアメリカでの大学院や、現代日本での大学院では教員が学生を対象に講義を行うという教育方法とは異なっていた。

一人の印象深い先生のことを書いておきたい。数理経済学の分野で世界的に有名な二階堂副包先生である。二階堂先生は大学院生を数学の出来・不出来で二種のグループに分けられ、それぞれのグループを個別に担当された。大学院で一コマだけ教えればいいところを、二コマ担当されるほどの熱心さであった。しかも性格は温厚そのもので、個性の強い方の多い社会経済研究所の先生の中でもユニークであった。

私の数学水準は低い方なので、当然のことながら基礎コースに入り、先生の著作である『経済学のための線型数学』でみっちり基礎の数学を教えていただいた。ちなみにもう一つの高級コースは、これも先生の著作である『*Convex Structure and Economic Theory*』を用いて高級な数理経済学を勉強していた。

森嶋通夫先生との出会い

大阪大学の先生の中で最もユニークな方は誰かと問われれば、森嶋通夫である。国際的に研究業績の高い経済学者であることは当然としても、人生の送り方や発言・行動が凡人と異なる人だったのでここで特記しておきたい。私にとって直接の指導教官ではなかったが、阪大時代に講義に参加していたし、後にイギリスのロンドン・スクール・オブ・エコノミクス

（LSE：London School of Economics）に私が一年間滞在した時、個人的に親しくさせていただいたので、人間・森嶋をよく知る機会があったからである。

森嶋通夫（一九二三〜二〇〇四）は京大経済学部で学ぶ。旧制・浪速高等学校（現・大阪大学）時代から夏目漱石風の高等遊民の考えに憧れて、文学や哲学を勉強したいと希望していたが、証券業界にいた父の「それでは食えない」という意見に折れて、渋々経済学部に進んだのである。京大では高田保馬、青山秀夫などの下で近代経済学を学ぶ。持前の才能とどこまでもしぶとく追究する探求心とが重なり合って、若い頃から秀れた仕事をして研究者として名を上げていた。

森嶋の性格を物語る二つの逸話を述べておこう。第一は、青年時代に太平洋戦争に徴兵されて九州にいた時、時間があれば、ヒックスの『価値と資本（*Value and Capital*）』を何度も読んで、書物が書き込みで真っ黒になるほどであった。ヒックスの書物はワルラス流の価格理論を分かりやすい形で精緻化したものであるが、特にその数学付録（アペンディックス）が有名である。

森嶋はこのアペンディックスを特に好んでいて、口癖のように「アペンディックス、アペンディックス」と日本軍の駐屯地でもつぶやいていたそうである。私が阪大の大学院生だった頃も、「ヒックスのアペンディックスは二〇回以上も読破して練習せねばならない」と説いていた記憶がある。

第二は、京大経済学部で昇任人事がある時、自分よりもはるかに研究業績の劣る同じ年代の経済学者を、森嶋と同時に助教授に昇任させようと学部教授会が意図した時、それに抵抗したことがある。公平な人事のためには、業績の多寡に応じて昇進の年齢が決められるべき、というのが森嶋の主張である。

このことや他の要因も手伝って森嶋は京大に残ることを嫌い、新設の大阪大学法文学部に移ることとなる。既に述べたように、阪大は森嶋を迎えることによって多数の優秀な人が集まって、後に「近代経済学のメッカ」と称されるほどに、日本を代表する経済学の中心地となる。

森嶋の業績は、一般均衡理論を数学的に精緻化したり、経済成長論において新しい考え方を提供したり、リカード、マルクスなどを経済学史の立場から再評価する仕事をして、経済学者として第一級の研究を発表した。彼独自の性格の強さから阪大にいることも困難となり、一九六八年にイギリスに渡って、エセックス大学にしばらくいてから名門のLSEで教授職を終えた。森嶋は経済学者としての研究のみならず、一般的な啓蒙書を人生の後半になって出版し始めたのである。たとえば『イギリスと日本』『なぜ日本は「成功」したか?』などが代表であるし、さらに自伝的な書物も数冊出版している。

先生との個人的な付き合いは、私が一九八四(昭和五九)年から八五年にかけて、LSEへ客員研究員として訪問した時が最も濃密であった。私の研究室に午後五時頃に現れては、どこかでお茶でも飲もうと誘われて、何時間もよもやま話をする機会が一週間に一度はあった。イギリスという異国に長い間滞在している先生も、時には日本語で話したいと思われたことと、ご出身の京大の現状に関することを京大からの訪問者に聞きたいようであった。当時の私は京大に奉職していたのである。先生と何を話したのか、ほとんど覚えていないが、日英の経済学者のゴシップや、イギリスや日本で発生している諸々の社会現象に関する他愛もない話であった。

第二章　世界での放浪

1　アメリカ、ジョンズ・ホプキンス大学での修業

アメリカへ

修士課程を修了する大学院二年目の後半、一九六八（昭和四三）年の後半になって、アメリカの大学院に留学する話が持ち上がった。経済学の最先端にあるアメリカへの留学はもともと希望していたことに加えて、当時の日本の大学は全国中で湧きあがった大学紛争の真只中で授業は正常な姿で行われておらず、勉学を続けるにはアメリカに行くことは一つの解決策であった。この年は経済学を勉強するためにアメリカの大学院に行く日本人が多かったが、一つの理由として大学紛争があった。私と阪大で同期の室田武（ミネソタ大学）、広田正義（ロチェスター大学）がいたし、東大からは石川経夫（ジョンズ・ホプキンス大学）、岩井克人（ＭＩＴ）、奥野正寛（スタンフォード大学）がいた。同じく京大からは猪木武徳（ＭＩＴ）もいた。

北海道の次は未知の国アメリカへと放浪の旅を考えていた私であったが、肝心の英語の勉強は疎かで、留学できるほどの英語力は備わっていなかった。しかも突然の留学という話だったので、留学に必要なＴＯＥＦＬ（外国人のための英語力検定試験）の準備が不十分で、アメリカの大学院での選考過程では英語で落とされる可能性が高かった。そこで一計を案じて、アメリカの領事館に赴いてアメリカ人の個人面接を受けて、「橘木の英語は、今はダメであるが、留学出発前の半年間に英語を集中的に勉強すれば、何とかアメリカの大学院での教育についていけるだろう」という証明書を書いてもらうという手段をとったのである。ＴＯＥＦＬだけの試験成績であれば不合格になっていた可能性が高いが、ＧＲＥ（大学院入学準備試験）はそう悪くなかったし、何よりも市村真一、畠中道雄両教授の推薦状の効果が最も大きくて、アメリカの大学院に行けたのである。

ここで両先生のことを少し書いておこう。市村先生は計量モデルで、畠中先生は計量経済学の理論分野で第一級の仕事をされた人である。市村先生はＭＩＴでPh.D.を取得され、畠中先生はヴァンダービルト大学でPh.D.を取得されたので、アメリカでの大学院教育を熟知されていた。アメリカでは入学、入社などの選考過程において推薦状の大切なことはよく知られているが、日本での推薦状のように通り一遍のことを書くのではなく、被推薦者の良い点と不足する点を正直に書くのがアメリカの慣習なので、両教授とも私のことを正直に評価した推薦状だったと思われる。もう一つは、誰がそれを書いたかが重要なのが欧米諸国であり、国際的に知られたご両人だからこそ、私は実力以上によく評価されて合格したものと推察している。両先生の学恩は大である。

私自身も後になって京大の学生をアメリカやイギリスの大学院に送る時に無数の推薦状を書いたが、決して通り一遍のことを書かなかった。人によっては被推薦人の書いた文章をそのままサインだけして送る、という場合が日本でよくあるが、私は自筆でその人の実情を正確に書くことに努めた。ただし、正直に告白するがフランス語で書かねばならない推薦状に関しては、自分が美しいフランス語を書く自信がないので、あらかじめ書いてもらったことはある。

翌年の春にジョンズ・ホプキンス大学への留学が決定した。アメリカの大学院（特に経済学、数学、社会学、化学などといったリベラル・アーツ系の科目を教育する大学院）では将来は研究者になる人が多いだけに、奨学金制度が充実していた。私も幸いに授業料＋生活費が支給されるという奨学金を大学から受け取ることができ、貧乏ではあるが学問だけに打ち込む経済生活は保証された。ただし学業成績が悪いとたちまち放校というリスクだけは背負っていたので、必死だったことは事実である。

一九六九（昭和四四）年の八月にアメリカに向けて飛び立つこととなった。生まれて初めての外国行きであるし、なんと飛行機に乗るのも生まれて初めての経験であった。学生時代に北海道の小樽と自宅のある関西の間で移動する時は、現代では北海道・関西間は飛行機が普通の交通手段であるが、当時はまだ飛行機は一般的ではなく、汽車と青函連絡船による一昼夜をかけた長旅だったので、飛行機など乗ったことがなかったのである。

私のアメリカ行きで今でも忘れられないことが二つある。第一に、日本はアメリカからするとまだ文明国と評価されていなかったのか、アメリカ指定の日本における病院で胸部のレントゲンを撮り、そのレントゲン写真の現物をアメリカまで飛行機で持っていく義務があった。到着の空港（私の場合はサンフランシスコ）でアメリカ人医師の検査を受けて、結核病患者でないと診断されてやっと入国が許可されたのである。後進国・日本からアメリカに来た人物である、ということを認識した次第である。

第二に、紙幣の日本円に持ち出し制限があり、その制限額がいくらであったかは忘れたが、その制限額に相当するドル紙幣しかアメリカに持っていけなかったことである。しかも当時の円ドル・レートは終戦後の日本経済の弱さを象徴する時に設定された一ドル＝三六〇円の時代であった。

第一のレントゲン事件と第二のドル紙幣の持ち込み制限の件は、日本がまだ後進国であることを思い起こさせるに十分であった。当時の日本は高度成長期を経てある程度は豊かな国になっていたが、世界の目からすればまだその認知度は低く、私自身もアメリカという高度に経済発展した豊かな強大国に未発展の弱小国からはるばる留学しに来たのだ、ということを強烈に感じながらアメリカに到着した。

アメリカの印象

後進国から先進国に来たという感情を確認できる生活体験がいくつかあった。第一に、住宅の質が日本よりはるかに高いことを知った。土地も家屋も広く、当時日本の住宅はヨーロッパ人から「ウサギ小屋」と揶揄《やゆ》されていたほど劣悪だったので、私のアメリカ家屋に関する印象は当然であった。裕福な家庭では、部屋の数は一〇を優に超え、トイレがいくつもあるといった豪華さであった。第二に、細かいことではあるが、水道の蛇口をひねるとお湯がすぐ出てくるとか、トイレは便座式のいわゆる洋風だったことなどである。ここで述べたことは、豊かになった日本では今は当たり前のことであるが、四〇年前の日本ではまだそう普及していなかったのである。

アメリカの豊かさに圧倒されたことは事実であるが、私にとってはもっと強烈な印象を受けたことがある。それは大きな貧富の格差である。都会の郊外に大きな邸宅を構える富裕層と比較して、都市部のゲットーに住む貧困層の数の多いことを直接見たのである。資本主義の超大国であるアメリカでは貧富の格差は大きいだろうとある程度予想できたが、現地で直接見た住宅の質や生活水準の格差から、改めてアメリカは貧富の格差が大きい国だと、実体験から得たのである。この印象はその後私の頭から離れることはなく、後に私が経済学者として格差問題にコミットすることになるもう一つの原点でもあった。最初の原点は、西宮市内の公立中学で見た、格差の現状であったことは既に述べた。

アメリカでの生活体験での印象はネガティヴな点だけではなく、ポジティヴな面もいくつかある。第一に、人々は生活、仕事の遂行に際して他人や政府に頼らずに自立の精神が強いということである。これはもともと移民と移民の子孫が住むアメリカ国民なので、移民は本国を捨てて新天地での生活に賭ける人々であり、誰よりも強い自立心を保持しないと生活ができないという精神と伝統が、脈々と続いているからである。

第二に、アメリカ国民は人権を擁護する意識の強いことを認識した点である。移民で成る国だけに人種のるつぼであることは皆の知るところであるが、少数派人種への差別をできるだけ小さくしようとする努力に、官民あげて熱心である姿に感銘すら覚えた。奴隷制度という暗い歴史を持つアメリカだけに、人種差別の回避策は法律においても実践においても他のどの国よりも強固である。

たとえば、私が在米中に「バッシング（バスによる学校通学）」という制度が導入されて全米中で論争となった記憶が生々しい。アメリカの都市では白人という上・中流の家庭と黒人という下流の家庭が地域を別にして住んでいるので、学校もそれぞれの地域での白人校と黒人校に分かれていた。それだと優秀校と劣等校に区別されてしまうので、生徒に平等な教育機会がないと判断され、白人の子弟を黒人校に、黒人の子弟を白人校に通学させるために、バスを用いて生徒を半々送り迎える策を導入したのである。このような強硬な政策を目の当たりにして、他のどの国でもこのような策は導入されないであろうから、機会の平等を優先したり、人種差別の排除に熱心な国との印象を持てた。もとよりそれでも人種差別は残っていることはよく知られていることである。

もう一つの例は男女平等政策の遂行である。大学教授の性別比を一定以内に抑えないと、政府からの研究費支出をやめるという強硬なアファーマティヴ・アクションを導入したことを、アメリカでの大学院生活時代に目の当たりにしたのである。男性からは逆差別だという反対運動も見られたが、結局導入されたのである。現代ではヨーロッパのいくつかの国では、企業の経営者に女性の比率を何％にせよ、たとえばノルウェーではそれが四〇％という高さであった、という規制が導入されているのであり、日本は遅れているな、という印象を強くする。

この女性差別に関しては、私個人が平成時代の五十代の時に日本政府の男女共同参画会議の議員に選ばれて、その場でアファーマティヴ・アクションを日本でも考えたらどうかと主張したが、時期尚早として葬り去られたのである。私のこの考え方は、若い時と中年の時の欧米での生活体験がヒントになっていると思っている。ごく最近になって日本でもこのクォータ制度の声が徐々に強くなっていることは好ましいことである。

第三に、日本にいる時から高校野球とプロ野球のファンであったが、アメリカに住むようになってから大リーグの野球に関心を持つようになった。テレビ中継を見るだけではなく、私の住んでいたボルティモアにはオリオールズというプロチームがあり、入場料金が安いので貧乏留学生にはありがたく、かつ球場に歩いて行けたので、よく野球試合を見に行った。現在の私は日本にいながらもよくアメリカ大リーグの試合をテレビで見るが、なんと今でもオリオールズを応援している。

アメリカ国民がスポーツを愛好していることに接し、私も共感を覚えたし、在米中にテレビでよくスポーツ競技を観戦した。アメリカの四大スポーツは、野球、アメリカンフットボール、バスケットボール、アイスホッケーであるが、楽しんだのは野球とアメフトであった。バスケットボールは生まれつきの身長差が勝負に大きく響くスポーツなので、やや公平性に欠けると思えて好みのスポーツではないし、アイスホッケーは日本でなじみのない競技なので関心がなかった。

ジョンズ・ホプキンス大学大学院での教育

アメリカの高等教育はハーバード大やエール大のように、カレッジと呼ばれる学部段階でのリベラル・アーツの教育が古い時代では中心であったが、一九世紀になって研究中心の大学院がつくられるようになった。その代表校がジョンズ・ホプキンス大

アメリカ議会議事堂
大学の先生や院生とベトナム戦争反対の抗議に参加した際。

とシカゴ大であった。ちなみにジョンズ・ホプキンス大は鉄道業で財産をなしたジョンズ・ホプキンスが大学と病院をつくった私立大学である。医学は今でも全米トップ級の質を誇っているし、大学自身も小粒ながら質の高さを誇っていた。経済学では出身のPh.D. 保有者としてマートン・ミラーとロバート・フォーゲルという二人のノーベル経済学受賞者を生んでいる。所在地は東海岸のメリーランド州のボルティモア市である。

私がジョンズ・ホプキンス大を選んだ理由は、経済学科は小規模なので疎外感を感じなく我を失わずに勉強ができるのではないかという期待と、計量経済学者としてカール・クリストがいたことにある。他にもヤルグ・ニーハンス（金融、マクロ）、ベラ・バラッサ（国際経済）、エドウィン・ミルズ（都市経済）、ピーター・ニューマン（数理経済）、ヒュー・ローズ（景気循環）などの優れた人がいた。大学院での教育は厳しかった。一年目は英語のハンディもあって学科目の試験結果は芳しくなかったが、何とか生き延びて放校されることなく、二年目のComprehensive examination（博士論文提出資格試験）でのミクロ経済学、マクロ経済学、計量経済学などの学科試験ではかなり良い成績で合格し、博士論文を書く資格を得ることとなった。

石川経夫から影響を受ける

ジョンズ・ホプキンス大学に同期に入学した石川経夫を紹介しておこう。東大では宇沢弘文、小宮隆太郎教授などから薫陶を受けた秀才である。単なる秀才ではないことを強調したい。まずは人間性の素晴らしさとひたむきな努力をする人ということである。物静かで温厚な性格でありながらも内に秘めた正義感に燃えている姿は、博士論文のテーマとして所得分配論を選び、弱者の立場に配慮した最適な分配論を展開したことで分かる。さらに東大時代には当時の東大紛争で権力への抵抗として学生運動の闘士だったこともその証拠である。とはいえ、学生運動の闘士にありがちな自分のことだけを主張するような身勝手さはなく、他人の気持ちをどこまでも配慮する姿勢をとるような、いわばきわめて控えめな性格の持ち主である。

親友・石川経夫

学問に対する態度も非常に真摯であり、勉強をひたむきにする人である。父親が一橋大において中国経済で業績を示した一流の経済学者だったので、一流の研究者になるには努力が必要ということを身をもって体験したからであろう。聞きそびれたが、石川の経夫という名は経済学の一文字を父親が用いたのではないだろうか。経済学者になるべき運命を背負った人であろう。

持って生まれた頭の良さと、ひたむきに努力する勉強態度が実って、学業成績は抜群であった。さらに物静かな性格と決して驕ることのない姿勢は同級生からの尊敬を集めていた。最も影響を受けたのは、なんと同邦人の私であった。彼は私のように大学院修士課程を経ずに、学部卒ですぐにアメリカに渡ったので、私よりも年齢が若いのであるが、私の人生の師とみなしてもよい人となった。まずは正義と公正を大切にする精神を、経済学を学ぶ上での哲学、倫理とすべきという思想を学んだ。さらに私はサラリーマンの息子なので学問の意味をよく理解しておらず、勉学への取り組みにも不十分さがあったが、努力の重要さを彼から教わったことと、清々しく勤勉に励む方法を学んだ。この正義と努力ということの大切さは、私のその後の人生に大きく影響を与えたのではないかと秘かに思っている。

このように一方的に私が彼から学んだばかりであったが、勉強以外で私が彼に少しだけ影響を与えることもあった。それはスポーツ好きの私が、ボルティモアの野球チームオリオールズとアメフトチームコルツが全米でいかに強豪チームであるかを彼に教えて、野球の試合に球場まで時々誘って楽しんだことであった。私が彼に教えた唯一のことは、人生で余暇がいかに大切であるか、ということしかないのではないだろうか。

彼はその後ハーバード大学の助教授を務めた後、当然のごとく母校東大の助教授に迎えられた。経済学の専門家として輝かしい業績を上げて教授に昇進したが、残念なことに一九九八（平成一〇）年に五一歳の若さで世を去ってしまった。親友として痛恨の極みであった。東大在籍中も彼の学問オンリーの真摯な姿勢は変わらず、政府の仕事をしたりマスコミに出ることを嫌う禁欲的な学究生活であった。後に私が五〇代になってから、そのような仕事を少しするようになったが、しばしば石川兄の顔が頭をよぎり、自責の念に囚われるのであった。彼の東大での弟子・玄田有史東大教授も「テレビに出たら魂を売ることになる」と彼から警告を受けていたというから、もし彼が生きていたら私も同じような警告を受けたかもしれない。

もう一人の先輩、八田達夫

ジョンズ・ホプキンス大での一年先輩に八田達夫がいて、この人もここで書く価値のある人である。日本ではＩＣＵ（国際基督教大学）を卒業してからアメリカにやってきた人である。よく知られているようにＩＣＵは講義の半分以上を英語で行う大学なので、彼の英語力には抜群のものがあった。一年遅れで私がジョンズ・ホプキンス大学に入学した時、英語があまりにもダメだった私に接して、彼はたぶん橘木は落第するのでは、と危惧したのではないかと思っている。英語力は非常に高かったし、持ち前の明るくて開放的な性格から、彼は他の大学院生達ときわめて自然に付き合っていて、私をうらやましく思わせたのである。女子学生とも気楽に談笑しているので、高校・大学と男子ばかりの中で育った暗さのある私からすると、ＩＣＵという女子学生の多い大学でしかも英語の訓練はすごいのであり、英語力と対女性コミュニケーション能力に欠ける私とは好対照であった。

しかも経済学の実力もすごく、素晴らしいPh.D. 論文を書いてからアメリカの大学（オハイオ州立大、ケンタッキー大、ジョンズ・ホプキンス大など）で教鞭をとる国際人であった。帰国後は阪大、東大という経済学で秀でているところで研究・教育をした人である。

ハーバード大学

ジョンズ・ホプキンスでの博士論文の執筆に際して、三カ月ほどマサチューセッツ州にあるケンブリッジ市において、ハーバード大学のデール・ジョルゲンソン教授の下で、研究に励んだ。私の研究分野において世界的に秀でた業績を上げていた同教授の教え子が私のジョンズ・ホプキンスでの指導教官であるチャールズ・ホールトンだったので、その口利きで本家の先生の下で指導を受けたのである。世界的に代表的な大学での研究は刺激に満ちた生活であったことは確実である。

もう一つ学んだことは経済学の実証研究はグループを組んで大規模な研究を行うことが世界の流れである、ということを知ったことであった。日本に帰ってから、中央官庁での研究所において大規模な研究プロジェクトの責任者として働くことが何度かあったが、ジョルゲンソン教授はまさに大規模研究の主宰者としての役割を果たしていたのであり、ハーバード大学での体験が私にとって日本でも大いに役立ったのである。

フランスへ

博士論文の執筆にほぼ二年かけて、無事にPh.D.を取得できた。論文のタイトルは『Quality Change in Labor Input and Wage Differentials : A Study of Japanese Manufacturing Industries』で、指導教官はクリストとホールトンの二人であった。幸いにもしばらくしてから博士論文からの三編を学術論文として出版できた。二編は、『*Review of Economics and Statistics*』と『*International Economic Review*』という一級の国際学術誌であり、もう一編は

『*Economic Studies Quarterly*』（現・『*Japanese Economic Review*』）という日本での代表的な学会誌である。

アメリカに留学する最大の目的は博士号を取得することだったので、一応目的は達成してホッとすることができたが、生きるために就職先を見つけねばならない。まだ三〇歳前後だったので、日本に帰る気はさほどなく、アメリカの大学か他の国に行きたいと希望していた。アメリカの大学で助教授になるには研究業績上の競争が激しい上に、英語で教えねばならないので英語の下手な日本人にはやや不利であった。その壁を乗り越えた石川経夫の抜群の優秀さは強調されてよい。

アメリカの大学での就職探しに苦労していたところ、フランスの研究所に行く話が持ち上がった。具体的にはジョンズ・ホプキンス大学院の二年生の夏休みの時に、プリンストン大学において計量経済学の分野で教授、大学院生が二〇名ほど集まって数週間の研究合宿に参加する機会があったが、その参加者の一人からフランスの仕事に応募しないかという声が飛び込んだのである。その人の名はフランス人のパスカル・マゾディエで、ハーバード大学での世界的な計量経済学者である、ツィヴー・グリリクスのお弟子さんであった。その研究所はＩＮＳＥＥ（国立統計経済研究所）と称されて、フランスの統計作成と経済学の研究を行う有名な研究所であったし、マゾディエはそこの研究者だったのである。何よりもフランスに一度行きたいというのは日本にいた時からの夢だったので、すぐにその話に飛び付いた。プリンストンではマクロ経済のジョン・テイラーを知りえて幸運だった。

ここで私がなぜフランスに行きたいと思っていたかを、恥の上塗りになるだろうが書いておこう。

簡単に言えば、いわゆるミーハー級の憧れにすぎなかった。高校時代にフランス文学に親しみ、大学時代には当時注目を浴びていたサルトルなどの実存主義の哲学、文学をかじっていた。特に『異邦人』『シーシュポスの神話』『ペスト』などで知られるアルベール・カミュの作品が好きであった。それと映画、音楽、絵画などにも興味を持っていたし、自分とは無縁であるがファッション、料理、ワインなどの強い文化を生む国そのものに憧れていた。

文才に欠ける私がフランスの魅力を書いても説得力がないので、私と同じくフランスに憧れを抱いていた永井荷風をここで取り上げて、彼の作品に代筆させよう。よく知られているように荷風は、官吏であった父親に一高・東大の道に進んで官吏になるように勧められたが、一高の入試に失敗する。もともと文学や江戸の庶民文化に親しんでいたので、父の望む人生には不向きであった。半分逃避行のようにアメリカに渡る。大学入試に失敗して北海道に逃避行した私と境遇が似ているし、アメリカ滞在中に『あめりか物語』を出版して、いかにアメリカ文化が浅くて、逆にフランス文化への憧れを綿々と綴っているのであり、その書に私も同感していた。荷風はアメリカからフランスに渡り、主として南部のリヨンに滞在して、その生活経験を基に『ふらんす物語』を出版して、いかにフランス文化が優れているかを書いたのである。

不遜にも私も荷風に投影させて、アメリカからフランスに渡ってみたいと思ったのであった。荷風は一〇〇年前の人であるから、渡米、渡仏の手段は当然のことだが彼の場合には長い船旅であったが、私の場合は大西洋を数時間で飛ぶ空の旅であった。しかしパリのオルリー空港に降りた時は、アメリカのサンフランシスコ空港に降りたった時よりも、はるかに興奮した記憶がある。アメリカに到着した時はこれからの勉強がうまくいくか不安に満ちていたが、今回のフランスに到着した時は、苦しい学業生活を終えてこれから自由な生活を送れるという期待が一杯であった。荷風の憧れたフランスでの生活をパリで始めることとなったのである。

2 フランスでの生活

INSEEで学歴社会を目の当たりにする

INSEE（国立統計経済研究所）が私のパリでの職場である。身分は研究部での客員研究員である。フランス経済に関する論文をいくつか書くというのが義務である。INSEEは研究所と名乗っているが、本来の業務はフランス国内の統計の作成を一手に引き受けている国のかなり大きい行政機関であり、統計の収集を行う実務家と統計解析の専門家が働いている機関である。所長は計量経済学の世界的権威であるエドモン・マランボーであり、他にも優れた統計学者と経済学者が多くいた。これらの人を知りえたことは幸運であった。

経済学や計量経済学の専門家と議論できたのは当然のこととして、ここに勤める人々からフランスの教育制度について多くのことを知り得たし、当然のことながらフランス人の生活がどのようなものであるかを知ることができた。後者に関しては、私が日本にいる時から、フランス人は美味しい食事やワインを毎日楽しみ、おしゃれな服を着ながら毎日を文化的な生活として送り、恋愛に生きがいを

パリ・サンマルタン運河にて

感じながらの人生という印象を持っていたが、それが本当かどうかを彼達との付き合いから知り得た。これについては、後に言及する。

ここでは教育制度のことを述べておこう。ＩＮＳＥＥは政府機関なので身分上は国家公務員である。フランスは世界的に有名な官僚国家であるが、ここで働くエリート行政官はエリート校であるポリテクニク（通称ポリテク）出身者で占められていることに気が付いた。ナポレオンが優秀な技術者を養成するためにつくった学校であり、制度上はフランス軍付属の学校である。毎年七月一四日の革命記念日（日本ではパリ祭と呼ばれている）にはパリのシャンゼリゼ通りを軍に属する兵隊が行進するのであるが、その先頭に立って行進するのがポリテクの学生である。

技術者養成の学校なので数学や理科の得意な学生が入学するのであるが、この学校の入学試験が格別に難しいのである。フランスの高等教育制度はバカロレア（大学入学資格検定試験）を合格すれば、無試験でどこの大学（医学部を除く）にでも進学できる通常の大学という学校と、それぞれの学校が独自に入学試験を課して学生を選抜する学校の二つの制度がある。ポリテクは後者の代表校であり、他にもＥＮＡ（高級官僚養成校）やエコール・ノルマル・シュペリウール（高等師範学校と呼ばれる学校であり、高校や大学の先生養成校）が超エリート校として有名である。全国にこれらグラン・ゼ・コールと呼ばれる学校がいくつかある。グラン・ゼ・コールの入試にパスするには、高校を卒業してから二〜三年は浪人するというから、これらの学校の入試は特に難しく、それが卒業生のエリート振りを際立たせているのである。なおフランスの高等教育については橘木著『フランス産エリートはなぜ凄いのか』（中公新書ラクレ、二〇一五年）にまとめられている。

ＩＮＳＥＥの人と付き合ってみて、ポリテク出身の経済専門家の数学の強さに圧倒されてしまった。ポリテク在学中に数学や理科系の科目を集中的に勉強するし、もともと数学や理科に素質のある人が入学するからでもある。ＩＮＳＥＥ在籍中にＩＮＳＥＥ以外の優秀な経済学者に多く会う機会があったが、そのほとんどがポリテク出身者かエコール・ノルマル出身者であることを知り驚嘆した次第である。当時の経済学界が数学や統計学を駆使する方向にあったので、ポリテク出身者が大活躍する可能性を高めたのである。

そういえばノーベル経済学賞を受けたＭ・アレもポリテク出身だし、卒業後別の名門校であるパリ鉱山大学でも学んでいる。私が滞在していたときのＩＮＳＥＥ所長のＥ・マランボー、最近ノーベル経済学賞を受けたＪ・ティロールもポリテクの卒業者である。ついでながらフランスきっての一般均衡理論の提唱者で非常に有名なレオン・ワルラスは、ポリテクの入試に失敗したことでよく知られているが、入試不合格者であってもその後の人生で輝くことが大いにある、という証拠になる。

ポリテク出身者などに接するにつけ、フランスは大変な学歴社会であることに気が付く。日本も学歴社会という認識があるが、どの学校を出たかということがその後の人生を大きく左右するという程度は日本以上のものがある。後になってお隣の韓国もそうであることを知るが、その証拠にフランスと韓国の入学試験はおそらく世界で最も入試競争の激烈な国であるということで分かる。こんな学歴社会でいいのか、ということを真剣に考える機会を与えてくれたフランス滞在での見聞であった。この経験は後に帰国後に教育問題を考えるようになった時、改めて学歴社会を検討するために貴重な資料となったのである。ついでながら私の学歴社会の評価については、橘木著『学歴入門』(河出書房新社、二〇一三年)で論じられている。

フランス語の修練

INSEEでどのような研究をしていたかを語る前に、フランス語をどう学んだかを書いておく必要がある。小樽商大の学生時代に第二外国語としてフランス語を学び、そして阪大大学院入試での第二外国語がフランス語だったので、フランス語を読む能力を少しは保持していたが、会話に至っては全くダメだったのは論を要しないことであった。INSEEという政府機関にあっては勤務している人のほとんど全員がフランス人だし、話される言葉も当然フランス語である。フランス語が話せないと、INSEE内での仕事ができないので、到着早々に私はフランス語の勉強を始めた。フランスに憧れたのであるから、フランス語を修得することは必要条件であった。

早速フランス語学校に登録して夜学に通ったが、文法と読解力の授業ばかりで会話の能力が進歩しない。INSEE内のフランス人と話す機会はあったが、相手にとっては私の拙いフランス語で話せば時間がかかるし、仕事の邪魔になるのでためらいがあった。見かねたＩＮＳＥＥが、フランス人の語学教師（四〇歳くらいの女性）をつけてくれて、一対一のフランス語会話の練習を二カ月ほどする機会を与えてくれた。このお蔭で私のフランス語の会話能力は進歩した。日常生活においても、高級新聞『ル・モンド』を勉強と思って毎日読んだし、テレビもできるだけ見るようにして、聞く能力の向上に努めた。もともと語学能力に欠ける私であっても、フランス語の力は一年ほどしてかなりの水準に達し、さらに二年後にはかなり実力がついて、セミナーもフランス語で発表できるほどになったのである。

ＩＮＳＥＥでの研究

ＩＮＳＥＥでの経済学の研究はアメリカで賃金のことを勉強したので、今度はフランスの賃金格差を分析したいと思っていた。ＩＮＳＥＥは統計の宝庫だけに、フランス人の教育、職業、地位、収入などの情報を含んだ個人データを使用する機会に恵まれた。当時の計量経済学は個票（一人一人の個人データや一社一社の企業データ）の利用可能性が高まり、かつ個票を用いた統計分析手法が新しく開発されていたので、私もこの恩恵に浴することとなった。いわゆる recursive model（逐次型計量モデル）を作成して、収入格差がどの要因で発生するかを探求した。分かりやすく述べれば、人の受ける教育水準がその人の職業や地位（会社での管理職）を決めるのにどれだけの影響力があるのかを探り、そして職業や地位が収入格差をどれほど生むのか、ということを検証するのである。職業をどう数値化するかは重要な論点であったが、ＩＮＳＥＥの内部ではフランス人の職業をプレスティージ（威信）という概念で数値化していたので、それを用いることができた。

職業の威信は、たとえば国の大統領や最高裁長官が最も高い数値（たとえば一〇〇・〇）を持つ威信であり、逆に浮浪者が最も低い数値（たとえば一・〇）を持つとして、多種多様の職業を数値で表現して、それぞれの威信として相対評価したものである。

社会学の一分野として、職業威信の順序はどの国も共通しているか、あるいは国によってその順序は異なっているか、という論点があることに気が付き、フランス人の職業評価は他の国のそれと異なるということを発見して論文として書いてみた。この職業威信の勉強を通じてもう一つの大きな収穫は、社会学の分野として「社会移動論」があることを知った点である。親の職業が子供の職業にどう継承されているかを探求する研究分野である。たとえば、親が農家であれば子供も農家である確率が高ければ社会の閉鎖度は高く、子供がホワイトカラー職になる確率が高ければ社会の開放度は高い、といったことを調べるのである。フランスにブードンやブルデューという社会学者がいて、彼らがフランス社会の開放度やそれに影響を与える子供の教育水準の効果に関する研究をしていて、その成果をかなり自分で勉強した。この知識が後に私が日本の格差問題にコミットする際に有用になるとは、当時は夢にも思わなかった。当時私がこれらフランスにおける社会移動論や階級の再生産性を勉強したのは、フランスの社会が想像していた以上に閉鎖性の高い階級社会であることを実感したので、その理由を知りたいという一念からだけであった。

ＩＮＳＥＥに滞在中にいくつかの論文を書いて出版した。第一は、先程述べた recursive model を基礎にして素晴らしいフランスの個票データを用いて、実証研究を行った論文である。教育水準の高いフランス人は威信の高い職業に就くことができ、その職業が高い賃金なり所得を生むという因果関係が明確に実証されたのである。単純に言えば、本人の高い教育（あるいは学歴）がその人に良い仕事の機会を与え、結局その良い仕事に就いておれば高い報酬が得られるのである。教育→職業（仕事）→報酬という直接的な因果関係が存在するのである。なんとなくフランス社会で認識されていたことを、統計を用いて厳格に証明したのである。この論文はヨーロッパ経済学会の機関誌『*European Economic Review*』に英語で出版された。自分の口で言うのはおこがましいが、フランスの学界からの注目を浴びたのである。

第二の論文は、なんとフランス語で公表した。出版先はＩＮＳＥＥの統計誌『*Annales de l'INSEE*』である。当然のことながらこの論文はフランス人からかなりの程度、フランス語に関して改訂が施されたものである。内容としては、先の論文は本人という一代限りの教育→職業→収入という因果関係であったが、本人の一代前の親の職業の影響力を調べたものである。先ほど社会学の分野で「社会移動論」があることを紹介したが、それがフランスでどの程度妥当するかを実証したものである。推計方法としてはパス分析を用いたが、実証結果はフランスの社会開放性は低いというものであった。父が良い職業（仕事）に就いておれば、息子も似たような良い職業（仕事）に就けるのであった。フランスが農業国家であることは日本ではさほど知られていないが、たとえば親が農家であれば子供も農家という職業の世代間継承が明確なのである。

ここで役割を演じるのは子供の教育である。たとえ親の職業（仕事）がさほど良くなくても、子供が本人の能力と努力でもって高い教育を受けることがあれば、子供は親と異なる職業（仕事）に就ける可能性は高まる。しかし現実のフランスにあってはここで述べたようなケースはさほど多くなく、むしろ親の職業（仕事）の良い人の子供は高い教育を受けている確率が高いということが分かった。

第三の論文は、INSEE滞在中に研究した成果ではなく、ジョンズ・ホプキンス大学時代の博士論文の中から、一つの章の改訂版を日本の学会誌、『*Economic Studies Quarterly*』（現・『*Japanese Economic Review*』）に出版した。質の高い論文であれば審査基準の高い欧米の学術誌で出版するのであるが、この論文は欧米の学術誌におけるレフェリー制（査読制）を通らなかったので、日本では最高とされる学術誌に送って出版が受領された論文である。当時の日本の経済学界では、まだ日本の学術誌は欧米のそれよりやや劣るという認識があり、欧米の学術誌で出版不可としてレフェリーで落とされた論文を日本の学術誌に送る、という慣習を私も身をもって体験したのである。

一つだけ弁解をすれば、日本の社会や経済の実証研究を行ってからその論文を欧米の学術誌に投稿しても、拒否される確率は高い。なぜならば欧米の経済学者は日本のことへの関心は低いからである。日本人の経済学者が世界的に名を上げたのは、数理経済学や統計学という純粋理論を扱った論文を世界で発表したからであった。日本の実証研究や経済政策の分野でまだ超一流の経済学者を出していないのは、欧米からするとこの日本への関心の低さが理由であるかもしれない。

LESTでの滞在

LEST（労働経済・社会研究所）を知る日本人は皆無であろうが、パリのINSEE滞在中に三カ月間、南仏のエックス・アン・プロバンスにある研究所に来ないか、という話が舞い込んできたのである。当時の日本経済は高度成長期を経ていたのでフランスでも日本経済への関心は高まっており、日本人経済学者に短期間滞在してもらって、日本経済の秘密を知ろうという目的があったのである。

プロバンスといえば、ヴェルディのオペラ『ラ・トラヴィアータ（椿姫）』の中にある有名なアリア「プロバンスの海と陸」で象徴されるように、青い空と海で名高い景勝地であるし、大都市パリとは大きく異なる南フランスの田舎である。さらにエックス・アン・プロバンスという小都市は地中海沿岸の港町マルセイユの東北部にあって、背後にモン・サン・ヴィクトワール（ヴィクトワール山）を控えていて、画家・セザンヌが多くの絵を描いた山があるではないか。さらにドーデの小説『風車小屋だより』に出てくる南部の生活描写が有名な地域である。こんな魅力にあふれる小都市と南仏という地域に行かない理由は全くない、と即座にOKして研究所にしばらく滞在した。

この研究所での仕事は最低の義務を果たしただけで、時間を見つけては車でプロバンス地方をあちこち訪ね回るという不良研究者であった。毎日が青い空と太陽という晴天であり、カラッとした空気の乾燥した地中海性気候ということで、パリの毎日が雨か曇りという気候とは全く異なることがよく分かる。パリっ子のみならず、気候の悪い北ヨーロッパの人々が「南仏へ南仏へ、あるいはイタリアへイタリアへ」と旅する気持ちが痛いように分かるのである。部屋の中に閉じこもって、毎日が勉強という雰囲気にはなれないエックス・アン・プロバンスでの生活であった。エックス・アン・プロバンスの町は、光と泉の街として有名だし、噴水の連なるミラボー通りのプラタナス並木は特に癒される場所である。ほぼ毎日のようにこの通りのカフェに居座って、緑の木々と行き交う人々を見ていた。そういえば、好きなアルベール・カミュも北アフリカのアルジェリア育ちで地中海性気候の中にいたのであり、青い空、青い海、乾燥した空気の中にいたのであった。残念ながら文学的才能のない私には小説などは書けなかったが、カミュの思いだけは想像できた。

OECDでの国際公務員

ＩＮＳＥＥでの契約期間を終えようとすると、次の就職先を見つけねばならない。二つの可能性があった。第一は、そろそろ日本に帰国して研究者になるべく、大学に就職する案。第二は、まだフランスかヨーロッパにもうしばらく残るという案。第一の案は遠く離れたフランスにいるので、日本の大学における就職事情の情報がなく、阪大大学院でお世話になった先生方に頼るしかなかった。当時の日本の大学では公募方式がほとんどなく、個人ベースでの紹介と交渉で大学での就職が決まっていたので、決定までに時間がかかるのであった。

第二の案はフランス語で経済学を教えるまでの水準に達していないので、フランスの大学でのポジションは不可能であった。しかもフランス語の教授資格試験（通称・アグリガシオン）に合格することはフランス語を母国語とする以外の人にとっては不可能なことであった。しかしパリに本部のある国際機関・ＯＥＣＤ（経済協力開発機構）は日本も加盟しているので、日本人である私にも雇用される資格はあった。そこで試しに応募してみた。そうすると意外にもすぐに面接に来い、という知らせが届いた。

面接はトントン拍子で進んだ。ＯＥＣＤでの公用語は英語とフランス語であるが、私はその両国語の会話ができたので面接は無難にこなせた。面接官はお世辞にも、「日本人の応募者の中で英仏両語を見事に（?）こなしたのはあなたが最初である」と褒められた。先進国グループの加盟するOECDに日本が参加してさほど時間が経過していない時期なので、日本人職員を必要としていたし、アメリカの大学でPh.D. を取得しているというのも有利に働いたに違いなく、即採用となった。

OECDで働く日本人職員の大半は、政府の各官庁で働く高級官僚が、二年間か三年間本省から出向してOECDで働き、その後また東京に戻るというパターンであった。私のように政府と全く無縁でどこの馬の骨か分からない人物が飛び入りでOECDの職員になったのであるから、日本政府も私に戸惑いを感じたに違いない。国際機関における事務職員の仕事は、各国代表が様々な社会・経済問題を議論する時の参考資料を提出することであり、参考資料の執筆が主たる任務である。決して学問的な資料を執筆するのではなかったので多少物足りなかった。しかし様々な会議に出席して現実の世界で何が問題となっているかを知ることができたし、先進国間の比較をする上でどのような統計を求めればよいかが分かったし、連日英語で書類を書かねばならないことも英語の修練となった。

しかし日本での職探しの話が舞い込んできて、OECDを一年で辞職することとなった。もう少し国際機関での経験を積みたいと思っていたし、国際公務員としての給料の高さの魅力も捨て難いし、何よりも憧れのフランスを去ることへの寂しさが大きかった。でも日本の大学での就職の話を今ここで葬り去ると、一生日本に帰れない危惧もあったので、在米四年、在仏四年という合計八年間の海外生活を終えて日本に帰ることとしたのである。

パリでの生活

芸術の都パリ、花の都パリ、美食のパリ、ファッションのパリ、学問のパリなどと、文化活動の中心地として呼ばれるパリでの生活を少し語ってみたい。文豪・永井荷風がフランス人の生活を描写したりフランス女性の素晴らしさを書き、哲学・文学の森有正がパリやフランス地方の景色、建物、音楽などについて美しい文章で綴っている。森有正の『バビロンの流れのほとりにて』などは、私がフランス各地を旅する時に必ず持参して、それを参照しながら教会、建物、庭園などの名所を探索したものである。私のような文章の下手なものがパリやフランスを描写する資格はないので、それは荷風や有正に譲る。

なお、パリでは森有正に直接会う機会があった。パリでの住居を探している時、シテ（国際大学都市）と呼ばれる留学生向けの寮が候補の一つだったのだが、そこの日本館（有名なバロン薩摩が建立した建物）の館長が森有正であり面接に伺った。結局は日本館に住まなかったが、その時有正に会ったのである。美文家で人を魅了するような文章を書いていた有正が、風采の上がらないどこにでもいるおっさんであることに接して、ややガッカリした記憶がある。

憧れの作家や芸術家の作品をイメージに描きながら、その著者や作者に会った時に失望することが多い、ということを若い時にどこかの文章で読んだ記憶があるが、森有正に会ってその文章の正しいことを確認した。でも森有正の美しい文章はいささかもその価値を失うものでないことを強調しておきたい。

特に文学に強くはなく、自分で音楽を演奏したり美術を実践することはなくとも、素人なりにフランス文学、音楽、美術などは好んで楽しむようにしていた。たとえばノートルダム寺院では日曜日の午後、生のオルガン演奏会が毎週あったので、できるだけ聞きに行くようにしていた。荘厳な教会の建物の中で静かに響き渡る典雅な美しい旋律に戦慄を覚えた。その影響もあって宗教曲が大好きとなり、バッハ、フォーレ、ケルビーニ、グノー、ベルリオーズなどのミサ曲、レクイエムといった宗教曲にのめり込んでしまった。

もう一つの趣味はオペラとなった。アメリカにいた時は貧乏留学生であったし、何よりも勉強に没頭していたので、オペラなど無縁であった。しかしパリに来ると時間はあるし、収入も増加したので、演奏会によく行くようになった。特にオペラに填ることとなり、上等な席ではないがかなり頻繁にパリ・オペラ座に通うようになった。ワグナーのような重いドイツものよりも、イタリアやフランスの明るい出し物を好んだ。ただしドイツものの中でもモーツアルトだけは例外として好みである。学生時代にグリー・クラブにいたことで、声学を伴う音楽になじんでいたことが幸いしたのかもしれない。宗教曲とオペラの虜になったのである。

フランスで目覚めたことは、食事の大切さであった。フランス料理の素晴らしさをここで物語る必要はない。アングロサクソンの伝統があるアメリカ料理やイギリス料理のまずさは、かの荷風も『あめりか物語』や『ふらんす物語』の中で縷々述べていることを実感していただけに、フランス料理の美味しさは際立っていた。食事には必ずワインが伴わねばならないということと、食事の終了前にチーズを賞味する慣習に接した時、フランスに渡る前はチーズの良さなど分からなかったが、ワインと一緒に口の中に入れると格別の味がすることを会得した。私は特別グルメの方ではないが、今でもワインとチーズの良さを楽しんでいる。

料理に関しては、フランス滞在中は世界で一番美味しい料理を楽しめるのはフランス料理と思っていたが、必ずしもそうでないことを後になってイタリアを旅行した時に気が付いた。むしろイタリア料理ではないか、と思うようになった。その理由は次の二つにある。第一に、一六世紀にフランスの国王に嫁ぐことになったイタリアのフローレンスの富豪・メディチ家の娘が、イタリアから料理人を多く連れてフランスに行き、フランス王家でイタリアの料理を発展させたという歴史的事実を知った。フランス料理の源泉はイタリア料理なのである。

第二に、在仏中に何度かイタリア旅行に行ったが、どこのイタリア・レストランに行っても値段の割には味が一級品だと気付き、イタリア料理が世界の最高だと思うようになった。フランス料理は日本でもそうであるが一般に値段が高いしやや格式ばったところがあり、経済学専攻の私からすると、価格が安くて質の良い生産品、すなわちここでは料理の質を提供するのがベストと考えるからである。

フランスで生活したことによって、私の人生の生き方、あるいは広い意味で人間の生き方を考える際にも大きく影響を与えたことがある。それは、人生は楽しむものであって、決して仕事や労働に追われるべきではない、という哲学である。働く時間以外の余暇を大切に過ごすことが人生にとって重要であり、その余暇を楽しまねばならないということである。

フランスに到着して驚いたことがいくつかあった。第一に、仕事の間の昼休みの昼食にあっては、二時間ほどかけてゆっくり楽しむし、ワインを飲むことはご法度ではない。日本やアメリカにいた時は、ほんの二、三〇分で弁当、サンドウィッチやハンバーガーを食べて、すぐに職場に戻るという風習との違いは明らかであった。ついでながら夜のレストランも午後八時頃からの開業が普通で、およそ夜の一一時か一二時までじっくり料理とワイン、そして参加者の間での会話を楽しむのであり、午後六時か七時からレストランで食事をして、夜の九時頃には夕食を終えて帰宅し、翌日の勤労に備えるという日本、アメリカ、ドイツなどとの違いが印象的であった。

第二に、フランスには夏休みにヴァカンスと称して、ほとんどの人が約一カ月間の休暇を取り、自分の好きな余暇を楽しむ習慣のあることだ。この習慣はお金持ちから貧乏人まで、サラリーマン、政府関係者、自営業などあらゆる職業に就いている人々がコミットするのである。たとえばパリの七月、八月のほぼ一カ月半はレストラン、商店の半分前後が休業するのである。上・中流の家庭では南仏に別荘を持っているのでそこで過ごすし、たとえ所得の低い家庭であっても、身の丈に合ったヴァカンスの楽しみ方があると言ってよい。ヴァカンスを楽しむことによって、秋からの仕事の糧にするという発想なのかもしれない。

第三に、これは既に述べたことであるが、余暇を送る際に、文学、映画、音楽、絵画などの文化的な活動にコミットする人の多いことに接したことである。新聞記事の中で文化に関する仕事が多いし、テレビ番組でもそうであった。日本やアメリカのようにスポーツに関する記事や番組の多さと比較すると好対照である。

働くことは食べるために必要なことは確かであるが、余暇を大いに楽しむということを後になって私は主張することとなるが、こう主張することになる原点はフランス人の生活振りが頭に焼き付いているからだと思う。私自身の好みは、ほどほど働いてほどほどの経済生活を行い、残された時間を自分の好きな趣味に費やすか、あるいはボーッとしていてもよいということにある。とはいえ働くことが好きで経済的に豊かになりたいという人の希望まで排除しない。人の生き方を決定するのはその人に自由なことであり、自由はどこまでも尊重したい。

最後に、フランスで学んだ三つの点のうち、第三の点、すなわち文化を愛する国民フランス人に関することをもう少し詳しく述べておこう。実は私は日米英の国民に特有なスポーツ好きなので、文化活動を評価する資格はないが、フランス滞在中にテレビ討論会で聞いた内容を今でも記憶しているので、それを紹介してフランス人がいかに自国の文化に自負を抱いているかを知ってもらいたい。

ある年の冬季オリンピックにおいてフランスは競技成績が非常に悪かったことがあった。この総括と反省をすべく有識者の何人かがテレビ討論をしている番組を私は見たのであった。その中であるフランス人（名前と肩書は記憶していない）が次のような発言をしていた。「フランス人の文学、音楽、美術、ファッション、料理といった文化活動は、歴史的にも現在にあっても世界一の水準を誇っているので、スポーツで成績が悪かろうが気にする必要はない。スポーツというのは体力のあり余った野蛮人のする活動であり、知性溢れる人のする活動ではない。さらにサッカー、ラグビーなどと男が集まって肉弾戦を繰り広げるのはホモ人間のすることだ」といった内容であった。

このフランス人男性の発言を聞いて驚いた私であったが、他の周りのフランス人に問いかけてこの発言をどう思うか聞いてみた。すると確かに彼の発言はやや不穏当であることを認める人は少なくなかったが、おおむね妥当であるとするフランス人が多かったのである。フランス人は自国の作家、芸術家、研究者のように第一級の文化活動の成果を上げてきた人を尊敬する気持ちは強いし、その水準の高さを自慢する人が多いのである。そして自分達も小説、詩、音楽、美術、映画、演劇などの文化活動を鑑賞するのに熱心な国民なのである。

フランスの教育現場では運動場のある学校はほとんどない。幼・少年期に体育などという科目で身体を鍛えるということをさほどしないのである。日本の学校のどこに行っても運動場が用意されていて、生徒は体育という科目でスポーツに興じているし、課外活動でも種々のスポーツの訓練に励んでいるのであり、その姿が日仏間で好対照であることに気が付き、さもありなんと納得した次第である。

フランスがオリンピックやワールドカップでどの程度のメダル数を獲得しているかどうか、最近のデータによると国別の獲得数でのトップテンでは下位あたりにいるので、そう悪くない成績である。最近はスポーツが以前よりはるかに強くなっているようである。文化の国フランスもスポーツ振興策が功を奏している感じである。でもフランスのスポーツ選手の顔ぶれを映像で見ると、アフリカ系やアラブ系の移民ないしその子弟が圧倒的に多く、もともとの白人系の人はさほど多くないことに気が付く。移民に寛大な国・フランスは好ましいことであると判断しているが、白人はまだスポーツよりも文化・芸術の国ではないかと想像している。

第三章　大阪大学での研究・教育

1　再び大阪大学へ

大阪大学教養部での実践

日本におよそ八年振りに帰国しての就職先は、大阪大学教養部の助教授であった。教養部というのは総合大学において、一年生と二年生が語学と一般教養科目を学ぶのであるが、それらの科目を教える部局である。学生は教養部二年間の在籍後、それぞれの専門学部に進級するのである。したがって語学の教員と、数学、物理、法学、文学など文科系・理数系などあらゆる一般教養科目を教える教員から成るのが教養部である。阪大の教養部には私を含めて三名の経済学者が在籍していた。歴史的に言えば、旧制の浪速高校と大阪高校が母体である。たとえば東京大学の教養学部（当時東大だけは一・二年生の教養科目と三年生・四年制の専門科目をも教えていたので、教養部と称されずに例外的に教養学部と呼ばれていた）の母体は旧制・第一高等学校と東京高校であり、京大教養部は旧制・第三高等学校である。教養部には旧制高校のようなリベラル・アーツ重視、すなわち学生の教養を高めることに教育の主眼があった。

私の阪大就職は一九七七（昭和五二）年である。当時の国立大学教官は国家公務員だったので、役人並みの給与支給であり、月額一五万円程であった。私の年齢が三〇代半ばに達していたので、この額が高いか低いかをにわかに判断することはできないが、前職のＯＥＣＤでの給料が税なしで月額およそ六〇万円だったことと比較すると、非常に大幅なダウンだった。国際機関で働く職員の給与の高さはよく知られていたし、税を払う国がないので所得税は課されていないのである。これほどの年収ダウンでありながら、私は大阪大学に戻れたことに満足していた。経済学者になる基礎づけをしてくれた学校であるし、所属学部は異なれど経済学部や社会経済研究所で教えを乞うた先生方と再び顔を合わせて、いろいろ議論ができるのである。ただし社会経済研究所は私が大学院生だった頃の豊中市から茨木市に移転していたので、そこの先生方に会える機会はそうなかった。大学に就職して最も魅力に感じたのは、自分の好きな題目を選んで自由に研究ができるようになったことである。

ではどのような題材に焦点を当てて研究・勉強するようにしたのか。長い外国生活を終えてから日本の大学に戻ってやや浦島太郎的なところがあったので、すぐには何をするか決められなかった。それと初めて大学の教壇に立つので、教育をどうすればよいのか慣れるのにも時間がかかったのであり、研究としてすぐに見るべき成果を上げることは不可能であった。ただ日本にいるのであるから、日本の社会・経済を対象にするということだけは決めていたし、アメリカやヨーロッパで見聞したことを生かして、日本の特徴とは何かを探求したいと希望していた。

教養部での実践から学んだことがいくつかある。それをやや詳しく書いておこう。第一に、教養部において経済学概論や入門コースを教えるのは若手の教員よりも、研究・教育を蓄積したヴェテランの担当とした方がよい、という印象を持った。当時の私はまだ三〇代半ばであり、頭の中は自分の研究業績を蓄積することに精一杯なので、教育には大きな関心はなかったし、研究上や教育上の未経験も響いた。多くの若手教員もそうではないかと想像できる。一方で長年のヴェテランにあっては、研究と教育の経験が豊富なだけに一年生や二年生に対して何をどのように教えれば興味を抱いてくれるかが分かっているのである。現に私はヴェテランになってから、同志社大学では新入生用の「日本経済入門」を教えたが、阪大教養部時代に新入生に対して教えた時よりも、自分の口で言うのはおこがましいが、はるかに分かりやすく、かつ学生に興味を持つように教えることができたと自負している。誇張すれば年を重ねて高水準の研究を上げられなくなったこともあるし、枯れた心境のヴェテランの方が概論や入門コースの教育には向いているのではないだろうか。

第二に、教養部は経済学入門や概論を、いろいろな専門学部に進学する一年生や二年生に教えるのであるが、進学する学部によって学生の質がかなり違うということを実感したのである。具体的に述べれば、医学部に属する学生の質は高く、異なる学部別に同じ試験問題を誤したところ、答案の質が学部別で全く異なることを知ったのである。経済学に応用数学の問題を解答させたら、医学部進学生の中には、見事に高い得点を挙げる学生が多く出てきたのである。調べてみると、当時の阪大の入学試験において、医学部だけ合格最低点が他の学部よりもはるかに高いという事実があり、さもありなんと思った。医学部は例外的に高いとしても、他の学部に関しても学生の学力分布には学部別に相当のバラつきがあることが分かったのである。

医学部に関しては、これほどまでに学力の高い人が医学部に集中してよいのだろうか、という率直な疑問を教養部の教育経験から抱いたのである。これが現代ではもっと深刻になっていて、たとえば進学校・灘高校では生徒数二〇〇人のうち、約半数が医学部希望である。医者は確かに頭が悪ければ務まらないが、全員がそうでなくてもよい。手先の器用さ、コミュニケーション能力、人柄の優しさ、組織の中で働くことのできる柔軟さ、などの素質も重要である。さらに頭の良い人の活躍場は医学以外の学問、技術、企業経営、司法、政治、官僚など数多くあるので、医学への人材の偏在はよろしくないと思っているがいかがであろうか。阪大教養部での教育経験はこのことを私に直接教えてくれたのである。

医学界での人材偏在を象徴する事件が、二〇一二（平成二四）年に起こった。今上天皇が心臓病の手術で東大病院に入院された時の執刀医が入院先の東大の医師ではなく、順天堂大学の医師だったのである。この医師は日大医学部に三浪して入学したというから、格別に高い学力の持ち主ではなかった。しかし彼は手術の技量が特別に高かったので、偏差値秀才が典型的に多い東大医師団は手術に自信がなくて、病床は提供しておきながらあえて恥を忍んで別の大学の人を手術の執刀医として招き入れたとの解釈ができるかもしれない。医者の実力は頭ではない、ということを象徴する事件であった。

第三に、教育の現場に立ってみて、聞いている学生の興味と関心を持ち続けさせるには、授業中に学生に質問をぶつけてみたり、学生に意見を求めて発言させるという手段が有効であると分かるようになった。時には私がいつも使用しているマイクを学生の口のところまで歩きながら持って行って発言を求めることもあった。そして学生同士で質疑応答、あるいは一つの論点をめぐって賛否の討論をさせるというのも、学生の関心を呼び起こすのに有効であり、私はこれらの方法を用いて授業を行うことにしていた。一方的にこちらから話す講義ではなく、学生からの反応をも期待するといった、いわゆる対話方式による教育である。その方法は後に京大、同志社大においても同じく用いたのである。

ごく最近に至ってハーバード大学の哲学者、サンデル教授が日本のテレビでこのような対話型の講義を実践していることが報道されて注目を浴びたが、私はもう三〇年も前からこの方法を用いていた、と秘かに自負している。とはいえこの講義方法は多分昔からあっただろうし、他にもこの方法を用いて教育している方もいるであろうから、何も私の専売特許とは思っていない。

第四に、教養部の先生の主たる任務は教養課程の学生に経済学概論や入門を教えることであるが、一科目だけ経済学部の大学院で演習科目を持っていた。当時は「フランス語文献研究」という科目が開講されていて、フランス語で書かれた経済学の書物や論文を研究するのが目的の科目であり、フランス語のできる私が担当していた。フランス語の文献を読める教員が少ないということで、私が担当させられたのである。ところが開講しても受講者はゼロであった。阪大のように近代経済学の最先端の経済理論や計量経済に関心の高い学生の多いところでは、英語の文献を読むことは必須であるが、フランス語を読みたい人が皆無であることは不思議ではない。

そこで私が対策を案じて、「フランス語文献研究」の開講される日時を、興味を共有する助手と大学院生の三人で、研究論文を書くという時間にしたのである。当然フランス語の文献を読むのではなく、英語の論文を三人で読む、そして新しい論文を三人で書き上げるための討論の時間としたのである。受講者の数がゼロで、一科目を開講しないことがあっても構わないのであるし、そうすれば私の教育担当の負担が減るので楽をするというメリットがあるが、折角の機会を共同研究の時間に割いたのである。共同研究者の名前は駿河輝和（現・神戸大）と跡田直澄（現・嘉悦大）である。所得分配の実態をどのような統計学上の確率密度関数で表現すればよいか、という統計解析を三人で行ったのである。成果は日本での最高の学会誌である『*Economic Studies Quarterly*』に出版できたのである。

第五に、これは大阪大学時代の研究、教育と無縁のことであるが、若手の経済学者との交流のことを述べておこう。「近代経済学のメッカ」という評価を受けていた阪大の経済学者も、私が阪大に戻った頃は古手の教授が引退、ないし他校に移っていて、世代交替が進んでいた。私と同じ年代であれば、猪木武徳、中谷巌、本間正明、蝋山昌一、鬼塚雄丞などの教員が経済学部に在籍していた。社会経済研所は茨木市に移っていたし、内紛があって新しい人をあまり採用していなかったので、もっぱら経済学部の人との交流が多かった。

とはいえ、その交流はさほど学問の分野でなされずに、余興の分野で行われたという異常さであった。具体的にどういうことかと言うと、夕方五時か六時に大学での業務を終えると、大学の正門あたりで集合してから四人で某所に行くという交流である。鋭い方ならば「四人で」と言う言葉を聞けば、麻雀荘に行ったのではないかと想像されようが、まさにその通りである。私達の年代の人が学生時代の頃は、麻雀が人気のある娯楽の一つだったので、ここで列挙した経済学者も例外ではなかった。当時の大学のキャンパスの周辺には、学生用の麻雀荘（通称・雀荘）が目白押しであり、学生のみならず教員もそこで麻雀を楽しんでいたのである。現代では若者の間で麻雀はもう忘れ去られている。大学のキャンパス近辺に雀荘はほとんどないし、私もそれ以降麻雀に興じる機会が激減したのである。

幸か不幸か、ここで述べた今では著名となっている経済学者との交流は、少なくとも私からは学問的な交流はさほどなく、ここで述べた雀友としての交流であった。私が教養部所属なので一人別世界にいるので学問的な交流の気運が生じなかったのか、あるいは研究分野として関心を共有することがなかったからなのか不明であるが、麻雀を通じての交流も人的ネットワークを強くするには役立った。

教養部の変化

そもそも総合大学に教養部が戦後になって設立された最大の理由は、新制大学が旧制大学と旧制高校の合体によって成立したからである。旧制大学は法律、文学、理学、工学、医学といった専門科目を研究・教育していたのに対して、旧制高校は語学を中心にした教養科目を教育していたのである。後者の旧制高校に所属していた人を、そのまま新制の教養部で吸収したのである。したがって教養部には既に述べたように、英語、ドイツ語、フランス語、数学、物理、哲学といった専攻の人が圧倒的に多かったのである。教養部では語学と一般教養科目が必修なのであり、それらを担当するのが教養部の先生の役割だったのである。

このように書いてくると、大学教育に詳しくない人から見ても、教養部は専門学部よりも格下ではないか、と判断されるのではないだろうか。その判断は正しく、教養部の教員も学生もそのような処遇と対応の中にいた。教員にとっては、現に専門学部の教員に支給される年間の研究費よりも教養部の教員の研究費の額は低かったし、一週間あたりの担当コマ数も専門学部教員のそれより多かったのである。まとめれば、教養部の教員は、研究者というよりも教育者であるべし、との性格と見なされていたのである。

一方学生からしても、教養部の授業内容は高校の延長にすぎないし、上の専門学部に進学するための通過点にすぎないと理解しているので、勉学に熱心になれない雰囲気が漂っていた。苦しい受験勉強から解放されて遊びたい気持ちの強い教養部生にとって、教養部でまじめに勉学に励む人は少なかった。大学は「レジャーランド」になっているとの評判が当時からあったが、その責任のかなりの部分は教養部の存在にあったのである。

このような研究と教育の双方においてきわめて曖昧な位置にいる情況を打破するために、学制改革の波の中で、私が阪大教養部を辞してからしばらくして、教養部の解体策が実行された。具体的にどういうことかというと、各大学の教養部を東大教養学部のような姿に変えて、専門学部として再出発するのである。学部の名称は大学によって様々で、人間科学部、総合科学部、グローバル文化学部などであり、自分のところで三年生と四年生用の専門学部教育を行って、独自の学士を卒業させるようになったのである。ただしこれらの新学部に所属する教員は、他の専門学部で学ぶ一年生と二年生に対して一般教養科目を教える義務は残ったのである。ただし、専門教育を強化するために、それぞれの専門学部に進学する学生が一般教養科目を学ばねばならぬ単位数は減少して、専門科目の修得に高いウエイトがかけられたのである。

このような制度改革によって、少なくとも教養部の教員は一年生と二年生用の語学と一般教養科目しか教えない、いわば格下の研究者・教育者にすぎないという認識は打破されたのである。旧教養部の教員も新しい専門学部の所属になって三年生・四年生を教えるようになったし、研究費も増額されるようになった。ただし他の専門学部に進学する学生用の一般教養科目を教えることを続けたので、教えるコマ数の削減はそう多くなかった。教養部解体策が成功したのかどうか、私は知識に欠けるのでこれ以上述べないことにする。むしろここでは、専門科目（あるいは実務教育）重視か、それとも一般教養科目重視か、という一般論を考えてみよう。

大学教育は実務か、それとも教養か

教養部の二年間は、語学、哲学、歴史、文学、自然科学などの科目を学ぶ時期なので、アメリカ流の言葉に従えばリベラル・アーツ（教養科目）教育の重視である。古い時代のアメリカでは大学教育は四年制のカレッジにおいてリベラル・アーツを学ぶことが主流であったし、現代でも四年間は主としてこのリベラル・アーツを学ぶのである。そして専門教育や実務教育はその上の大学院、法律、ビジネス、医学などの専門スクールで学ぶ制度になっている。すなわち学部四年間の中心はリベラル・アーツ教育の重視である。

日本での教養部廃止は、アメリカのようなリベラル・アーツ重視とは異なる方向に進むようになっ

たことを意味し、むしろヨーロッパの大学のように専門科目を大学の学部で学ぶ方式に近づいたと解釈してよい。もっともヨーロッパの大学の多くは三年間の学部教育である。大学（特に学部四年間）での教育は、リベラル・アーツ流の教養科目の重視によって教養水準の高い善良な市民の育成か、それとも専門教育や実務教育をしっかり行って有能な職業人の養成を重視するか、日本ではまだ論争の途中にあって決着に至っていない。詳しいことは橘木著『経済学部タチバナキ教授が見たニッポンの大学教授と大学生』（東洋経済新報社、二〇一五年）を参照されたい。

そこで、私個人の意見をここで述べておこう。私は大学では専門教育、特に実務教育の重視派である。理想を言えば、アメリカ流の学部四年間はリベラル・アーツ教育、大学院は専門・職業教育であろうが、それだと若者は高校卒業後に七〜八年は学校に通わねばならず、経済的な理由もさることながら、こんなに長い間教育を受けるよりも、早く実社会に出て技能を現場で磨く方が望ましいと考えるからである。

他にもいくつか理由がある。第一に、現代の日本では一八歳人口の半数以上が大学に進学する時代になっており、一部の大学生の間で大学教育についていけない人が出現している。もともと学問・勉強が好みでない人が大学に進学しているのであり、こういう人に高邁な学問を教えても吸収能力に欠けることが多い。

第二に、そういう人にはリベラル・アーツを教えるよりも、社会に出てから職業人としてうまく働くことのできる技能を教えることの方が、本人にとっても社会にとっても有意義ではないだろうか、ということである。今では各種の専門学校でこのような技能教育を行っているのであるが、その内容の一部を大学教育に移してもよいのではないか、とすら思っている。

象徴的なことをも述べて実務教育のやり方を例示してみよう。リベラル・アーツ教育の代表例として、文学部の英文科においてシェークスピアやディケンズの英文学を読んで解釈する教育が盛んであるが、それはほどほどにして英会話の訓練とか外国の文化・社会・経済を学ぶことに徹底することの方が、貿易をはじめビジネスの世界で役立つ人間を育成できるのではないか、ということである。他の学部の法学、経済などにおいても、もっと実務教育を行うべきと考える。大学で刑法や財政学を学んでも、実務にはほとんど役立たず、簿記や会計、マーケティング術などを教えることが肝要である。その兆候は既に今の大学で始まっている。たとえば、看護学部、福祉学部、幼児教育、外国語学部、ビジネス学部といった実践を重視する学部の創設が目立つことによって分かる。

第三に、リベラル・アーツ教育を支持する論者は、哲学、歴史、自然科学などの教育科目を学ぶと、人々に適切な理解力と判断能力を授与することができるので、職業生活において起きる様々な問題に関しての意思決定や判断能力が高まり、適切に対応できるようになる、ということを主張する。さらに、専門・実務能力に強い人ばかりが社会で多くなると、教養に欠けるおもしろくない人々の集まりとなり、人間性豊かな社会になりえない、と主張する。私にこの主張に全面的に反論する根拠を持っていないので、ある程度の支持をするものである。

このように述べてくると、専門・実務教育か、それともリベラル・アーツかは、イチ対ゼロの両極端の解を求めるのではなく、うまくバランスをとることが重要ということになる。あるいは学生の質と関心に応じてバランスをとってよい。これは大学教育に関与する教員の教育方針や方策にもっと工夫を重ねて、うまくバランスをとる制度にすることが期待されるし、教育問題担当の文部科学省を筆頭にして教育界全体における責任にかかっている。とはいえ、私の主張は基本的にはリベラル・アーツよりも専門・実務教育をより重視する考え方への支持である。

2　結婚と住居

ようやく結婚

日本に帰国したのが三〇代半ばになっていた。先程紹介した阪大の経済学者のほぼ全員家族持ちだったのであり、私も結婚したいと思うようになっていた。幸いにして縁談の世話をしてくださる方があり、見合いという手段に頼ることとなった。現代の結婚は恋愛が圧倒的に多いが、当時の結婚は、恋愛がやや多くて見合いがやや少ないという時代であった。

幸いにして同じ職業である学者の娘である大野泰子を紹介され、一九七九（昭和五四）年に結婚した。後に述べるように京大に転任するが、京大着任後すぐに結婚式を挙げた。満三六歳という遅咲きである。彼女は私より八歳若いので、よくオッサンと結婚する気になってくれたと感謝しているが、まわりの悪友は「橘木は童顔で年齢よりも若く見えるので不都合ではない」という慰めの言葉が救いであった。結婚式は高校の先輩にあたる京大の森口親司教授に仲人をお願いし、披露宴の司会は同年代の鈴村興大郎助教授（後に一橋大教授）にお願いした。

泰子の父は京大の工学部を出て姫路工大（現・兵庫県立大学）の学者であり、母は神戸女学院出である。両親ともにクリスチャンという親に育ったが、本人は聖心女子大学というキリスト教の学校で学びながらも信者にはならなかった不思議な人物である。でも卒業論文では熊本の天草地域で隠れキリシタンを調べたというから、キリスト教には関心があったかと思われる。文学や音楽に強く、この分野で私にいろいろなことを教えてくれるのはありがたい。

子供に恵まれなかったが、これまで波風も立たずに穏やかな結婚生活であった。学者の娘だったので学者のことはよく分かっているようで、その点の理解の大きかったことは私の学者生活においても幸運なことであった。二人とも旅行・音楽・美術が好きなので、私の研究や集中講義などの海外・国内旅行には同伴することが多かったし、各地で美術館巡りや音楽会に行ったりした。唯一異なる点は彼女がスポーツ好きではないので、家ではスポーツ放送のある時は別々のテレビを鑑賞する、という手段で対応している。

住居のこと

大阪大学で職を持っていた時は、独身だったので住居は大阪府高槻市の両親の下に住んでいた。阪大に就職するまでは、内外をウロウロとしていた独身だったので単身で住むことがほとんどであったが、住居のことをここでまとめて語るので、まずはアメリカのボルティモアではアメリカ人の男子大学院生と住居をともにしたことを述べておこう。

英語の訓練を日本にいた時それほどしていなかったので、私の英語力や英会話能力が不十分なことは、アメリカに到着後すぐに判明したことであった。大学院での講義はよく理解できないし、英語で書くこともきわめて不十分な実力であった。その証拠に、第一年目の学科試験の成績は低空飛行であり、かろうじて第二年目に進級できたにすぎない成績だったのである。私の英語力不足を解消せんがため、アメリカ人の二人の先輩大学院生が、彼らが共同生活をしているアパートに移らないかと親切にも誘ってくれて、三人で共同生活を始めたのである。その共同生活は二年弱続いたので、もともと語学能力のない私であっても、英会話能力はかなり向上したのであり、二人への恩には大きなものがある。

この二人のアメリカ人のことを少し書いておこう。一人はロバート・ヴァンオーダーという人で、応用ミクロ経済学の専攻であった。インディアナ州のパーデュー大学で教鞭をとった後は、アメリカ政府に勤務して研究をつづけた。もう一人のデニス・カポーザはカナダのブリティッシュ・コロンビア大学やミシガン大学で教鞭をとった人である。二人とも良質のヤンキー気質という性格の持ち主で、三人での共同生活は楽しいものであった。

結婚時の住居の話題に戻すと、しばらくは京都市の公営住宅に賃貸で住んでから、自宅を持ちたいと思うようになった。当時はまだ今ほどマンション生活が一般化しておらず、一戸建の住宅を買うのが普通であった。京大に移籍することになっていたので、京都近辺の住居を探すこととなった。京都市内は土地の値段が高かったので、安月給でも購入可能な滋賀県に求めるしかなかった。幸いにもJR湖西線の小野駅（小野妹子がいたとされる伝説地）の近くに新興住宅の販売があり、住宅ローンを組んで小さいながらも一軒家を購入した。京都大学まで一時間ほどかかる距離ではあるが、西の山側には比良山を背にして、東の琵琶湖に向かう地域であり、風景の美しさに恵まれた場所であった。大都会の汚れた空気とは無縁の清い空気に満ちたところであった。滋賀県は京都市よりも寒い地域なので、冬の雪の季節や比良おろしの強い風に悩まされたこともあったが、静かな景勝地で住み心地は良好だったのである。この場所から住居は一度も移らず、今でもこの地に住んでいる。勤務先は京都市、住居は滋賀県大津市という生活を三〇年以上も続けたのであった。人生の後半期はまさに定着時代だったのである。

第四章　研究に没頭した京都大学経済研究所時代

1　京大経済研究所とは

京都大学経済研究所に移る

大阪大学在職中に京都大学経済研究所（通称・京大経研）から助教授として来ないか、という声が掛かった。京大経研は日本を代表する国際的な経済学者、青木昌彦、佐和隆光、鈴村興太郎、森口親司、森棟公夫などがいたし、研究費は多くあるし研究秘書が与えられるというように、魅力の大きい場所だったので、移籍したい気は山々であった。

しかしもし四月の新学期を機に移ると、阪大在籍が一年半にすぎないことから、阪大に招いてくれた先生方に申し訳ないし、教育体制に問題を生じるのは心苦しいので、二年か二年半滞在してから着任すべきと思っていた。しかし阪大側は寛大にも、移るなら早い方が良いと移籍を認めてくれたので、一九七九（昭和五四）年の四月に京大に移った。小樽商大という地方大出身をよく採用したと感謝した。

五つの国立大学、すなわち阪大、京大、神戸大、東大、一橋大には経済学関係では同一大学内に経済学部と研究所の二つがあり、奇妙な体制であった。阪大には経済学部と社会経済研究所の二つが併存していることは既に述べたし、両者の仲は悪かった。これは所属する人々の間での個人的な好き嫌いが大きく影響していた。京大においても経済学部と経済研究所の間は仲が悪かった。なぜ国立大学において学部と研究所の仲が悪いかに関しては、橘木著『三商大　東京・大阪・神戸』（岩波書店、二〇一二年）を参照してほしい。京大では仲が悪いというよりも、お互いに無関心ないし交流がない、といった方が正しい。学部はマルクス経済学が中心であるし、研究所は近代経済学が中心という経済思想上の違いが大きく影響していた。

研究所の教員の義務は、大学院で一つのゼミを持つだけで、学部の授業やゼミを担当しないので、教育にコミットする時間は非常に少ない。ほとんどの時間を研究に費やせという主旨で設立されていた。私自身は三〇代の年齢だったので研究業績を上げる必要があり、研究オンリーの大学生活に不満はなかった。阪大教養部では教える経験を楽しんだし、専門学部の学生にも教えてみたいという希望はあった。色々な職に就く後継者を育てることも学者の役割の一つと思っていたからである。したがって研究所で研究に専念できるのは悪くなかったが、どことなく教育にコミットできないことへの寂しさはあった。しかし大学院生を教える機会だけはあったので、経済の専門家という後継者を育てることができたのは救いであった。

京大経研での研究条件が恵まれている証拠は次の四つに要約される。第一に、既に述べたことではあるが教育へのコミットが最小に抑制されている。第二に、講座の多くが文部省（現・文部科学省）の基準にあっては実験講座だったので、研究費が他の非実験講座より多かった。国立大学の講座には理科系を中心にして実験する機会の多い講座には、文科系に多い非実験講座よりも研究費が三倍ほど支給され、差があった。実験装置などを多く購入するのに費用がかかるし、実験補助をする大学院生を雇用するための人件費も必要なので、理科系の講座には多額の研究費が支給されたのである。文科系でありながら京大の経済研究所では、計算機を用いてデータ解析することが多い計量経済学の研究は実験講座とみなされたからである。第三に、二人の研究員に一人の研究秘書がついたので、英文論文のタイプをはじめ様々な補助的なサポートをしてくれた。第四に、外国への出張や長期滞在に寛大であった。これは国際的に活躍する人が多いことに応えるための制度として機能した。

ここで述べた京大経研での研究上の恵まれた好条件は、阪大社研とともに全国のどの学部や研究所よりも際立っていたし、他の経済学者から羨ましく思われていた。このような研究上で恵まれた条件のもとにいて研究業績が出てこないのであれば、非難の的になることが予想されるのであり、京大経研の教員は研究業績を上げるべく努力するのである。私も例外ではなく、経研在籍中は論文を書くべく頑張ったのである。それと重要なことは、自分だけ怠けて論文を書いていないと、他のメンバーから白眼視されることの恐れがあったことも大きい。

レフェリー付き国際学術誌

ここで研究業績という言葉を用いたが、その意味を解説しておく必要がある。学者の主たる任務は研究にあることに合意はあるが、その研究成果をどういう形で発表し、そしてその成果をどう評価するのか、というのがここでの関心である。

学者が研究成果を発表するには次の三点の考慮すべきところがある。第一は、書物で発表するのか、それとも論文として学術誌に発表するのか。第二は、読者の対象が専門家か、それとも専門家ではない一般読者か、の違い。第三は、発表に際して用いる言語が日本語か、それとも外国語（主として英語）か、の違いである。学問の分野で国際的な評価を得ようとすれば、専門家だけが投稿する英語の学術誌で出版される必要がある。日本人しか読まない日本語での発表であれば、国際的には無視されるのは残念ながら当然である。

それに加えて、理学、医学などの自然科学においては、国際学術誌では投稿論文に価値があるかどうかを、第三者が審査（レフェリー制と呼ばれる）してそれに合格した時だけ出版可能である。しかも数ある国際学術誌の中でも、水準の高い論文が多く出版される学術誌があれば、水準の高くない論文が出版されることもある学術誌があり、いわば学術誌にもプレスティージの差が存在する。プレスティージの高い学術誌ほど掲載が難しく、プレスティージの低くなるほど掲載が易しくなるのも当然である。したがってどの学術誌に掲載可能かをめぐって、学者の間で競争が起こるし、質の高い学術誌に多くの論文を発表した人ほど、名声は高まるのである。

ここで述べたのは理科系のように比較的公平に、しかも客観的に論文の独創性や質の高さを判定できる分野での学術誌のあり方であるが、経済学、特に近代経済学もこれに近い性格を帯びてきたので、レフェリー制による学術誌の役割が大きくなったのである。学問の分野によってはこれになじまない分野もある。たとえば文学であれば、シェークスピア論や夏目漱石論などの論文であれば、どの作家が好みであるかどうかで評価が異なるし、同じ作家論であっても似たようなところがあり、論文の質の判定を客観的に行うことは困難なので、論文の採否が恣意的になりがちである。経済学は数学や統計学を用いるようになったので、比較的客観性に基づいて論文の質を評価できるのである。

日本の経済学者による国際学術誌への投稿において、日本人にはハンディが二つある。一つは日本人の不得意な英語での論文を書かねばならないことである。そこで日本の経済学者の間では、英語を比較的容易に書ける数学や統計学を多用する数理経済学や計量経済学の分野で国際学術誌に登場することが多い。

もう一つの日本人のハンディは、理論経済学のように世界中の経済学者が関心を持つ分野と異なって、実証経済学の論文として日本経済の実証分析を行って、その英語論文をアメリカやイギリスの学術誌に投稿しても、たとえ質は高くとも英米人が日本経済そのものに関心を持ってくれないので、掲載を拒否される可能性が高い。あるいは日本経済に特有の経済政策を論じても、他の国の経済学者にとっては関心度が低いだろうから、編集者はそういう論文を掲載しようとしない可能性が高い。分かりやすい例を示せば、日本の経済学界誌にセネガル経済に関する実証研究の論文が送られてきても、編集者に日本では読者がいないと判断して掲載を拒否する可能性が高い。同じことが日本経済の実証研究論文に関して英米の一流学術誌で起こるのである。

日本の経済学は輸入学問であるし歴史も浅いので、世界の学界に日本人の経済学者が名前を知られることはなかったが、一九五〇年代から六〇年代あたりにかけて森嶋通夫、宇沢弘文、根岸隆などを先駆けとして国際的に活躍する経済学者が増加したのである。京大経研に属する経済学者も国際学術誌に名前を躍らすようになり、日本のトップ研究機関の一つになっていたのである。

京大経研での研究と教育

京大経研での助教授を七年間ほど務めて、一九八六（昭和六一）年に教授となった。研究所の主たる任務は研究だったので、助教授、教授時代ともに研究三昧であった。研究費の豊富さ、秘書による事務補助、周りの研究者から遅れないようにというプレッシャーなどのお陰があって、私自身は研究に精励して研究論文作成と出版に集中できた。レフェリー付きの国際学術誌に出版できるような論文をと計画したが、私の実力不足や私が書く日本経済の実証分析は英米の学術誌では無視されるということも手伝って、超一流の学術誌（たとえば、『*American Economic Review*』、『*Journal of Political Economy*』、『*Econometrica*』など）には出版できず、それらより一階級下の国際学術誌に出版するのがせいぜいであった。具体的にどのような内容の研究を行って、かつ出版していたかについては後の章で詳しく記述するので、そこを参照していただきたい。

教授に昇任して一つ変化したことは、大学院生の指導教官になれることであった。大学院生が修士論文や博士論文を書く際に、一人の指導教官がついて論文の指導を行うという役割である。助教授の時はまだその指導教官になれる資格がなく、旧来の講座制の伝統が残っていて教授だけがその立場になれるのである。古い言葉を用いれば、教授になれば弟子を養成する立場になるということである。幸か不幸か私のところには優秀な学生が多く来るようになった。ここで「幸」とは、優秀な学生はまず刺激になるし、後継者を育てる指導ができるということであり、「不幸」とは、指導には時間をとられるので、自分の研究にとってマイナスになることがある。でも私は教育が大好きなので、大学院生の指導はまったく苦痛にならないし、むしろ幸せに感じたし楽しい思い出の方がはるかに多い。

大学院の指導に際して、いくつかの方針を立てた。第一に、修士の段階で優秀な学生に出会ったら、その人にアメリカやイギリスへの留学を勧めようと思った。私が阪大の修士を終えてアメリカの大学院に留学した経験は、経済学者としての修練のみならず、英語がうまくなれるとか人生における視野が広がるといったメリットが多いので、若い人もそのような経験をしてほしいと思ったからである。もとより留学や外国生活に不向きな人もいるので、そこの判断はそう易しいことではないし失敗もあった。失敗とはアメリカの大学院でPh.D.学位を取得できずに帰国するという意味である。

第二に、共同研究をやる機会を設けるということである。修士課程の場合には、まだ修行の駆け出しなので、学生一人で修士論文を書くのが普通であり、共同研究を行わないが、博士課程の場合にはいくつかの論文を書くので、一つぐらいは共同研究を行ってよいと考えた。博士課程を終えてどこかの大学に就職して一人前になった人とも、共同研究を行う機会を探求した。論文の共同執筆のみならず、書物を共同で出版するという共同研究にも取り組んだ。それについては後に詳しく紹介する。欧米の経済学にあっては論文も書物も共同研究がはるかに多いのが実情であり、研究の大規模化が世界の流れであることに対応しようとしたし、幅広い考え方をする人が集まってアイディアを提供し合う方が、質が高くかつバランスのとれた研究成果が出ることの期待があることによる。

2　京大での同僚

経済学の第一人者、青木昌彦先生

青木昌彦先生は、京大経研の中で特筆すべき人である。私が経研に助教授として赴任した講座の教授が青木先生だったので、教授・助教授の師弟関係、あるいは同門の人である。そのことよりも彼の経歴の華やかさと研究業績の素晴らしさの方がはるかに際立っているので、ここで書く価値があると言える。

華麗な経歴とは、東大の学生の頃に学生運動の分派の一つであるブントでの指導者として有名であったし、一九六〇年代の日米安保闘争でも活躍していた。学生時代はマルクス経済学を専攻するがこの学問に限界を感じて、大学院では近代経済学に転向する。この転向には批判もなくはなかった。近代経済学は英米両国が尖端を走っていたので、その後アメリカのミネソタ大学大学院に留学する。ノーベル経済学賞を受けたL・ハーヴィッチの下でPh.D.を取得し、ハーバード大学の助教授となる。日本に帰国してからは京大経研の中枢研究者となる。学問的経歴もさることながら、研究仲間というグループの中では指導者となりうるカリスマ性があったし、女性にもよくモテる人であった。彼の下で助教授となった私のような非カリスマ性の男とは好対照であった。その後京大を辞して、アメリカのスタンフォード大学の教授として再び渡米する。残念ながら二〇一五年にアメリカで亡くなった。まだ経済学研究を続けられていた中の七六歳での死去であった。

青木先生の学問はアメリカでの若い時代は分権的経済における経済理論で業績を上げ、京大時代は日本経済がなぜ成功したのかを研究した。アメリカに再び職を得てからはＣＩＡ（Comparative Institutional Analyses：比較制度分析）という新しい学問分野を開拓する。いずれの分野においても第一級の研究業績を上げて、著名な国際的学者となった。世界の経済学者の集まりである国際経済学会（ＩＥＡ）の会長まで務めたことにより、その貢献振りが分かる。

私と専門が異なるのでどのような学問で貢献したかを具体的に解説することは避け、私との接点だけを述べておこう。第一は、先生の主宰した研究グループである日本企業プロジェクトにおいて、M. Aoki 編の『*The Economic Analysis of the Japanese Firm*』(*North Holland Publishing Co.*, 1983）という書物の中で一つの章を分担した。日本の労働市場は終身雇用と年功序列という制度が特色とみなされていたが、日本の労働者で終身雇用にコミットする人の数は、想像以上にはるかに少ないということと、では誰が企業を移るのかということを明らかにした研究である。日本の労働者市場の理解に一石を投じた研究として評価された。

第二は、先生が『分配理論』という教科書を書かれたが、その本を丹念に読んで、後に私が所得格差を研究するための基礎知識を蓄えるのに役立った。分配論は必ずしも先生の専門ではないが、見事に分かりやすい教科書を書く能力には感心した。ついでながら、アメリカのサミュエル・ボウルズやハーバード・ギンタスなどの経済学者によるラディカル・エコノミックス（急進派経済学）が、資本主義経済の欠点を主張する学説を展開していたが、それの紹介を青木先生が日本語で出版され、これ

森口親司先生と経済学者たち
（左から，宮崎，吉川，森口，橘木，伊藤）

も私の思想形成に役立った。

第三は、一〇年ほど前から数年間にわたって青木先生はノーベル経済学賞の候補に取り沙汰されていた。新聞などのメディアから、もし受賞の報が入ったら業績や人柄をコメントしてほしいと待機を命じられていたが、残念ながらその報は入らなかった。本人の死亡によってその可能性はなくなり、日本人で最初の経済学賞の受賞者は次の人を待たねばならなくなった。

マクロ計量経済学モデルのパイオニア、森口親司先生

もう一人は計量経済学の森口親司先生である。ケインズ経済学の登場以降にマクロ経済学が大きく発展したが、このマクロ経済学の理論体系に統計データを当てはめて実証分析を行うのが、マクロ計量経済学モデルと呼ばれる研究分野である。この分野でパイオニア的な仕事をした人であり、京大モデルと称される日本経済の計量経済モデルを駆使して、日本経済の予測や経済政策の提言などを行った。ノーベル経済学賞を受賞したペンシルヴァニア大学教授のクラインが世界経済モデル（リンクモデルと呼ばれていた）を動かしていたが、その日本モデルの担当者でもあった。

私も計量経済学の専攻であったが、マクロ計量モデルにはさほど関心を示さずに、むしろミクロ計

量モデルに興味を覚えて、家計や企業の経済行動を分析することに集中した。しかしマクロとミクロというように分野は異なるとはいえ、統計データを用いて計量経済学的な実証分析を行うという意味では共通なので、森口先生への学恩は大である。

むしろ個人的な結びつきを述べておこう。先生は灘高校出身なので私の先輩でもあるし、私の結婚式では森口夫妻に仲人をしていただいた間柄でもある。趣味はテニスと囲碁である。私もこの二つを嗜む者であるが、実力は先生の方がはるかに上であった。時折コートでテニスに興じる機会や碁盤を囲むことがあったが、勝敗は明らかなので、手抜きをしてもらったと言った方が正解であった。

厚生経済学の理論家、鈴村興太郎先生

鈴村興太郎先生は、私の結婚式での司会を務めてくれた人であるし、同年齢なので自然と親しさが増した。彼の専門は社会的選択理論、厚生経済学という高等数学を駆使する国際的に評価の高い理論分野なので、彼との専門的な接点はほとんどなかったし、彼の論文を見ても数学記号ばかりでチンプンカンプンといった方が正確であった。唯一私にとって有益だったのは、所得分配論において「公正さ」という概念が重要な役割を演じるが、鈴村の日本語で書かれた解説本をなんとか読みこなして、自分の研究に役立つ経済思想的な背景と理論を吸収できたことであった。いつか二人で鈴村の理論、橘木の実証を組み合わせて、効率性と公平性に配慮した所得分配分析を共同で研究しよう、という話をしていたが、二人とも外国行きの機会が多く会う時間が少なくて、その企画は泡と消えてしまった。後に彼は一橋大に戻ったし、日本学術会議の副会長という要職にもついた。

むしろ彼との思い出は、プロ野球のひいきチームが名古屋育ちの彼が中日ファン、阪神間育ちの私が阪神ファンということで、夕方遅く住居が近いことで大学からの帰りを同じにしていて、京都・鴨川のほとりを二人で歩きながら、相手チームを罵りながら帰路に着いたことである。

ミクロ計量分析で活躍、森棟公夫先生

私とほぼ同じ年代で、計量経済学の理論の中でも特にミクロ計量分析の手法に強かったので、応用計量分析を行う私にとっては、推定方法に関して困難に遭遇した時に助けてもらった同僚であった。彼はスタンフォード大学で計量経済学の Ph.D. を取得しており、その後専門分野で国際的な仕事をした人である。

彼とも専門が異なるので、学問的には私が計量分析手法のアドバイスを受けるだけで、私の方から彼に貢献したということはほとんどない。やや私的な話になって申し訳ないが、彼には四人の娘さんがいて、いつも私は「少子化に悩む日本に大貢献している男」と冷やかしていた。家庭ではいいパパで、その娘さんたち全員に英語と得意な数学を教えて、全員を滋賀県随一の進学校、膳所《ぜぜ》高校に送り込んだという功績がある。女性との縁は深いもので、現在は名古屋の椙山《すぎやま》女学園大学の学長を務めている。家庭も女ばかり、職場も女ばかり、といううらやましいようなさびしいような生活を送っている人である。

娘ということに関しては、京大経研では女の子ばかりを持つ父親は森棟のみならず青木、鈴村で代表されるように優秀な経済学者という定理があった。男の子を持つ人はイヤな顔をしたし、子供のいない私などは経済学者の資格なし、という悲惨な定理であった。

第五章　国外での研究・教育

京都大学の三〇年弱の在職中に、国内外の研究所、大学、国際機関で研究する機会が多かった。国内の場合には、東京の官庁の研究所へ客員主任研究員としてパートタイムで採用され、月に何回か東京に出向いて二年間か三年間にわたって、研究プロジェクトの責任者として研究を遂行するものである。国外の場合には、大学や研究所を直接訪問して短期間の研究や教育を行うものである。最初に国外を扱い、次章で国内を扱う。なお長期の海外滞在には妻と一緒だったことは当然である。

1　大学での研究・教育機会

スタンフォード大学

京大に就職して最初の外国訪問は、一九八〇（昭和五五）年九月からアメリカ・サンフランシスコ郊外にある名門のスタンフォード大学に、客員准教授として一年間招聘された。日本経済論や所得分配論を教える傍ら、自分の好きな研究を行うという身分である。昔のスタンフォード大学は東部の名門校と比較すると普通の大学にすぎなかった。しかし、アメリカ社会の活動拠点が東部から西部に移ったことによって、大学はめきめき頭角を現し、全米きっての名門校となったのである。無限な土地がある西部らしく、大学のキャンパスも広大で、「Farm（農場）」と称されるほど広いキャンパスを持っていた。

私にとっては英語で学生に教えるのであるから、これが大変なことは言うまでもない。講義ノートをつくって、それに沿って話すという手段を採用した。私の英語は二〇歳半ばで初めてアメリカに滞在したという身分なので、発音はいわゆる「日本流の英語」である。高校や大学の学部の頃から英米に滞在した人と比較すると、学生にとっては聞き取りにくい発音だったかもしれない。特に困惑したのは、学生からの質問を受けた時である。どこの国の学生も「学生なまり」ないし「若者に特有の言い回し」を用いて話すので、質問の意味を一〇〇％理解できないこともしばしばで、もう一度問い直すこともあった。そうすると学生も今度は普通の英語に切り替えて質問してくれるので助かったのである。

当時日本は「Japan as number one」と呼ばれて日本経済が絶好調にあったので、日本経済の現状やその歴史的発展に関する興味は学生にもあったし、アメリカ市民やメディアからの注目をも浴びていた。日本経済に関する講義は、英語を用いたにしてはほぼうまく進行した。ここでの講義録は後に英文書物の出版につながる土台ともなったので、この意味でもスタンフォード大での講義は研究遂行上でも役立った。もう一つの講義科目「所得分配論」は私がその時に研究中の課題だったので教える内容に苦労はなかった。教科書は私が尊敬するＡ・アトキンソンの『*Economics of Inequality*』を用いたが、後に私がイギリスに渡ってアトキンソンと親しく付き合えるようになるとは夢にも思わなかった。

スタンフォード滞在での思い出は三つある。第一に、財政学の有名教授であるジョン・ショーヴンと共同研究を始めることとなり、後に彼といくつかの共同論文を発表することの契機となった。第二に、世界的な計量経済学者である雨宮健教授と知り合えたことである。ジョンズ・ホプキンス大学のPh.D. なので私にとっては大先輩であるし、計量経済学の理論における学問的業績は高く、計量経済学の理論家であるＪ・ヘックマンとＤ・マクファデンと同時にノーベル経済学賞を受賞してもおかしくなかったのである。第三に、スタンフォードでの私の講義に、後にプロのアメリカンフットボールでクォーターバックの大スターとなるジョン・エルウェイが在籍していたことである。アメフト狂の人にこのことを話すと、すごい選手だと異口同音で述べるし、どんな学生だったかという問いが逆に私に向けられた。勉強では目立つ学生ではなかった、というのが私の答えであった。

最後にエルウェイのことをここで述べたのは、アメリカの大学ではスポーツ選手を優先して入学させている、ということを強調したいからである。たとえ勉強に強い大学であっても、スポーツの分野で優れた素質を持っている学生を「一芸に秀でた人」として、学力が弱くても入学させているのである。私がいた頃のスタンフォード大には、ジョン・マッケンローというテニスの大スターが一時在籍していたことがあるし（結局は中退）、野球、アメフト、水泳と全米を代表するスポーツ選手を輩出している。こういう人々は大学の宣伝材料になる、というのがスポーツ選手の優先入学の根拠であろうが、私などのように、入試の公平性を重視する当時の日本の大学人からすると、疑問を禁じえないアメリカでの大学スポーツ振興策であった。アメリカの大学における学生の選抜は、日本のように一発勝負の入試の結果で選ばず、面接、高校推薦、全米一斉の学力テストなど様々な基準を総合的に判断しているので、スポーツに強い学生が入学しても問題とならないのである。もっとも、現代の日本でも、アメリカのようなスポーツ優先制度を導入している大学がある時代となっている。

エセックス大学とLSE

一九八五（昭和六〇）年の一月からほぼ一年間、イギリスのエセックス大学とLSE（London School of Economics and Political Science）に客員教授として、合計一年間訪問することとなった。

エセックス大学は、ロンドンから北東部に電車で一時間ほどのコルチェスターという都市にある。イギリスの大学があまりにもエリート養成機関としてのみ存在していることの弊害を除去するために、中堅の知識階級を生み出す目的をもって、一九六〇年代に創設された「ニューユニヴァーシティ・システム（新大学制度）」の中に入る一つの大学なので、比較的新しい大学である。新しい大学だけに経済学者も若くて優秀な人を採用していることで有名であった。たとえば、既に述べたA・アトキンソンは最初の赴任先がこの大学であるし、後にハーバード大学で契約論の大家となるO・ハートも若い時は在籍していた。なんと阪大にいた森嶋通夫教授もLSEに移る前はしばらくエセックス大にいたし、私のジョンズ・ホプキンス大での指導教官であるC・クリストも一年間客員教授として訪問したことがある。私と個人的に関係の深い経済学者がこのエセックス大学に、時期は異なれど滞在したことがあるので、親しみを感じる大学でもある。

スタンフォード大学に次いで二度目の英語での講義なので、慣れもあってそう苦労はなかった。しかしアメリカにいた時とは異なる戸惑いも経験した。それはいわゆるブリティッシュ英語（あるいは女王陛下の英語）への戸惑いである。英語に親しんでおられる方であれば既知のことであるが、英語の本家であるイギリスと旧植民地のアメリカとでは発音もスペリングも異なるのである。慣れないブリティッシュ英語ではあるが、なんとかこなしていたものの、困惑したのはイギリスに多く来ている旧植民地のインドとパキスタンからの留学生の英語であった。私の講義を聞いているインド・パキスタン人は多かったのである。独特の発音は有名であり、私もそれに慣れるのにしばらくかかった。私も日本流の英語の発音で聞き手を困らせているであろうから、インド人の英語に文句を言う資格はないのはよく分かっていた。

エセックス大学での任務を終えるとLSEを訪問した。住むところはコルチェスター市を保持したまま、ロンドンに毎日電車で通勤するという手段をとった。大都会ロンドンは家賃や物価が高いので、そうでないロンドン郊外の都市の方が割安であるし、ロンドンに通勤する人々はコルチェスターからも多くいた。東京でいえば千葉県か埼玉県の東京通勤圏の都市に住んでいたということになる。ところが驚いたことに、当時のイギリス経済の不振を象徴しているかのように、イギリスの鉄道は時間通りに動くことは非常に稀であった。講義の時間や約束の時間に遅れまいとすると、定刻の三〇分前から一時間早い電車に乗らねばならなかった。

似た経験はロンドンの地下鉄でも遭遇する。ロンドンの地下鉄は建設時期が古いこともあってよく停電して、地下のトンネル内で長時間停車するのである。その時電車内は真っ暗に近く、人々は何もすることなくただジッと電車が動き出すことを待つだけである。座席に腰掛けている人はまだいいが、立ち続けている人の苛立ちは大きいものがあるはずだ。これが東京や大阪の地下鉄であれば、誰かが大声をあげて「車掌なんとかせい」と怒り狂うだろうな、と想像しながら私も静かに待つのみであった。忍耐の国民・イギリス人を実感したし、老大国とはこのような状況になることなのだろうか、と数十年先の日本を想像したのであった。

世界で一早く産業革命を成功させて強大な経済大国であることを一世紀か二世紀間続けていた。七つの海を制覇する大英帝国も戦後はアメリカ、日本、ドイツなどとの経済戦争に敗れ、経済の停滞は先進国のお荷物とまで言われるようになった。一九七〇年代の経済大不振はＩＭＦ（国際通貨基金）がイギリスを支援するというところにまで達したのである。郊外列車の遅れや地下鉄の停電なども、経済不振のなせる業であった。でも私は地下鉄の中の停電でも文句を言わないイギリス人に「衰退の美学」を感じたのである。なすがままの運命に従うのが人間として尊いのではないか、とすら思ったのである。

栄光を達成した国もいつかは衰退の道を歩む。過去のローマがそうであった。まさに現在のイギリスはその過程にあるとイギリス生活の経験から得たものであり、いずれ日本もその道を歩むだろうと予想した。二一世紀に入ってからの日本は、私が三〇年前のイギリスで予想したように、衰退の道を歩んでいる。華麗なる衰退でよいのではないか、新しい強大国の中国とインドもいずれは衰退の時期が来る。これが歴史の宿命と理解できれば、現今の日本経済の不振も気にならない、というのが私の説であるが、今の日本では少数意見にすぎないことはこの私もよく分かっている。

A・アトキンソン、M・キング、森嶋通夫

経済が弱くなったイギリスであるが、経済学の水準は昔と変わらず非常に高かった。当時もノーベル経済学賞を何人か輩出していたし、LSEにもその可能性のある人が何人かいた。私を直接招聘してくれたA・アトキンソン、後にノーベル経済学賞を受賞したC・ピサリデス、後にBOE（イギリスの中央銀行であるイングランド銀行）の総裁となるM・キングなどがいた。これらの人々と親しく交流できたことは幸運であった。

特にA・アトキンソンは個人的に最も尊敬する経済学者の一人である。不平等の理論、財政理論、社会保障論などの第一級の研究業績を上げ、私が最も影響を受けた人である。私がこれまで取り組んできた研究課題とほぼ同じだな、と私を知る人は気付くかもしれない。イギリスで伝統のある社会福祉制度は、人々を怠惰にするし、経済の活性化の障害になるから政府の提供する福祉は削除する方がよいとする主張が、経済学者や政治家（代表的にはイギリスのサッチャー首相とアメリカのレーガン大統領）からなされるが、アトキンソンは福祉と経済活性化（あるいは経済成長率）には相関がない、と反論している。私も彼の議論を踏襲して、日本を福祉国家にしても経済活性化の障害とならないと主張している。今でも私は、アトキンソンはノーベル経済学賞を受ける資格ありと思っているが、賞というのは運もあるので不透明である。

アトキンソンとの個人的思い出がある。スポーツ好きな私はイギリスのテレビでクリケットの試合を見たが、さっぱりルールが分からず楽しめなかった。ＬＳＥの食堂で彼と昼食をとっている時、彼にそのことを言うと、「週末にクリケットの試合があるので一緒に行こう」と誘ってくれた。クリケットは時には二〜三日もかかる長時間の競技である。その日も午前と午後一日がかりの試合だった。昼食のサンドウィッチを二人で頰張りながら、詳しくルールを解説してくれた。その時なんとかルールを理解できて試合を楽しめた。日本に帰るとクリケットを見る機会がないので、残念ながらルールは忘れてしまった。でも私にとっての思い出は、尊敬する経済学者から解説付きでクリケットを一日楽しめたことであった。

もう一人の経済学者はＭ・キングである。彼とは英語の本を共同で出版しており、共通のテーマを一緒に研究した人である。彼が日本に来た時、当時はまだＬＳＥの教授であったが、滋賀県の寓居に数泊してもらい共同研究をしたこともある。ところが、である。彼はその後ＢＯＥの副総裁、総裁になるという大出世をすることとなり、私からは遠い存在となってしまった。ＢＯＥ人として日銀などにも何度か来るようになったが、その時に日銀の人に「日本人はウサギ小屋に住んでいると思っていたが、Toshi の家は大きかったので、日本の家がウサギ小屋というのは誇張と知った」と言ったらしい。日銀の人は Toshi が誰か分からず、フルネームが Toshiaki Tachibanaki と分かって、納得したと日銀の人から聞いたことがある。私の家など決して大きくないのだが、当時のヨーロッパからすれば日本人はトランジスタづくりのウサギ小屋住まい、という認識が強かったので、キングもそう思っていたのであろう。

三人目は阪大で教えを受けた森嶋先生である。同胞人の私によく声を掛けられ、毎週どこかで雑談に興じる機会があった。そのことは大阪大学のところで既に述べたので、ここではＬＳＥで大変お世話になったことだけを記しておく。

イギリスでの生活

最後に、イギリスでの生活のことを述べておこう。住居はロンドン郊外のコルチェスターという小都市だったが、時間を見つけてはイギリス国内とヨーロッパを妻と二人で旅行をした。ウェールズ地方、スコットランド地方、イタリア、スイス、オーストリア、北欧というように、お金が続く限りいろいろな国と都市をまわって、イギリス国内はもとより、ヨーロッパ内も地域と都市が異なれば、風習、料理、文化も大きく異なるということを学んだ。

ここで私の人生における痛恨事を一つ述べておこう。それはイギリス滞在中にサッカーの試合に夢中にならなかったことである。イギリスはサッカーの発祥地であるし、当時も国民は熱狂していたので競技場に足を運ぶ人は多いし、テレビでもよく実況放送をしていた。しかし私自身はサッカーに興味を持たず、むしろコンサート、オペラ、美術館、そして旅行という活動に血眼になっていたのである。これはフランス滞在中も同じであるし、次に述べるドイツ滞在でも同じであった。

ところが、である。およそ二〇年以上も前に日本でもサッカーのＪリーグが設立されたし、日本代表チームがワールドカップ予選や本選で競うようになり、もともと野球をはじめスポーツ好きの私もサッカーの虜となってしまった。そうするうちに今では、日本の選手がヨーロッパのチームで活躍する姿に接して、本場ヨーロッパの試合をBSテレビで見るようにまでなってしまった。

なぜヨーロッパに長い間住んでいた頃に、ヨーロッパでサッカー狂にならなかったのか、悔いを感じるようになったのである。あまりにも野球に毒されていたので、サッカーに興味を感じなかったのかもしれないし、当時はヨーロッパのチームに日本人の選手が加入して戦うということがほぼ皆無であったことも、関心を覚えなかった理由かもしれない。

野球、サッカー、ラグビーとスポーツ好きの私はスポーツに関する書物、橘木・齋藤著『スポーツの世界は学歴社会』(PHP新書、二〇一二年)、橘木著『プロ野球の経済学』(東洋経済新報社、二〇一六年)まで書くほどの熱狂ぶりであるが、本場ヨーロッパにおける質の高いサッカー競技を、競技場においてもテレビにおいても、ヨーロッパ滞在中にほとんど見なかったことを後悔しているのである。

ヨーロッパ(特にイギリス)のスポーツに関して一つ述べておくと、どのスポーツを実践するかあるいは観賞などによって愛好するのか、それが階級社会と関係するのである。貴族階級はポロ、少し下の階級や中産階級になるとラグビーやクリケット、労働者階級はサッカー、というようにかなり明確な区分がある。格差社会に関心のある私にとっては、このスポーツの種類によってある程度その人の階級が分かる、ということは大変なことだと思う。日本では幸いにしてこのようなことが顕著でないことを好ましく思うものである。

ついでながら、イギリス人の話す英語も、階級によってその発音が異なることは有名である。私自身もイギリス人の英語発音を聞いて、その人の出身階級が想像できるので、階級社会・イギリスを実感した。米語と英語のスペリングも異なるが、ヨーロッパでは米語綴りよりも英語綴りが多く用いられるので、私も英文を書くときは主として英語綴りである。多少イギリスかぶれである。

2　研究所と国際機関での研究

IFO研究所とベルリン国際マネージメントセンター

異なる年代ではあるが、西ドイツのミュンヘンにあるIFO研究所とベルリンの国際マネージメントセンターを、それぞれ三カ月ほど訪問する機会があった。前者は南ドイツの主要都市のミュンヘンにあり、後者はドイツ統一前の西ベルリンにある研究所である。ドイツには五大経済研究所というのがあるが、IFOはそのうちの一つであり、ドイツ経済の景気分析では定評のある研究所である。マネージメントセンターはドイツ以外の経済学者や経営学者が集まっている国際的な研究所である。

それぞれがわずか三カ月の滞在なので非常に短く、その間に一つの研究成果を出すことは別に期待されていなかった。研究交流の一環という意味合いが強く、進んでそれぞれの研究員と討論をしたり、情報の交換ということを主眼とした。

なぜ私がドイツ行きを望んだかと言えば、ヨーロッパの三大強国であるフランス、イギリス、ドイツのうち、フランスとイギリスには滞在したことがあるので、少しはこれらの国を理解しているつもりであったが、ドイツの滞在経験がなかったので生活体験をしたかったからである。ドイツに行く前はドイツ語を話せないので苦労するかもしれないと危惧したが、ドイツ人の多くは英語を話せる人が多いので、ほとんど障壁とはならなかった。

当時のドイツ経済は日本とともに好調な時期であり、逆に不調なのが英米両国であり、ドイツ経済の秘密を知りたいという希望があった。最も感銘を受けたのは、やはりドイツ国民は勤労意欲が高いことである。研究所の研究員も事務職員も朝早くから職場に来て、皆が黙々と働く姿を目の当たりにする。しかも一人ひとりが規則正しく行動していることは明らかであり、ドイツ経済の好調の原因はここにあると思った。さらに夜の街を歩いても人々はさほど外に出てきておらず、静かな街並みである。皆家で静かに家族と過ごして一日の疲れを癒して、明日の勤労に備えているのだろうな、と想像させるに十分であった。パリやローマといった南ヨーロッパの都市では、夜遅くまで人々は飲み食いして街を歩きまわっている姿とは好対照であった。

マルクスとエンゲルスに敬意を表して
（ベルリンにて）

当時はまだ東西ドイツの統一前だったので、西ベルリンにいた時に東ドイツ、チェコとスロヴァキアに分割される前のチェコスロヴァキア、ハンガリーなどを旅行して、歴史遺産の多い地域を見るという観光が目的であった。同時に社会主義国の実態を見てみたいという希望もあった。しかし後者の目的は、家屋の質が西側諸国より貧相であるとか、自動車に関して東ドイツであれば「トラバント」と称される小さな車が煙を吹き流しながらガタガタ音を立てて走っているのに接して、やはり東ドイツなどの社会主義国の経済は効率性が劣るということを実感できた。

しかしこれらを見ただけでは、社会主義国の経済がなぜ西側諸国より劣るのかを類推することはできない。工場や事務所に奥深く入って調査し、かつ計画経済の不効率性を詳しく検証せねばならない。経済学の分野では社会主義経済の非効率性を理論的に解明しているので、ここではそれに譲りたい。自由主義や民主主義がどれだけ確保されているのか、官僚主義がどれだけ組織の運営に際して障害となっているのか、といったことが両者の経済の効率性の差を説明する要因である。私にとっては、西ドイツと東ドイツという言語、文化、国民性などは同一でありながら、両者の経済の豊かさの違いを目の当たりにできたことが収穫であった。

西ドイツで滞在したのは、ミュンヘンとベルリンという二大都市であったが、両都市を比較すると様々な相違点があることに気が付き、地域差を考える際に有効な資料を提供していることが分かった。ドイツ統一前の西ドイツの首都は田舎町・ボンであったが、統一後は東西両ベルリンを合体して統一ドイツの首都になったのがベルリンである。ドイツ帝国時の首都はベルリンだったので、戦後の東西ベルリンともに首都の雰囲気は残していた。宮殿、政治、経済、博物館などの歴史的建造物がベルリンに目白押しであった。

一方のミュンヘンはドイツ南部のバイエルン地方の中心地であり、ドイツ帝国以前の北部ドイツと南部ドイツは別の国であったことも影響して、しかも文化も異なることから、その中心都市のミュンヘンはベルリンとは異なる様相を呈していた。大胆に区分すれば、ベルリンは重厚なゲルマン文化を象徴する都市であり、ミュンヘンは南欧の雰囲気を少し感じさせるラテン文化の香りがした。とはいえ、イタリアやフランスのような陽気なラテン気質などはなく、北部ドイツと比較すればややラテンの顔がある、ということにすぎない。

ミュンヘンは人口も一〇〇万人を少し超える都市であり、経済活動、住民の生活、文化やスポーツの活動において、大き過ぎるのでもなく、かといって小さ過ぎるのでもない、という最適な都市規模であると判断した。経済活動としてはビール、自動車、電機、ＩＴ産業などが集積している。文化も有名なオーケストラとオペラ劇場を持っているし、いくつかの博物館は世界的に有名である。スポーツもサッカーでバイエルン・ミュンヘンという強豪チームがある。いわばすべての活動がミュンヘンで完結しているので、独立の経済圏と生活圏を有している。再述するがロンドン、パリ、ベルリンのように大き過ぎないことが魅力であり、私はミュンヘンが世界で一番住むのに理想ではないかと思っている。このミュンヘンでの印象が、後になって日本で「東京一極集中型から八ヶ岳型へ」と主張する根拠の一つとなったことは確実である。ドイツは、政治はベルリン、経済はミュンヘンやハンブルグ、金融はフランクフルト、学問は地方に分散する大学都市というように、日本のような東京一極という中央集中型ではない分散型をうまく保持している国なのである。

ワシントンDCのＩＭＦ

三カ月間だけＩＭＦ（国際通貨基金）の財務局で仕事をする機会が与えられた。私の住んでいたボルティモアの南に、車で一時間ほどの地である首都ワシントンＤＣに本部のある国際機関である。第二次世界大戦中にアメリカのブレトンウッズという保養地で、戦後の国際金融制度をどういう方向にすればよいかが相談され、それを基にできた組織である。かのケインズもイギリス代表として会議に参加していた。通常ＩＭＦ体制と称される国際金融制度を取り仕切る機関の本部である。原則的には変動為替レート制を保ちながら、国際通貨が不安定になればＩＭＦが中心となって国家間の調整を図るのである。私のいたＯＥＣＤ（経済協力開発機構）は先進国で共有する社会・経済問題の解決を図る国際機関であるが、ＩＭＦは世界の発展途上国をも含めてかなりの数が加盟しているし、政策を実行する機関である。同じくワシントンＤＣには、発展途上国の経済発展のための資金を融資する世界銀行もある。

ＩＭＦでは日本の財政制度がどう機能しているかのレポートを書くことが仕事であった。労働経済学が専門になっていた私にとっては財政学の知識が十分ではなかったので、専門に近い年金、医療などの社会保障制度の財政問題を研究した。少子・高齢化社会に向かおうとしていた日本の社会保険制度は、将来に赤字の増大することが予想されるので、そのために財政制度をどうすればよいかを論じた。日本に帰ってから『消費税15％による年金改革』という書物を出版するための基礎となる勉強をＩＭＦで行った。社会保障給付の財源調達は、社会保険料によるよりも租税（特に消費税）中心の調達方法にした方が好ましいということを、経済学として確信の域に達したことがＩＭＦでの滞在で得た収穫であった。

アメリカの首都・ワシントンＤＣでの滞在であったが、三度目の訪米でもあるし、格別目新しい生活体験をすることもなかった。むしろこのワシントンＤＣ滞在によって、世界でのＧ５（アメリカ、日本、イギリス、フランス、ドイツ）と称される五大国のうち、外国の首都には全部滞在する、ということとなった。なんと日本の東京を外せばＧ５の首都全部に住んだことになった、という大変いやらしい言葉を親しい友人に投げつけるようになった。東京だけを知らない田舎じみた国際人である日本人、ということを言外に言っているのだ、という皮肉を込めた言葉がその友人から返された。

第六章　国内の研究所での共同研究

日本政府の各省庁は研究所を持っていて、省庁での政策業務の立案と遂行に役立つように、研究テーマを定めて研究を行っている。それらの研究所は省庁に属する職員が研究を行うのに加えて、外部の大学や研究所に所属する人をも非常勤で雇用して研究を委嘱する制度を持っている。後者の立場で研究する人は客員（主任）研究員と呼ばれて、週に一日か二日省庁の研究所に出向いて、二年間か三年間の研究に励むのである。私もこの制度で役所から招聘されて研究に励んだがその数も多めであった。それらを簡単に述べておこう。外部の研究者にとっては研究協力者を用意してくれるし、官庁秘蔵のデータ利用の可能性があるので魅力となっているのである。

1　経済企画庁・経済研究所

内閣府内に経済計画の策定や国の内外の経済調査を行う機関として経済企画庁があった。そこの研究所に客員主任研究官として呼ばれた。労働経済学者であるということからすると、私にとってはやや専門外の金融の規制に関する経済分析を行った。専門家として池尾和人（当時・京大、現・慶應大）、三井清（当時・一橋大院生、現・学習院大）、北川浩（当時・一橋大院生、現・成蹊大）の協力を仰いだ。

なぜ金融の問題に取り組んだかといえば、経済の生産活動に際して企業は労働と資本という二大生産要素を用いる（すなわち投入する）のであるが、労働と資本を同次元で研究したいと思ったし、資本と労働の相違について知りたいという希望があった。資本を国民から調達してそれを企業に提供するのが金融機関の役割である。それと同時に、当時の金融業には規制緩和が議論されており、規制の当否を経済学として研究したかったこともある。

有能で金融を専門とする経済学者である池尾・三井・北川三氏の積極的な貢献によって、企画庁での研究は順調に進んで報告論文をいくつか提出することができた。責任者である私の貢献は、専門にやや遠いこともあって小さかった。むしろ私にとっては、それまで知らなかった金融業ないし金融論を基礎から勉強した、という価値の方が大きかった。その証拠に、四〇代にあっては後に述べるように、日銀や郵政研究所で金融問題を研究することになるが、これも企画庁・経済研究所での研究経験が生きたのである。

2　日本銀行・金融研究所

日本の中央銀行である日本銀行は官庁ではないが、日本の金融政策の総元締めを実行する機関なので重要な任務を背負っている。行内に研究所を持っていて、日本銀行の職員が当然として研究を行うし、外部からも客員研究員を招いていた。私にもその声がかかったのである。大人数で研究に取り組むのではなく、私一人と助手一人という、最低規模の共同研究である。助手として京大大学院生だった瀧敦弘（その後名古屋大、広島大）にお願いして、日銀の主要業務である金融に関する研究を行った。

具体的な課題として研究したテーマは、日本の金融制度には「メインバンク制度」というのがあり、メインバンクは日本企業と銀行との関係を特徴づけており、メインバンクは企業経営が苦しくなっていざという時に特別な融資活動にコミットするのであった。この制度が日本の資本市場に安定をもたらしていたとの理解があった。労働市場における終身雇用と年功序列制、資本市場におけるメインバンク制と株式持合が、日本経済の高度成長を生み出す要因として、労働と資本という二つの要素市場からの説明ができるのであった。

特に私が関心を持ったのは、メインバンク制と株式持合制との関係であった。ある企業のメインバンクとなっている銀行は、その企業の株式を多く保有しているのではないか、逆にその企業もメインバンクの株式を多く保有しているのではないかと予想して、その関係を統計的に解析するのであった。さらにその関係が長期間継続していることが、企業金融を有効に機能させていることを示した。銀行と企業の有価証券報告書の個票を長期間にわたって使用して、計量分析を実施したのである。

一九九〇年代に入って日本が長期の不況期に入り、企業金融のあり方も大きく変化した。先程述べた終身雇用、年功序列、メインバンク、株式持合などの日本企業の特色として存在していた制度が大きな変化の時代に入った。幸か不幸か日銀で行った研究もその時代を経て新しい時代に入ったので、やや陳腐化したのである。今となっては私達の研究は、高度成長期から一九八〇年代までの日本経済を解明する歴史的な研究となったのである。

日銀での研究で得た一つの教訓は、日本の金融機関の中で特殊な地位にいる生命保険会社の役割に気付いたことである。生保会社は他社の株式を多く保有しているので株式持合制の重要なメンバーであるが、自社が株式を発行していないので他社や金融機関から株式を持たれることはない、という一方通行なのである。これは日本の生保会社の多くが株式会社ではなく、相互会社という経営形態の特徴から発生していることである。今では相互会社から株式会社に変更となった生保会社がいくつか見られる。金融業の中でも生命保険会社だけは、株式会社である銀行、信託銀行、証券会社、損害保険会社とは異なる経営形態であり、その効果を分析したい気になっていた。なんとその機会が到来した。それは後に述べるように、当時の郵政省の郵政研究所が私を特別研究員として働かないかと招聘したことによって発生したのである。

日銀の金融研究所では興味深い経験をしたので、最後にこのことを述べておこう。それは研究所などという組織における管理のあり方を握っているのは、その組織のトップの言動が大きく左右すると実体験したことである。これは普通の企業でもそうであろうと想像できることである。

私が研究所に出入りし始めた時の所長は、民間エコノミストとして著名な鈴木淑夫氏であった。部下の研究員に研究プロジェクトを命じることが多く、研究員が研究成果を多く出すことを要求していたのである。口の悪い人からは、研究成果の一部を所長自らの名前で専門誌やマスコミで後に発表することがあったと聞いていたが、その真偽は不明なので私のコメントは控える。大学での研究のように個人が行うのであればこのようなことは許されないのであるが、組織として研究を行う日銀であれば、部下の行った実務や政策に役立つ成果を所長の名前で出すことは責任を明確にするためにも、トップの名前で公表することは許される、という意見はありうる。個人の研究なのか、それとも日銀という組織としての研究なのか、が判断の分かれ目である。いずれにせよ、鈴木所長は研究のリーダーとして敏腕に振る舞った。

しばらくして所長は三宅純一氏に交替した。この人は前任者の鈴木氏とは異なり、研究所の職員が研究を行うに際して、さほど発言せずに自由に任せていた。あるいは次のように言ってもよい。トップが研究を主導するのではなく、課長などの中間管理職の指導力に任せていたのである。トップが旗を振るのではなく、部下の自主性に任せたといってよい。三宅所長の下で所員は自由を享受したし、組織はギスギスしていなかった。とはいえこの時期に研究所での研究活動が活発だったかどうかまでは分からない。

次の所長は重原久美春氏であった。この人は英語、フランス語を上手に話す人であり、ＯＥＣＤのキャリアも積んでいた。後にＯＥＣＤの経済総局長や副事務総長にまで昇進した有能な国際人である。彼が日銀の金融研究所長だったのは、ＯＥＣＤの経済総局長に赴任する前のことであった。輝かしい経歴を持つだけに自信家でもあった。研究所長として所員の管理には厳しく、緊張感が研究所内に漂っていた。研究所の所員が机を並べている部屋に彼が来ると、彼に敬意を表すべく皆が一斉に起立していた姿を見て、トップの威厳の高さを感じた。きっと所員の研究成果の管理には厳しかったと思われる。

短期間のうちに三名の所長に接したことによって、組織のトップになる人もいろいろいるなと感じた次第である。トップとしてリーダーシップを発揮しようとする人、部下の自主性に任せようとした人、規則を重んじて組織の秩序と生産性を上げようとする人、いろいろであった。きっと企業での組織においても、いろいろなトップの人がいると予想できる。大学の研究室のように小さいながらも一国の主である場合と大いに異なる。どの人が所長の時に最も研究成果が多く出て活発であったかを調べなかったことを後悔している。いずれにせよ、組織での管理のあり方、トップにいる人の役割を考える上で、日銀・金融研究所での経験は有意義であった。

3　財務省・財務総合研究所

財務省も研究所を持っていて、私も特別研究官として招聘された。官庁の中の官庁であるし、エリート揃いなので緊張の思いで東京の研究所に通った。この研究所における私のような外部の研究者の仕事は、民間企業から財務省に二年間ほど出向で来ている人と研究グループを組んで、一つの研究テーマに取り組むことにある。私は何人かの人と組んだので、いくつかの研究テーマを同時に進行するということとなった。

民間企業から出向してくる人の素質は高かった。エリート官僚とヒューマンネットワークを形成するよい機会なので、企業側も優秀な人を選抜して財務省に送っていたと思われる。金融機関からの出向者が多かったこともあって、これらの人と取り組む研究テーマは、財政、金融、年金といったことに限定した。たとえば金融機関の合併は成功であったか、金融機関が性質の異なる複数の業務を行うことは経営にとってプラスかマイナスか、金融機関の資産選択はうまくいっているか、生命保険会社や信託銀行の特色、国際金融市場において東京マーケットは期待できるか、公的年金の財源調達として保険料方式と税方式とではどちらが好ましいか、など八つの課題で論文を作成し、研究所の機関誌『フィナンシャル・レビュー』に続々と発表した。短期間のうちにこれだけの研究成果を出せたのは、民間企業から出向していた人の優秀さに負うことは当然のことであった。

一つここで書いておきたい研究は、中居良司（住友電工）と共同で行った公的年金の財源として、消費税一五％が日本にとって最適であるという計算結果を得た論文である。後に私が『消費税15％による年金改革』（東洋経済新報社、二〇〇五年）として、日本の公的年金制度の改革案を主張する時の出発点となったものである。この主張は年金の財政運営方式として税方式の長所を明らかにした上で、消費税率を具体的に一五％と示したもので、世間で賛否両論の論争を招いたのである。

民間企業からの出向者とは、学問のみならず個人的な交流をも大切にして、飲み会などにも進んで参加した。そのこともあって、二人の人の結婚式の仲人を務めることとなった。笹松浩充と羽根田明博である。ともに京大出身で住友信託銀行（現・三井住友信託銀行）からの出向者である。

4 郵政省・郵政研究所

国家が民間金融機関の行っている業務と同じく、預金、生命保険という金融業を営んでいたが、その業務を遂行していたのが、郵便事業を本業とする郵政省（後に総務省となり、さらにその後に民営化された省庁）であった。郵政省に郵政研究所があり、そこに特別研究官として招聘されたのである。既に述べたように生命保険会社のことを研究したいと思っていたし、都合の良いことに郵政省は簡易保険と呼ばれる国営の生命保険業を営んでいるので、生保のことをまず研究課題とした。さらに、経済企画庁や日銀での研究を延長させるべく、金融市場を様々な角度から研究するという二本立ての研究課題を設定した。このように四〇代の私は金融問題をテーマとして研究を進めたのである。労働経済学者であることを自他ともに認めていたので、周りからは奇異の目で見られたこともあったが、私の心の中では二つの生産要素である労働と資本を同次元で理解し、それらを共通の方法で研究したいと思っていたので矛盾はなかった。

特別研究官は何人かの研究員を協力者として招くことができたので、東京都立大学の中馬宏之（現在は一橋大学を経て成城大学）、東京都立大学の浅野皙（現在は筑波大学）に協力を仰いだ。郵政省の松浦克己（現在は広島大学）も積極的に参加してくれた。郵政研究所はこれまで私が在籍したどの官庁の研究所よりも資金、人員の支援が厚く、こちらもそれに応えるべく論文と書物を多く出版することができた。これも一重に責任者の私に協力してくれた外部と内部の人の貢献に大きく依存している。

どのような研究を行っていたかといえば、日本人に生命保険がなぜこれほどまでに人気が高く、強く需要しているのか、生命保険を含めて預金、株式、社債などの様々な金融資産が存在するが、日本人はどのような資産選択をしているか、などを中心に行った。さらに生命保険には死亡リスクに備えた保障型と、年金などのように老後の生活資金を確保する貯蓄型があるが、この両者の選好を日本人がどう過去から現在まで変化させているか、などについての研究を行った。生命保険会社の資金運用が果たして経済原理に立脚した適切な成果を示しているかなども研究して、いわゆる 'silent shareholder' として生保会社の株式保有行動を評価した。

最後に述べたことは、日銀で行った株式持合制の研究から得られたことからのヒント、すなわち生保会社が相互会社であることから自社の株を誰も保有できない効果に注目したといってよい。あるいは相互会社であれば資金調達に限界があるのか、といった点である。この研究成果に基づいて、私は後になって生命保険会社は相互会社であることをやめて、株式会社化した方がよい、と主張することになるスタートの研究であった。まだ主要生保会社は相互会社制度を続けているが、大同生命、第一生命などのように株式会社に変更した生保会社もなくはない。

郵政研究所はもう存在していない。郵政省が総務省の一部局になったことと、その後に郵便、貯金、簡保が民営化されたので研究所自体も廃止となった。研究所にお世話になった者として一抹の寂しさはあるが、政治・官僚の世界は日々変化の過程の中にいるので、研究所の消えたことは時代の流れと思っている。

5　連合・総合生活開発研究所

連合・総合生活開発研究所とは一九八九（平成元）年に労働組合が一大合同して、ナショナルセンターとしての日本労働組合総連合会（通称・連合）が結成されるとともに、連合のシンクタンクとしてつくられた研究所である。通称は連合総研と呼ばれる。労働組合運動と、労働組合が経済政策の立案を行う際に、その根拠をもたせる時に参考となる研究成果を生むための研究所である。労働経済学を専攻する私に、研究テーマを自分で選んでよい研究を委嘱されたのである。

私は二つのテーマを選んだ。第一に、日本の労働組合参加率は戦後の一時期五〇％を超していたがその後低下傾向を示し、現代ではおよそ二〇％を切るところまでに低下している。なぜこのような長期低下傾向を示しているのかを論じる研究である。労働者が労働組合に加入することによるメリットとデメリットをどう評価しているかを明らかにすることと、現実にどれだけのベネフィットを享受しているかを検証した。さらに、労働組合の存在が企業経営にプラスとなっているか、マイナスになっているかを明らかにすることももう一つの目的であった。

第二のテーマは、労働組合自体に関係した主たる関心ではないが、企業でどういう人が、課長、部長、経営者に昇進するか、ということである。連合に加盟している大企業のホワイトカラー労働者に注目して、昇進の経済分析を行うことにある。経営者や管理者は労働組合員ではないので、労働組合を通じて企業にお願いして管理職社員にもアンケート調査を配布した。さらに重役、社長といったトップの経営者に関しては、市販されている名簿を入手して、それを基礎にしてアンケート調査を独自に行った。労働組合は一般論として経営者や管理職の人々とは対立する関係にあるのだが、連合の研究所は寛大な措置で私達の「昇進の経済学」というテーマを認めてくれたことには感謝している。

第一の課題については、京大院生（後に大阪府立大学）の野田知彦との共同研究として、日英両国語で書物として出版した。第二の課題については、伊藤秀史（京大、後に一橋大）、大橋勇雄（名古屋大、後に一橋大、中央大）、照山博司（京大）、冨田安信（大阪府立大、後に同志社大）、野田知彦（既出）、松繁寿和（阪大）、三谷直紀（神戸大、後に岡山商大）という当代の優れた企業経済学者と労働経済学者により論文を書いてもらい、私が編者となって書物を出版した。学界のみならず、企業人、マスコミからも注目を浴びた研究となった。なおこの日本語による書物は後に英文にして、イギリスの出版社からも出版した。

第二の課題について分かったことを簡単に要約すると次のようになる。(1)企業での仕事において優れた実績を示した人が管理職や経営者に昇進するし、業務分野としては従来のように経営企画、人事、総務といった管理部門にいた人よりも、営業や製造部門という現業部門で業績を上げた人が目立つ。(2)大学において文科系学部を出た人よりも理科系学部を出た人は昇進に不利である。(3)いわゆる名門大学の出身者が昇進に有利であるが、非名門大学出身者の役員輩出においては健闘も目立つ。

6 経済産業省・経済産業研究所

日本の企業活動を監視・監督する経済産業省も独自に研究所を持っていた。省庁再編の前は通商産業省と称され、研究所も通産研究所と称していた。私は再編前と再編後の研究所でそれぞれ特別研究官、ファカルティ・フローとして招聘され、パートタイムで研究を行った。前者の研究所の所長は東大教授だった小宮隆太郎、後者は京大を辞してスタンフォード大学教授だった青木昌彦である。二人ともに学界の重鎮なので、私にとっても直接の指導を受けることとなり好運であった。

経済産業研究所（ＲＩＥＴＩ）では二つの大きな研究テーマに取り組んだ。第一は、企業が福祉の問題にどう対応すればよいかという論点、第二は企業の誕生から衰退に至るまでの過程を研究することであった。通産省、経産省の扱う産業にあっては、主役は企業、特に非金融業である。日本企業の実態を調査して、企業の役割を評価することは、まさにこの省庁の大きな仕事なので、このような課題の研究を行ったのである。

第一の研究にあっては、企業は国民、あるいは従業員の福祉にどれだけコミットすればよいか、という問題意識がスタートである。企業は企業独自の企画・運営によって実行する非法定福利厚生費と、国家が法律に基づいて実行する年金や医療などの社会保険制度において、労働者と同時に事業主負担分として保険料を拠出する法定福利厚生費、という二種類の方法で福祉に貢献している。この研究においては、日本の労働市場では女性労働者の数が増加していることと、非正規労働者の比率が上昇している変化があるが、これらの変化を福祉の視点から分析した。具体的には女性と非正規労働者が社会保険制度から排除されていることを問題にした。さらに企業の関与する企業年金制度の健全な発展策を論じた。

この研究を行ったことは、後に私が『企業福祉の終焉』（中公新書、二〇〇五年）というタイトルで、企業は福祉から撤退すべし、という大胆な主張をする基礎となった。非法定福利厚生は企業規模間で格差がありすぎること、そして正規労働者と非正規労働者の間でも格差のあることが第一の理由であり、第二の理由は、法定福利厚生をも含めて企業は福祉のことであれこれ悩むよりも、本業のビジネスに特化して企業の繁栄に尽くして雇用の確保と高い賃金支払いに励むことが最大の福祉につながる、というものである。第二で述べたことは、年金や医療といった社会保障給付の財源は保険料ではなく、税収で調達する方が好ましい、という主張を言外に含んでいる。これら「企業は福祉から撤退せよ」という私の大胆な主張は、幸か不幸かまだ多くの支持を得られていなかった。しかし最近に至って、企業年金制度の財政不安が目立つようになり、制度の廃止や合併がかなり発生する時代となり、橘木の主張には先見の明あり、との声もある。

第二の研究テーマについては、企業、特に中小企業の誕生から成長、そして衰退から撤退という企業の一生を、大量のデータを用いて詳しく検証したものである。特に中小企業における人材と資金調達に注目して、それらが誕生から撤退までの過程の中でどういう影響があるかを分析したものである。日本における企業分析に一石を投じたと自負している。

これら二つの研究プロジェクトにどういう人が貢献してくれたかを述べておこう。それぞれが私の責任で実行されたが、第一の研究に関しては金子能宏（国立社会保障・人口問題研究所）、第二の研究に関しては安田武彦（当時は経済産業省、後に東洋大学）がサブリーダーとして貴重な役割を果たした。経済産業研究所での研究に際して、私が京大で教えた大学院生が若手の研究者として育っていたので、その人々の協力も得た。具体的には、横山由起子（現・兵庫県立大）、岡村秀夫（現・関西学院大）、齋藤隆志（現・明治学院大）などが参加した。他にも私のゼミ生ではないが、岡室博之（現・一橋大）、駒村康平（当時・東洋大、現・慶應大）、森田陽子（現・名古屋市大）、宮里尚三（当時・東大院、現・日本大）などの協力も大きかった。

ここで、経済産業省の役人であった森川正之氏のことを一言述べておこう。私が通商産業研究所で客員主任研究官であった時と、経済産業研究所でファカルティ・フェローだった時に、共同研究者として非常に重要な役割を演じてくれた人である。頭脳明晰、研究熱心なので、案外学者になることに向いていたのかもしれないが、経産省の官僚になった人である。でも研究志向が強く、研究所や原局でも調査部門に長くいる人であった。研究所の時に共同研究を実施して、労働や賃金の問題で論文をいくつか書いた。特筆すべきことは、森川と私の共同論文は英文にして、レフェリー付きの雑誌と、私が編者となって出版した英文書の中の論文の一つとして、合計二つを出版したのである。学問的に優れた仕事を二人でした、という実感のある人であった。

森川との思い出の一つとして、後の第十一章で述べる経済産業省における産業構造審議会の基本問題調査会の会長を私が務めた時、彼はその事務当局の責任者だったことがある。私達は教育に関して良い報告書が書けたと思ったが、森川は文部科学省から呼び出しを受けて、「経産省が文科省の仕事をするのはけしからん」として、暗い部屋で文部官僚から糾弾されたとのことであった。詳細は第十一章で述べるとして、役所の縦割りとムラ意識の強いことを認識したのであった。

もう一人の経済産業省の役人としての児玉直美氏について述べておこう。彼女と共同研究を一緒に行ったことはないが、関心が企業論と労働経済学にあったので、議論をよく行った。森川と児玉の二人は非常に優秀で、自らの研究成果を書物として出版したものを京大に博士論文として提出した。私はそれぞれの論文の審査において主査を務めて、博士号を授与することとなった。京大時代のゼミ生は教師と学生という師弟関係であるが、森川・児玉の二人は論文博士を介しての師弟関係となったのである。

第七章　学部教育へのコミットと経済学部への移籍

京大の経済研究所の恵まれた研究条件の下で研究に専念できたことは好運であったが、学部での指導教官になれないことによる教育機会の欠如には、一抹の寂しさを感じていたことは既に述べた。元来私は研究のみならず教育にも大きな関心があって、研究と教育は車の両輪と思っていた。そこに文部省（現・文部科学省）主導による大学制度の変革の時期に遭遇して、教育にコミットする機会が訪れる。そしてついには研究所から学部に移籍することとなる。

1　教育へのウエイトが高まる

大学院大学化へ

もともと日本の大学は講座制（すなわち、講座の教授、助教授、助手（ないし講師）という縦の関係）を基礎においた学部が根幹にあった。大学院は半分付録みたいなもので、名前だけといっても過言ではなかった。研究所も〝付置〟研究所と呼ばれたように大学の中では中心に位置していなかった。学部が最も重要な組織であるとともに位としても一段の格上であり、研究所は格下とみなされていた。旧制大学の伝統が戦後も続いていたのである。

しかし戦後も三〇〜四〇年を過ぎると、講座制の欠陥が目立つようになってきた。人事の停滞が生じたし、研究活動も活発さが見られなくなったのである。世界一の研究水準を誇るアメリカの大学では研究の中心は大学院であるし、研究上の後継者の養成も大学院でなされていたし、学部はリベラル・アーツ中心の教育機関であった。日本の大学における研究水準の遅れが目立つようになったことと、日本の大学数と大学生数が急増したことによって、すべての大学を平等に扱うよりも優秀な研究者と学生が多くいる一部の大学をもっと優遇して、研究・教育を活性化する方が好ましいという考え方が台頭してきた。

これへの回答が大学院大学構想である。旧制大学（旧帝大や一橋大、東工大、神戸大など）の伝統を引き継ぐ大学を大学院中心の大学にして、学部をむしろ付置施設にするという構想である。研究費も大学院に多く投入する案である。これら大学院大学になりそうな大学と、地方大学を中心にした大学との間で格差を設定することになるので、後者の大学からの不満のあることは確実であった。しかし大学教育界と世間ではこれまでの大学の姿であれば、高い水準の研究が出現しないだろうとの危惧が強く、結局は大学院大学化への道を歩むことになる。

どの大学とどの学部を大学院大学化するか、というのが次の課題となった。原則は前身が旧制大学であり、その時代に大学院博士課程を既に持つ大学とその学部が大学院大学になると考えられたが、一つひとつの学部の研究と教育の質が評価・判定されることになった。文部省で設けられたトップの委員会での審査に合格する必要があった。京大経済学部も大学院大学化を目指す準備を始めるようになった。旧帝大であるし、大学院博士課程を持っていたので、大学院化する資格は保有していた。

しかし京大経済学部にはいくつかの障壁、ないし難題があった。第一に、経済学部の教員による研究成果に問題があった。幸か不幸か同じ大学内にある経済研究所の教員による研究成果の方が、国際的にも認められるほどかなり質が高かったのである。さらに経済学部はマルクス経済学が主流であり、ソ連や東欧の共産主義国が崩壊中であることも重なって、マルクス経済学が存在価値を薄めていた。一方で同じ大学内の経済研究所は近代経済学が主流であった。経済学部に属する人々は、ひょっとしたら京大経済学部は大学院大学化への認可が得られないかもしれないと恐れていた節があるし、現にそのような噂も流れたのである。

そこで経済学部は経済研究所に対して、大学院大学化を学部と研究所とで共同でやらないか、という提案をしてきた。研究所内では教育に関心がなく、今のままで研究所自体が大学院化すればよいとか、近所の阪大や神戸大との研究所と合併して大学院化すればよい、という意見もあった。経済研究所だけの独立であれば規模が小さすぎるし、他大学の研究所との合併案は地域がやや離れていることや、大学院の内容で魅力のある組織になることには困難があった。そこでまずは京大経済学部からの提案の話を聞こうということとなった。大学院化の検討委員会が設けられ、学部と研究所から数人の委員が出て検討することとなったが、私がその委員の一人となった。私が大学院化案に積極的だったことと、経済学部の教員とは以前から対話と交流をしていたことが、委員に選ばれた理由と思われる。

検討委員会ではどのような専攻科目を大学院化するか、学部と大学院の教育体制をどうするか、などが議論された。私は研究所の教員も学部生と大学院生の指導教官になることが大学院化するための条件と主張した。経済学部内ではこの主張に異論があるようであった。特に学部生の指導教官（すなわち学部でのゼミナール担当になること）を認めることは、大学院化と無関係のことであるし、学部でゼミ担当であることは、学部の権威を象徴すると考える人もいたからである。しかし研究所の人が大学院に加入して協力しないと、京大経済学部の大学院化そのものが実現しないかもしれず、最後は経済学部も旧帝大の意地が手伝って、大学院化しなかったら京大の恥と思ったのであろう、私達の要求を呑んだ。

結局京大は学部と研究所が大学院を共同でつくる案で合意に至り、その申請は文部省で承認されて、京都大学大学院経済学研究科となった。修士・博士の学位審査をする大学院の指導教官には学部と研究所の助教授以上の全員があたることとなった。しかし学部の指導教官には研究所からは希望者だけでよく、全員がそうである義務はなかった。これは当然の帰結であった。大学院化を実践することは、学部の教育体制とは無関係なことだったからである。研究所の教員で学部のゼミナール担当者になることを希望したのはわずか七～八人だった。学部の教育に関心がない人が研究所内では多数派と言ってよく、研究所に属する人の特色を物語る逸話である。

学部のゼミナール担当

京大経済学部のゼミナールは、二年次から始まって卒業までの三年間を先生とゼミ生（一学年一〇人程度）が共に学ぶ制度である。ゼミ生の選抜は、学生が一年次の秋に特定のゼミに応募して、もし一〇人より多ければ選抜を行うのである。第一志望に落ちた人は第二志望のゼミに応募するのである。私が学部のゼミ生を募集した最初の頃は、研究所の教員なので学生に馴染みがなく、他のゼミを落ちた学生が私のゼミを第二志望として志望するケースが多かった。そして幸か不幸か女子学生の応募はなく、スタートは男子学生ばかりであった。

京大学部ゼミ１期生・２期生
（前列真中が著者。男子学生ばかり！）

学部のゼミでは「よく学びよく遊べ」が私のモットーで厳しい勉強を課したが、遊ぶことにも熱心であった。たとえば後者に関しては、昔でいうコンパ（今は飲み会と称する）には年間に何度か行ったし、ゼミ旅行として学生と二泊三日か一泊二日の旅行に行って、観光と運動（テニスや水泳）を楽しむということをした。それと甲子園球場の阪神タイガース戦に行くこともあった。これらの行事は先生と学生の間のみならず、学生同士の間の親睦を深めるのに役立った。私は若い学生と一緒にいることが好きだったのである。

勉強に関しては、二年次の時は経済学の基礎であるミクロ

京大学部ゼミ旅行でのテニス
（前列左が著者）

経済学とマクロ経済学を、教科書の輪読を通じてマスターするようにした。三年次になるとマクロ経済や応用経済学の書物（主として英語の書物）を輪読したり、時には一つの課題を設定して、ゼミ生全体で一つの研究報告書を作成することもあった。後者に関しては、研究結果が優れた水準に達した時には、出版社に掛け合って一冊の書物として出版することもあった。学生にとっては、自分の研究成果が書物になるのであるから、意欲が高く研究に取り組んだし、感激の程度も高かった。もとより経験不足の学部生が行う研究と文章には限界があるので、私が相当アドバイスや文章の改訂にコミットしたことは言うまでもない。私の名前が書物の著者として登場するので、恥ずかしい内容であれば指導者の私に責任が降り注ぐのであり、私も自分の書物であるかのように貢献した。

この先生と学部生が共同で本を出版したことは、書評者によっても好評価を得た。『脱フリーター社会――大人たちにできること』（東洋経済新報社、二〇〇四年）という書物では、東大名誉教授の養老孟司が『毎日新聞』の書評欄で、「学生と一緒にこのようなインパクトのある本を出す先生（私のこと）の努力を評価したい」と書いてくれた。この書物の内容は、当時のフリーターに対しては若者の勤労意欲の欠けることへの批判が多かったが、若者に責任の一端のあることは認めた上で、企業が若者の雇用に熱心ではなく、かつ若者に技能訓練を施そうとしない点を批判したことで、注目を浴びたのであった。さらに、フリーターの実態を調べると、高校での教育が職業に就くために役立つようになっていないことをも主張した。このことは後になって私が学校教育に関して、職業教育をもっと重視せよと主張する根拠となるのである。

もう一つの注目を浴びた学生との共著の本は、『消費税15%による年金改革』（東洋経済新報社、二〇〇五年）という書物である。財務省の研究所で共同研究した中居良司との年金改革の研究成果を出発点として、これを大幅に発展させた上で、若者の考え方も導入して主張した改革案である。すべての高齢者に基礎年金として夫婦であれば月額一七万円（一人であれば月額九万円）を支給するのに、消費税を一五%に上げれば実行可能とした主張である。当時の消費税率が五%であったから、一〇%ポイントのアップという大胆な説であった。消費税率の高いことで不自然な税率として批判を浴びたが、二〇一四（平成二六）年四月の時点で消費税率が八%に上がり、その後二〇一六年に一〇%にまで上げられる予定であったが延期された。この本における私の魂胆は、消費税の税率のことよりも、基礎年金支給の財源を全額消費税で賄う、という点にあった。私の基礎年金・全額税方式（それも消費税で）はその後一定の支持を受けたが、公的年金を税方式で運営するか、それとも保険料方式で運営するかの論争の資料となった本であった。

私が学部ゼミナールを担当した当初は不人気ゼミであったが、その後徐々に人気が上昇して、志望者数が定員の三倍を超えるようになった。しかも幸いなことに女子学生の志望者が増加した。ゼミナールの学生は男女混合の方が男子ばかりよりもうまく進行することを実感していたから、「幸いなことに」という言葉を用いたのである。なぜ男女混合の方がゼミとして活性化するかと言えば、お互いに異性を意識して、軽い言葉を用いれば「イイカッコ」すべく頑張るし、適度な緊張感の漂うことは好ましい雰囲気を醸し出すことが分かったのである。これは後になって私が男女別学の学校制度よりも男女共学の制度を好ましいとして主張する根拠の一つとなった。これに関しては拙著『女性と学歴――女子高等教育の歩みと行方』（勁草書房、二〇一一年）を参照のこと。

一五年弱の学部ゼミナール担当の間に一三〇名前後のゼミナリステンを生んだ。教育に生きがいを覚えた私にとっては、優秀な学生を指導できたことは幸いな教師であると思う。国立大学で若い頃から学部の教員であるなら、二〇〇〜三〇〇名のゼミナリステンを生んだであろうし、私立大学ならなんと一〇〇〇名を超すゼミ生を生んだという教授の話を聞いたこともある。四〇代の後半からゼミナールを開講した私にとっては、当然に多くない学生数であった。むしろ若い時代は研究に励むことのできた幸運を感謝したい気もある。キザな言い訳をすれば、若い年齢のときは研究、年をとってからは教育、という年代による区分を行ったと思っている。

京大経済学部での学部ゼミにおいて、一つの思い出は東京大学の経済学部に属する先生方との交流ゼミである。東京大学・吉川洋ゼミと福田慎一ゼミとの間で、それぞれ二年間ずつゼミ交流を行った。東大ないし京大のキャンパスでの東西両大学のゼミ生が一堂に集まり、研究の交流を行うのである。

このプロジェクトは京大側の発想で始まった。他大学のゼミ生との交流によって研究上の刺激を双方の学生が受けられるし、人的ネットワークの形成にも役立つと期待された。相手方の大学としては日本一の誉れが高い東大を選び、かつ学者としても高名な経済学者を希望した。東大側は快くこの希望を受け入れてくれた。

最初の二年間を吉川ゼミと行い、後の二年間が福田ゼミとの交流であった。お互いがマクロ経済学を主として勉強しているので、討論の課題もマクロ経済学の話題が俎上に上がった。たとえば、財政・金融政策、労働問題、景気対策などの話題を東大ないし京大のゼミが論文で発表し、相手方のゼミがそれに詳細なコメントを述べて、後に全体で討論を行うという形式であった。お互いに質の高い論文を準備したし、コメント、討論も刺激に満ちたもので、夜の交流会も学生にとっては楽しく、研究交流はうまくいったのであった。

他大学での集中講義

ついでながら京大在籍中と後の同志社大学在籍中に、国内の大学から夏季の集中講義の誘いがあると、常にそれに応じることにしていた。集中講義とは、多くの場合には一週間、時には時期を改めて合計二週間にわたって、特定の科目を毎日学生に講義する制度である。なぜこういう制度が存在しているかと言えば、大学・学部によっては常勤の教員だけでは講義できない科目があるので、外部の人を短期間非常勤で雇用して教えてもらうのである。地方にある大学であれば、週に一度だけの講義のために毎週外部の人に来学してもらうのは不可能なので、一週間滞在してもらって毎日の講義をお願いするのである。地方の大学からすれば、中央の大学にいる教授の講義を学生に聞かせる、という目的もある。

私はこの集中講義が大好きであった。毎日朝から夕方まで、通常は九〇分授業を一日に二、三回連続して大きな声で教えるので、かなりの体力勝負であるが、苦痛よりも快楽の方がはるかに大きかった。なぜならば、日頃住んでいない関西地域以外で教えるので、見知らぬ土地を訪れる魅力がある。集中講義を終えた後は、必ずその地域を旅行して、名所旧跡を訪れたり土地の名物料理と銘酒を楽しむことができるのである。さらに、日頃接することのないご当地の専門家と論議できることも魅力であった。

集中講義に訪れた大学は以下の通りである。一週間の集中講義では、東北大学、名古屋大学、岡山大学、富山大学、長崎大学、新潟大学である。一度だけのセミナーか、二度か三度の連続のセミナーであれば、記憶漏れがあると思われるが、広島大学、名古屋市立大学、釧路公立大学、信州大学、筑波大学、一橋大学、九州大学、北九州市立大学、慶應大学、九州国際大学、下関市立大学などである。

特記すべきことは、小樽商科大学には四度、北大には二度と、夏の集中講義に訪れたことである。北海道の夏は関西の夏よりもかなり涼しいのが大きな魅力であったことは、北海道に集中講義で行った確実な理由であるし、私にとって北海道は今でも憧れの土地ということもある。小樽には格別の理由がある。それは言うまでもないことではあるが、私が卒業生なので大学側は卒業生の講義に期待しただろうし、私もその期待に応えたいという希望が強かったことによる。私が小樽商大に入学して生まれて初めて北海道に渡った頃は、裏日本の日本海沿いの列車、青函連絡船、そして道内の列車と、合計すれば三〇時間近くに達する大旅行であったが、現在では飛行機で大阪から千歳まで二時間弱という短時間で行けるので、隔世の感がする。

東京大学客員教授

最後に、一九九八（平成一〇）年一〇月から二〇〇〇（平成一二）年三月まで、東京大学大学院・経済学部の客員教授を務めたことを述べておこう。京大教授との併任であった。二週間に一度、二日間にわたって東大で研究・教育に励んだ。官庁の研究所での客員主任研究官とか特別研究官であれば、研究協力者を何人かつけてくれるので大きな研究プロジェクトにコミットできたが、大学なのでそのようなことはなく、研究室を一つ用意してくれるだけであった。したがって東大で何か一つの研究をしたということはなく、京大での研究の続きを東大の研究室で行うだけであった。なお教育に関しては、学部の学生に「労働経済学」を一科目教えた。天下の東大だけに学生の質の高いことを再発見したという印象が残っている。

京大の学生が卒業後にどのような職業生活を送っているかを簡単にまとめてみよう。経済学部の学生だけに、企業でサラリーマン・ウーマンになっている人が多い。しかも京大だけに名の通った上場企業が多い。次いで多いのが大学の研究者、役人（中央官庁と地方公共団体）、日銀、公認会計士・税理士といったところである。こういうゼミ生が卒業後の同窓会や結婚式の場で会って、会話する機会は相当多い。企業などの各分野でどのようなことが問題となっているか、経済状況はどうであるか、社会で何をせねばならないか、といったことを議論することが多い。卒業生に会うことでかえって私の学ぶことの方が多い。教師冥利に尽きると言ってよい。

2　大学院での教育と研究

大学院での研究の役割は大別して二つある。第一は、科目を一科目開講して私が指導する大学院生のみならず、すべての大学院生を対象に教えることである。第二は、修士課程か博士課程の学生（すなわち橘木研究室に属する学生）に個別の論文指導をすることである。

大学院での教育

第一に関しては、近代経済学を専攻する大学院生の基礎科目であるミクロ経済学、マクロ経済学、計量経済学のうち、私は計量経済学の応用編を担当した。計量経済学には、統計の推計方法を開発したりその特徴を解析する優れて数学的な分野と、その推計方法を用いてデータをあてはめて実際に計算する分野がある。私は後者を担当して、学生に実証研究の手法を自己でマスターできて、かつ実践して論文を書けるようになる素養を獲得できる教育を施すことが目的である。

毎年一〇名から二〇名の学生が私の科目を受講した。アメリカの大学院生用に格好の教科書、E・R・バーント著『*The Practice of Econometrics*』（Addison-Wesley Publishing Company, 1991）があったのでそれを用いた。この本は各章に経済分析者が関心を持つ、消費関数、生産関数、賃金関数、マクロ計量モデルなどの十数個の実証分野に関して、理論モデルと推計方法の双方が最新の研究成果を含めて解説されている。そしてこの本の特徴は各章に二〇個ぐらいの演習問題が用意されていることにある。この演習問題を学生に実際にコンピュータを用いて計算させ、その結果を大学院のクラスで発表させる方法を用いた。学生をいくつかのグループに分けて、数人からなる一つのグループごとに計算結果に責任を持たせるのである。このような方法による私の教育方法は学生が実際に計算を自分で行うことによって、実証研究のやり方を習得することを目的とした。この教育方法によれば、計量経済学の実証研究を自分が行うようになれるので、役立つ科目であった、という感想を学生が述べてくれた。理科系であれば実験演習と呼ばれる科目である。

第二に関しては、私の指導の下で修士、ないし博士論文を書けるようにアドバイスをすることである。一週間か二週間に一度個別に会って、その間研究したことを報告させて、できるだけ速く、かつ質の高い論文を書ける方向にもっていく指導が私の役目である。ここでは学生の質、研究意欲、自己にふさわしいテーマを選んでいるか、など様々な要因によってどの程度の論文が書けるかが決まる。素晴らしい論文を書ける人もいれば、そうでない人もいるのはどの学問分野、どの研究室でも該当することであろう。私が適切なアドバイスができないという指導力不足も手伝って、良い論文を書けず、途中で研究者の道を諦めた人もいた。この点では責任を感じている。

経済学部への移籍

二〇〇二（平成一四）年に経済研究所から経済学部に移籍の話が持ち上がった。同じ大学内での所属先の移動なので、大学のことを知らない方からすると企業内での経理部から営業部への内部移動のようなものと理解され、大きな変化ではないと思われよう。しかし大学内で所属先を替えるということは、それぞれの部局が独自の教授会を開いて組織の運営を独自に行うので、企業内での所属先の移動よりは影響が大きい。それに経済学部は一〇〇年近くの歴史を誇る旧帝大の伝統学部の流れがあるが、経済研究所は一九六二（昭和三七）年の創立以来、当時として四〇年程度しかない新しい組織である。

この歴史の違いに加えて、学部は研究と学部生の教育を行うという使命があるのに対して、研究所は学部の教育を行わないという違いがある。もっとも大学院大学化を達成した後は、大学院の教育を同等に行っているという意味では両者の間に差はない。むしろ大きな違いは、当時までに希薄化してはいたが、学部はマルクス主義経済学がまだ色濃く残っていたことと、研究条件は研究秘書がいないことや研究費が少ない、ということなどから研究所よりは劣っていた。

私はこれらのことを気にしない人になっていた。むしろマルクス経済学が暗黙に前提とする「弱者のことを考慮に入れよ」という思想に共感を抱いていた。もっともマルクス経済学者になることは一度もなかったが。さらに研究条件の劣ることよりも、むしろ学部生への教育にこれまで以上に関与できることに魅力を感じるようになっていた。それと二五年近く在籍した経済研究所に慣れ切っていて、新天地・新境地を開きたいということも頭にあった。結局二〇〇三（平成一五）年の四月に学部に移籍した。

経済研究所から経済学部に移っても、それほどの変化はなかった。今まで通り学部生のゼミ担当と大学院生の論文指導は続いたし、研究もそのまま続けることができた。心配した研究費のことも全く問題は生じなかった。京大が受領していたＣＯＥ（センター・オブ・エクセレンス）という大型研究プロジェクトのメンバーであったし、私自身も科学研究費（A）を研究代表者として毎年受けていたので、それらの資金を用いて、ＲＡ（研究補助者）を雇用できたし、自分でアンケート調査を実施して、大量のデータを作成できた。他の研究費についても不足感はなかった。

変化があったと言えば、次の二つぐらいであった。第一は、学部の提供する科目を大教室において一教科教えることが加わった。第二は、学部の教授会の運営方法と、雑用の多さに驚いたことである。

第一に関しては、もともと教育が好きだった私なので、一〇〇名から二〇〇名の学生に講義することをむしろ楽しんだ。担当は専門の「労働経済学」だったので、かなりの学識が既にあり、準備に時間を要することはなかった。阪大の教養部で既に採用していた対話型の講義方法をここでも踏襲した。当時はまだこの方法は珍しかったのか、ウィキペディアでは私の講義は通常の方法と異なり、学生に考えさせて発言させる講義をする人、として紹介されていた。

第二は、学部の教授会が長時間続くことと雑用の多いことに閉口した。いろいろな考え方をする人といろいろな経歴を持つ人がいたので、長い時間討論しないと物事を決定できないのである。たとえば学部で何かを文書化する時、「てにをは」をどうすればよいかなどということを、五〇名の教授会メンバーで議論することもあった。研究所での教授会においては、研究に時間を割きたい人が多かったので、できるだけ会議時間を短くしようという雰囲気があったが、学部はそうではなかったのである。そもそも教授会での討論を楽しみたい、と思える人もいたように映った。

この長時間の教授会や雑用の多いことには、これも学部という教育を掌る組織の宿命と諦めることができた。決して雑用を疎かにはしなかったが、学部の教授会では一つの小さな抵抗策をとった。それは内職の実行である。教授会でほとんど発言しない私にとっては、三〜四時間の議論に付き合うのは苦痛だし時間がもったいないので、書物や論文を読んだり原稿書きに勤しんだ。「内職のタチバナキ」というニックネームまで頂戴したほどなので、まわりからすると恐らく目立つ行為だったのであり、好ましく思わなかった人もいたかもしれない。

経済学部での在籍はわずか四年間に過ぎなかったが、私からの不満は何もなく、平穏に教育を楽しむことができた。ただし経済学部の運営などに貢献したことはほとんどなかった。あえて一つだけごく小さな貢献をした。それは『*The Kyoto University Economic Review*』という英文誌の編集長を二年間務めたことである。戦前から京大経済学部は『*The Kyoto Economic Review*』を出版していたが、二〇〇四年に編集方針を大きく変更して、レフェリー付きの学術誌と変貌させたし、雑誌の名前も変更したのである。その初代編集者の仕事をしたのである。まだ到底一流の学術誌になったとは言えないが、今後の発展に期待したいものである。

二〇〇七（平成一九）年三月には、国立大学での定年制年齢六三歳により、京大を退職した。旧制大学からの古い大学には退職する人は最終講義を行う慣習があり、私もこれに従って学生、教職員、一般人を対象に「日本経済の実証研究」というタイトルで最終講義を行った。そしてその日の夕方には退官を記念してパーティを開いた。多くの橘木ゼミ卒業生、教職員、学界でお付き合いのあった経済学者、出版社・マスコミ関係者が参集してくれて盛大に私の退職を祝ってくれた。新聞記事にも

近況

格差問題研究 若い世代に期待

京大で定年退職講義をした経済学者　橘木《たちばなき》俊詔《としあき》教授

　日本経済学会長を務め、日本の格差社会化を早くから指摘した、京都大学大学院の橘木俊詔教授の定年退職記念講演が10日、同大で行われ、教え子や他大学の研究者ら約200人が聞き入った。来年度からは、同志社大学経済学部で教べんをとるが「これからは阪神タイガースの応援にも精勤する」と笑いを誘った。

　橘木教授は「日本経済の実証研究」と題し、統計学の手法によるデータ解析で現実の社会・経済の実態を明らかにする計量経済学の分野から、次第に労働、財政、金融、社会保障制度へと専門分野を広げていった経緯を振り返り、「私の最大の関心事は教育、勤労、消費、貯蓄、家族、病気、引退、介護といった人間の一生にかかわる様々な活動を経済学的に分析すること」と、身ぶり手ぶりを交えて講義。

　日本経済の将来を予想するキーワードは▽技術進歩▽資本と労働▽財政赤字▽少子高齢化▽税制と社会保障▽格差――であると指摘し、「日本のような成熟社会では、高成長経済より実質1％前後の成長率を確保しつつ、公的教育の充実と、消費税率アップによる社会保障制度改革が不可欠だ」と論じた。

　現在の経済学研究は、自身が研究を始めた1960年代と比べて、各種統計データの入手が容易になり、解析ソフトも格段に進化した反面、「安易な実証分析が増えた」。苦言を呈しつつも、自らの貢献を自任する格差問題に「若い世代が答えを出してくれるだろう」と期待を寄せた。（朋）

教え子から大きな花束を贈られ、感無量の表情の橘木俊詔・京大教授

京大退職記念講演を伝える新聞記事（『読売新聞』2007年3月20日夕刊）

なったので、ここに載せて詳報としたい。

京大の行方

京都大学の経済研究所と経済学部に三〇年弱にわたって在籍したので、若い頃は頻繁に地域と勤務先を移った私にとっては、圧倒的に長い在籍場所ということになる。それだけに京大というのは私にとって最大の意味のある勤務先ということになる。私の研究と教育生活はほとんどを京都大学に依存していた、といっても過言ではない。

入学志願をしたが入れてもらえなかった大学において、職場がその大学になったというのは、皮肉な巡り合わせというか、落伍者を教員として採用するような懐の深い大学であった。さらに、東大や京大という歴史の古い大学では卒業生を教員にする確率が非常に高いが、そうでない私を教員にしたのも斬新なことであった。もっともアメリカの大学では昔からそうであったし、日本の大学においても自校出身者を教員にする比率を低くする傾向にあるので、これからはもっとその傾向が強くなるであろう。

京都帝国大学（京大の前身）は東京帝国大学に二〇年遅れて創設された大学である。東大が官僚養成校として名をなしていたので、京大もそれに続こうとしたが多くの官僚を送り込めなくて成功せず、大学の特色を学問研究に向けたことは成功であった。理学、文学、医学などで高い研究実績を上げ、「ノーベル賞大学」という異名をとるほどの大学になった。私自身も自由な環境の下で研究中心の生活を送れたことは事実であり、そのことは感謝している。

しかし中にいると、意外と東大のことを大いに意識していることに気が付く。どういう角度（教員と学生の質、研究費の獲得状況、卒業生の活躍振り、世間での評価）から見ても、東大に次ぐナンバー2という位置は常につきまとうことであった。そのことから「反東大」「対東大」という感情が学内に漂っていた。これは「反東京」「対東京」という意識とも重なり合っていた。

私はこの「反東大」あるいは「東大への対抗」の意識を嫌いだとは思わなかった。むしろ前向きにとらえて、人間は目標とするものが自分の前に存在すれば、それを越えるべく努力をせねばならない、という意識が働くことによって好効果があると判断している。もう少し別の言葉を用いれば、ライバル心あるいは競争心というのは、人間にとって進歩のためには重要なことである。現に戦前の京大にあっては、東大に追い付け追い越せの情熱に燃えて、学問研究に励んだのである。これに関しては、たとえば橘木俊詔著『京都三大学　京大・同志社・立命館』（岩波書店、二〇一一年）を参照されたい。現に今でも近隣の大阪大学は京都大学をライバル視して、なんとか追い付き追い越そうとしており、その成果が出現している。京都においても、立命館の同志社への競争心は皆の知るところである。京大はこれまでのように東大にライバル心を抱いて、研究の質の向上に努めてほしい。

京大時計台前にて

京大における問題点を指摘すれば、京大は研究を第一にしてきたので、教育をやや軽視してきた気配があると言える。昔であれば教育をしない（つまり放っておく）でも、粒の揃った学生が多かったので、自分で勉強して高い学力、そして高い研究業績を示しえたが、今の学生は玉石混淆であり、「石」の学生の教育を本格的にしないと、何も知らずに卒業してしまう可能性がある。しかも、受験勉強のしすぎのため、受け身で学問をするということに慣れていて、自ら問題を見つけて自ら未知の世界を探求するような学問をするという気概に欠けている。ここで述べたことは他の大学においても大なり小なり当てはまることであるが、特に自由を尊重する学風の悪い面が出て、学生に教育を施してこなかった京大において深刻なことである。

なお東大と京大のライバル関係に注目して、両大学の特色を比較した新書『東大vs京大』を二〇一六年の秋に出版する予定である。現段階で原稿を書き終えている。

第八章　心地よい同志社大学時代

1　同志社大学での教育

同志社大学に就職

京大を定年退職することを控えた時に、大変好運にもいくつかの大学から就職の招聘を受けた。大学生の数が少なくなりつつある時代の中で、大学への就職が困難なところに、特に定年教員の第二の就職探しは容易でないにもかかわらず、四大学からの誘いがあった。運に恵まれたとしか言いようがない。法政大学、京都府立大学、京都産業大学、同志社大学であった。法政大学は研究所の所長をも兼ねるという重要な地位への招聘、京都府立大学は新学部を創設する際の基幹教授、京都産業大学は大学院の教育をしてほしい、といった身に余るオファーであった。法政大学はできれば関西にいたいという希望、京都府立大学は新学部での仕事は慣れない事務的な仕事が多くなるかもしれないという危惧、京都産業大学は学部の教育をもしたい、という私の

同志社大学にて

勝手な願いから、結局は同志社大学経済学部の話を受けることとした。

同志社大学は新島襄の設立した、古い歴史を有するキリスト教系のマンモス私立大学であることは多くの人が知るところである。私はキリスト教の信者ではないが、宗教系の学校への好奇心があったし、これまで私は大学生であった頃から就職した京大時代まで全部を国立大学で過ごしてきたので、一度は私立大学を体験したいという希望もあったことは否定できない。なぜならば、研究・教育環境に関して国立大学と私立大学の比較を実体験から得たい、という内に秘めた目的があったからである。後に国立大学、私立大学を含めた特定の大学論や、大学における研究・教育の一般論の本を何冊か出版する布石になるとは、同志社大に就職する時点では夢にも思わなかった。

同志社への就職で一つ面食らった体験をした。三月のある日に「入社式を行うから、四月何日の何時に同志社大学〇〇館に集合されたい」という案内状が届いた。一瞬どこの会社に入社するのだろうかと目を疑ったが、私が新しく就職するのは同志社なので、入社式という言葉には何の不自然さもないことに気付いた。

入社式はどこの組織でも行われる式次第で挙行されたが、戸惑ったのは牧師のあいさつ、讃美歌の斉唱等が各所に配置されていることであった。考えてみればキリスト教の学校の教職員になるのであるから、牧師のあいさつや讃美歌の斉唱はごく自然な行為になるのであるが、目新しい経験であることに違いはなかった。

むしろ私が驚いたことは、私と同じく入社式に参加した新入の教職員の多くが、讃美歌を大きな声で歌っていたことであった。当然のことながら私は知らない曲なので、沈黙を保ったことは言うまでもない。後に分かったことであるが、新入社員のうちのかなりの人が同志社の中学、高校、大学の出身者であり、若い頃に讃美歌を歌う機会が多かったからである。沈黙の私と多勢の讃美歌を歌う人の対比から、私はキリスト教の学校に就職したのだ、ということを実感したのであった。その後入学式や卒業式などでも牧師のあいさつと讃美歌斉唱はあったが、徐々に慣れてきて、入社式での新鮮な驚きのようなことはなくなった。

同志社大学での教育

同志社大学の経済学部には一学年に八〇〇名を超える学生がいて、学科目の一つの授業に学生が数百名も受講するので、大教室でのマンモス講義となる。私も一教室に三〇〇名の受講生がいるマンモス講義を担当せねばならなかった。このような大教室における三〇〇名の学生相手では、阪大教養部や京大経済学部で実践した対話型の講義は不可能だと予想されたが、私はあえてそれを実行した。学生にいろいろな問いかけをして、学生からの応答を得るとともに、学生同士の討論をも行うような対話型である。

三〇〇名もいれば全員にこの対話型の形式に関心を持ってもらうのは容易ではないので、私は学生の発言時には必ずマイクを使って、教室中にいる全員が学生の発言を聞けるように大きな声を教室中で流した。そして大切なことは教室の前の方に座っている学生だけに発言させるのではなく、教室の後ろにいる学生にも発言してもらうため、私は授業中に教室中を前から後ろへ、横から横へとマイクを持って走り回っていたのである。そうすることによって、学生に緊張が保たれるようにと、私は体育会系の先生のような教え方をしたのである。

もとより走り回って対話型の講義だけではなく、通常の講義のように私が黒板の前に立っていろいろなことを口述したり、板書したりして学問の基礎を教えることも忘れなかった。先生によっては最近流行のパワーポイントを用いて、それを見せながら講義する人もいるが、大教室であれば私は教室の後方にいる人は画面が読めないと思うので、緊張感を失うと判断している。全員の学生が一人ひとり自分の机の前にパソコンの画面を置くことが可能であれば、パワーポイントによる教育方法も有効であろうが、三〇〇名の学生全員にそれを用意するようになるのはまだ先のことと思われる。

最近になって新しい事実が大教室で発生するようになった。スマホの急速な発展により、教室の後ろにいる学生の多くが講義を聞かずに、スマホをいじっているのである。後ろであれば教壇にいる教師から目が届かないので、学生はスマホに熱中できるのである。三〇〇名の学生がいる大教室において、スマホ時代の学生に対話型の授業ができるのか、まだ実験をしていない。

同志社に赴任して一番感じたことは、国立大学と私立大学の教育条件の差であった。私のいた京大経済学部の教員数は約五〇名、学生数は二〇〇名強であるのに対して、同志社大経済学部はそれぞれ約五〇名、八〇〇名強の違いがある。どうしても私立大学は大教室での講義が多くなるので、質が高くかつ細かく行き届いた教育が困難となる。よほど教育方法に工夫を加えないと、私立大学の学生は不利である。私にはどのような方法が好ましいのか、にわかに思い付かないが、教育界全体で考えねばならないことである。

ゼミナールに関しても格差がある。京大は一つのゼミに平均一〇名の学生数であるが、同志社大は平均二〇名から三〇名の学生数だからである。同志社で人気のあるゼミの先生の場合、一つのゼミで学生数が四〇～五〇名ということもあり、これではゼミとは呼べず小教室での講義と言った方がよい。慶應大の経済学部では、一つのゼミの学生数を抑える策をとってゼミらしくしているが、それを可能にする手段として、学生の中にはどのゼミにも属さない学生が出ることを容認しているようである。これではゼミに入れる学生と入れない学生との間で格差が生じてしまうので、不利を蒙る学生の出ることが避けられない。

問題をさらに複雑にしているのは、私立大学の授業料が国立大学の授業料より約二倍も高いのである。三〇～四〇年前であればその格差は五～七倍に達していたが、徐々にその差は縮小したのである。私立大学の学生は国立大学よりも高い授業料を払いながらも、受ける教育の質はより低いものを受けているのであり、二重の意味での不合理なり不利をどう解釈し、かつどう是正したらよいか、私にとっても重要な検討課題である。

そのための政策としては、現時点においては国が高等教育に対して、特に私学助成金としてもっと公費を投入すべき、と期待される。しかし、一八歳人口の五〇%を超える人が高等教育を受ける時代になっているので、無限に公費支出を増大することは不可能である。日本で高等教育を受ける人の比率は何%であるべきか、ということも同時に考慮されねばならない。そして公費負担と学生の自己負担との比率をどうすればよいかも重要な検討課題である。

このための一つの策として、大学を研究中心の大学と教育中心の大学に区別して、それぞれが良い研究と良い教育を目指すことがあってよいのではないか、と提言した。橘木著『ニッポンの経済学部』(中公新書ラクレ、二〇一四年)、『経済学部タチバナキ教授が見たニッポンの大学教授と大学生』(東洋経済新報社、二〇一五年)を参照されたい。この案は大胆すぎて多くの大学人が反感を抱くのではないかと恐れている。

同志社大学での学部ゼミナール

同志社大学でも学部ゼミナールを担当した。同志社でのゼミナール制は二年次生の秋から始めるので、二年半にわたってゼミ生となるのである。募集に際して、さすが一年目に着任した時は、私のことを知らない学生が多かったので、少人数の一五名ほどしか志望せず、同志社にしては少人数でのスタートであった。しかし第一年次に私の講義を受けた学生が意外と私の対話型の講義方法を気に入ってくれたことと、私の名前も多少馴染みとなったのか、次年度から多くの学生が志望するようになった。同志社での人気ゼミの一つとなり、四〇~五〇名の志望者から二〇名に絞る必要が生じた。誰を選抜するかは、先輩の上級生のゼミ生に委任した。学生同士で気に入った学生をゼミ生にした方が、人間関係を良好にするのに役立つと思ったからである。

同志社でのゼミナールでは、マクロ経済とかミクロ経済といった経済学の理論を勉強するよりも、経済の応用問題を取り上げて、討論を徹底的に行う方法を採用した。学生が就職試験の面接に臨むと、集団討論の機会が必ずあるし、面接官との一対一の面接においても討論の訓練をしておくと、面接試験の突破に少しは役立つのではないか、という配慮からであった。討論のための資料としては私の著書を用いた。ゼミの前半時間においてあらかじめ学生が発表して、皆でその内容を共通の認識としてから、その後討論を行うという方式であった。私の著書を材料としたのは、著者の本だけに内容を熟知しているので、学生の討論に刺激を与えるようなコメントを私がすることができると思ったからである。

ゼミナリステンの構成は男性二、女性一、という比率の学年が多く、京大でのゼミナール紹介のところでも書いたように、男女混合のゼミが好ましいと思うが、同志社ではこの男女比が最適の比率になっていると思われた。特筆すべきことは、ゼミ長を選ぶ時にゼミ生による選挙の方法で決めたが、女子学生の選ばれる学年が多くなった。女性が社会での活躍度を高めつつある日本社会であるが、学生時代からこの現象が発生していると認識できたのである。

よく聞かれる質問として、京大の学生と同志社の学生を比較するとどう違いますか、ということがある。私の回答は次のようなものである。学力だけを基準にすると、京大の学生の方が同志社の学生よりも平均すると高いことは否定できない。しかし差は世間の人が想像するほど大きくはない。京大の学生の中にはごく一部にとりわけ優秀な学生が存在する。こういう人は研究者になるのに向いているので大学院に進学する。一方で京大には入学することだけが目的で、勉強しない学生が少なからずいる。

性格に関しては、同志社の学生は総体的に明るくて素直であり、コミュニケーション能力に優れている。一方の京大生は様々な性格を有していると言える。すなわち、明るい人もいれば暗い人もいるし、素直な人もいれば屈折している人もいて、性格は千差万別と言ってよい。良く言えば、同志社は平均的に良心的な人物が多く、京大は個性の強い性格の持ち主が多いのである。そう言えば、同志社は新島の教えによる良心教育を校是としているし、京大は没個性を嫌う自由な雰囲気がある。

京大時代に東大の吉川ゼミ、福田ゼミとの研究交流が実り多いものだったので、同志社大学での橘木ゼミの学生に、どこかの大学のゼミと交流をしたらどうかと提案した。京大の時のように東大ゼミと交流を続けることもありえたが、同志社の学生が難色を示した。東大生が相手なら少し萎縮するかもしれないという危惧を示したので、共通項の多い慶應大学を選んだ。双方ともに歴史の古い私立大学であるし、なんとなくお坊っちゃん・お譲ちゃんの大学というイメージがあることが共通点である。慶應の経済学部には私の京大時代の教え子・太田聰一教授がいたので、とんとん拍子で交流ゼミの実施が決まった。

橘木・太田両人の主たる専門が労働経済学なので、交流ゼミで選ばれた課題も雇用、賃金、社会保障、教育といったものであった。東大との交流ゼミと同様に成果の上がったインターゼミであった。

東大との時と異なる点もいくつかあった。第一に、同志社大学が学生の学外活動に補助金を出す制度を持っていたこともあり、学生が東京に行きたいという希望を抱いていたので、毎年同志社側が三田の慶應義塾を訪れた。交流ゼミを終えた翌日は、ディズニーランドや秋葉原で遊んでいるようであった。第二に、不幸なことに太田ゼミは男子学生の比率が圧倒的に高く、女子学生がほとんどいなかった。同志社ガールは慶應ボーイと交流を持ちえたが、同志社ボーイは慶應ガールと接する機会がなく、交流の非対称性という皮肉なことであった。

2　同志社大学での研究

ライフリスク研究センター

同志社大学に着任してからすぐに、同志社大学にライフリスクセンターが設立され、センター長に私が就任した。このセンターは人間に必ず発生する様々なリスクに対応するには、本人のみならず社会はどういう制度の準備とどのような政策を遂行すればよいか、ということを研究する機関である。センターに直接所属する専任の研究員は、大学院生やPD（ポストドクトラル）生に限定し、ほとんどの研究員は同志社大の各学部（経済、社会、政策、理工など）に所属する教授・准教授が、パートタイムとしてセンターの企画する研究プロジェクトに参加する制度としている。

いくつかの研究プロジェクトを立ち上げて、研究を進めることとなった。まず研究所全体の目的であるライフリスクに合致する課題として社会保障の問題を取り上げて、私が編者となって、『社会保障改革への提言』(ミネルヴァ書房、二〇一二年)を出版した。センターに属する同志社大学の教員に加えて、外国の専門家をも招いて、それぞれの国の社会保障に関する論点を書いてもらった。センターは優れた外国人の研究者を客員教授として招いていたので、これらの人の論文を書籍の中に入れることは可能だったのである。

具体的には、アメリカ・スタンフォード大学のJ・S・ショーヴン教授、イギリス・ニューカッスル大学名誉教授のM・ヒル教授、韓国・中央大学校の金勝濤教授の寄稿を得た。全国民に公的医療保険制度を用意していないアメリカが医療問題にどう対処しているか、「ゆりかごから墓場まで」で有名であった福祉国家のイギリスがどう変容したか、日本と同じ東アジアの儒教精神の強い韓国での社会保障制度、などを知ることができて有意義であった。同志社大に属する人の貢献については具体的には紹介しないが、ベーシック・インカム、子育て支援、介護問題、ジェンダーの視点、などで新しい論点を提供した。

私はセンターに属する同僚と共同研究を行って、共著による書物を出版した。研究資金としては、私が代表者となって文部科学省の科学研究費・基盤研究(A)から多額の資金を受領して行った。それらを紹介しておこう。第一は、八木匡教授と『教育と格差――なぜ人はブランド校を目指すのか』(日本評論社、二〇〇九年)である。教育格差を生む要因として親の状況、父親か母親のどちらの影響が強いか、家庭環境か本人のやる気かの違いの効果、公立校と私立校の相違、などに関して効果を測定して、なぜ教育に格差が発生するかを探求したものである。なお八木匡は私が京大経済研究所の教授時代に助手を務めたことがあり、同志社でも同僚となったのである。これに関連して、松浦司（中央大学）と共著で『学歴格差の経済学』（勁草書房、二〇〇九年）を出版して、子供の時の学業成績、理科系と文科系の違い、地域による差などに注目して学歴格差を論じた。

もう一つは、山森亮教授との『貧困を救うのは、社会保障改革か、ベーシック・インカムか』（人文書院、二〇〇九年）の対談本である。ベーシック・インカムは国民一人ひとりに働いているか働いていないかを問わずに、ある一定額のお金を支給する構想である。山森は日本におけるベーシック・インカム論の代表的論客の一人となっているので、この書物の価値は高かった。私の主張は、財政負担が大きすぎることと働かない人に支給することによる悪影響を考慮すると、ベーシック・インカムの支給は高齢引退者と働かない子供への支給に限定するのも一案、と主張している。

最後は、浦川邦夫（九州大学）と共著で『日本の地域間格差』（日本評論社、二〇一二年）を出版した。地域間に様々な格差があるのが日本であるが、それが国民の間の所得のみならず、公共サービスや教育、福祉に関しても格差のあることを示した。さらに企業に関しても中央と地方の間には格差のあることを示した。そしてこのような地域間格差を是正するには、東京一極集中をやめて八ヶ岳方式（全国各地の中核都市（たとえば札幌、仙台、大阪、広島など）をもっと発展させる）に変更することが解決策と主張した。

ライフリスク研究センターは研究の推進のみならず啓蒙活動にも積極的に取り組んだ。それは大学での研究成果を国民に知ってもらうために、大きなシンポジウムを開催して、一般の人にも来聴してもらうことで果たした。どのようなシンポジウムを主催してきたか、代表的なものだけを書いておこう。パネラーの所属先は当時のものである。

(1) 二〇一〇年五月一五日(土)「アートの力――クリエイティブ経済と21世紀社会」
基調講演:姜尚中(東大教授)「感動する力――私を変えた名画」
パネリスト:姜尚中、平田オリザ(劇作家)、佐野元春(ミュージシャン)、岡部あおみ(武蔵野美術大教授)

(2) 二〇一一年一〇月一五日(土)「無縁社会をいかに生きるか」
コーディネーター:河島伸子(同志社大学ライフリスク研究センター)
基調講演:橘木俊詔(同志社大学ライフリスク研究センター)「無縁社会の正体」
パネリスト:橘木俊詔、香山リカ(精神科医)、湯浅誠(反貧困セットワーク事務局長)、落合恵美子(京都大学教授)

(3) 二〇一二年一〇月一三日(土)「幸せとは何か」
基調講演:橘木俊詔(同志社大学ライフリスク研究センター)「人間の幸福――経済学からの視点」
パネリスト:高橋源一郎(作家)、萱野稔人(哲学者)、阿部彩(国立社会保障・人口問題研究所)、中西哲夫(スポーツジャーナリスト)

以上三つのシンポジウムは聴衆を多く集めることができて盛会であったし、来場された方からも好評であった。なお、これら以外にも同志社大における他の部局との共催で、次のようなシンポジウムを実施した。

(4) 二〇〇九年二月一二日「アートをプロデュースする」
(5) 二〇〇九年一一月一三日「ベーシック・インカムは市場社会に人間の尊厳を取り戻せるか――ロナルド・ドーア先生を囲んで」
(6) 二〇一〇年六月五日「所得リスクにどう立ち向かうか――社会的包摂のための社会保障」
(7) 二〇一〇年七月三一日「『参加と連帯のセーフティーネット』構築に向けて」
(8) 二〇一〇年一二月八日「感動の価値創造――経験価値創造におけるイノベーションとは」
(9) 二〇一一年三月六日「京都における創造都市戦略のあり方」
(10) 二〇一一年五月一四日「震災復興と原発・電力不足問題を考える」

最後に、ライフリスク研究センターが中心となって、大きな国際コンファランスを二度開催したことを述べておこう。一度目は二〇一三年の秋に同志社大学、二度目は二〇一四年の秋にパリで行ったのである。テーマは幸福に関することで、経済学、社会学、政治学、哲学などの専門家で、国際的に知名度の高い人が参加したのである。たとえば、幸福の経済学の大家・スイスのフライ教授、芸術学の大家・ベルギーのギンスバーグ教授を代表として、フランス、ドイツ、イギリス、日本などから第一線の専門家を集めての会議であった。

その成果は英文の書物としておよそ一五編の論文を集めて、ドイツのシュプリンガー社から出版された。編者はセンターの所長であり、しかも文科省からの多額の資金を受けた国際プロジェクトの代表者でもあった私自身である。本のタイトルは『*Advances in Happiness Research : A Comparative Perspective*』である。

同志社一行とエッフェル塔の前にて
（後列右から５人目が著者）

同志社大学の生きる道

同志社大学に七年間お世話になったことにより、私立大学の長所と短所がよく分かった。

戦前は三大私学と称されて、早稲田・慶應とともに名門校の誉れが高かったが、戦後になって早慶両大学が急速に名門度を上げることになり、同志社との差は開いて、三大私学ということは言われなくなってしまった。なお、なぜ早慶の地位が急上昇したかについては、拙著『早稲田と慶応——名門私大の栄光と影』（講談社現代新書、二〇〇八年）を参照のこと。

よく知られているように、関西は「関関同立」という言葉が用いられて、私立の四大学、すなわち関西学院、関西、同志社、立命館は関西では上位にあるとされ、大学受験生で私立大学を目指す人はこれらの大学を第一志望にするのである。この四大学の中で順位があるのではないかに関しては、同志社と関西学院が自分のところが上位にあるのではないかと秘かに思っている節があるが、そう公になっていることではない。ただし橘木著『京都三大学　京大・同志社・立命館』（岩波書店、二〇一一年）で示したように、京都では同志社と立命館の間でのライバル意識（特に立命館が同志社に対して抱くライバル心は有名である）は公然の秘密である。

同志社が関西のほぼトップの私立大であることは、同志社にとってプラスよりもマイナスに作用したと思う。反感を招くことを覚悟して言えば、トップに安住していたのである。早慶両大学は大学を良くしようと努力を重ねたのに対して、同志社は何もしなくとも学生が入学してくるので、少なくとも経営は安定していたのであり、研究の質を上げるとか教育をしっかり行う、ということにさほど熱心でなかったのである。

いくつかの現象でそのことを類推できる。第一に、現代の大学における研究費は、文部科学省・科学研究費をはじめとして外部研究資金を集めることが研究を実行する上で欠かせない時代となっているが、同志社大の外部資金導入はかなり遅れている。これでは研究に励んでいない、と邪推されても仕方がない。なぜ同志社の先生が外部資金の応募に熱心でないのかは、同志社が一人ひとりの教員に多額の個人研究費を支給しているから、というのもある。やや極端なことを言えば、研究する人としない人に平等の額を支給しており、矛盾がそこにあると言える。

第二に、学内において研究に精励して良い研究業績を世に問うてきた人に対して、いかなる報いの手立てもないし、逆に数年間に書物、論文を出さなかった人へのお咎めは何もない。もっともこのことは同志社大学だけではなく、日本の大学全般で見られることなので、同志社だけを批判する気は毛頭ない。しかし近隣の大阪大学は優れた研究業績を上げた人に年収一七〇〇万円を支給しようとしているし、立命館大学は科学研究費（A）を取った人には五〇万円の報酬を支払っている。

第三に、研究への情熱のない人や失った人が大学にいても別に不思議はないし、仕方のないことと思うが、ではそういう人は教育に熱心であるかと問われれば、必ずしもそうでない人がいる。学生に聞くと、何を講義しているのかまったく理解できない人とか、教科書を単に棒読みしかしない人、休講を頻繁にする人、とか多くの声のオンパレードである。このいい加減な教育は同志社だけに特有なことではないが、少なくとも入学生を集めることに苦労している大学にあっては、教育を必死にやって学生からの評価を高めようと努力する姿に接することが多い。何もしなくとも学生が集まる大学では、教育への関心が低くなっているのである。

私は同志社をはじめ、マンモス私大の文科系の先生には同情心が強い。一クラス三〇〇名もの受講生に大教室で大声を張り上げて講義すれば、体力の消耗が激しく、残りの時間に研究に励むというのは困難なことは、身をもって体験した。さらに私立大学には入学試験やその他の雑務が多くて、それが教員に降りかかってくるので、研究時間に限りのあることも無視できない。

では、マンモス大学において研究の質、そして教育の質を上げるにはどうすればよいのであろうか。

私立大学への補助金の増加に期待して、研究・教育環境をできるだけ国立大学に近づけることが一般論として提言できる。しかし現在の深刻な国家の財政赤字の下では大幅な私学助成金の増額は困難なので、次善の策が必要である。

それは、教員の中で研究が得意で業績を上げている人と、教育に熱心で良い教え方をしているとかゼミ教育で評価の高い人の両者をピックアップして、それらの人の優遇策を考えることにある。たとえば前者であれば教育や事務の負担を軽くするとか、後者であれば研究には期待せずに教育負担を重くするかわりに、賃金報酬を上げる策である。日本の大学にあっては、研究する人、研究しない人、教育する人、教育しない人、が混在しているのであるが、それらの人の処遇がまったく同じという悪平等の世界にいることに原因がある。決して同志社大学だけに特有なことではないので、同志社だけで採用することのできる政策ではない。日本の大学全体で検討される必要のある課題であるが、他の国立・私立大学では徐々に導入の兆候がある。

同志社大学を二〇一四年三月に定年で退職となった。同志社は私の退職を記念して行事を挙行してくれた。私の最終講義、パネルディスカッション、そしてホテルでのパーティと、身に余る記念行事であった。パネルディスカッションは、八田達夫、八木匡、太田聰一、私の四名で経済政策を巡って議論した。パネラーは私と個人的に関係の深い人ばかりという、やや個人趣味の計画であった。京大の時と同様に、教え子（京大と同志社）、研究者仲間、マスコミ・出版関係の人が集まってくれた盛会の行事であった。この開催に際して企画と運営をしていただいたのが、ライフリスク研究センターの鈴木晴香と大学院生・迫田さやかであった。両名の献身的な仕事振りに大いに感謝したい。

3　京都女子大学

二〇一三年の秋学期に京都女子大学で非常勤講師を務めたが、その後二〇一四年から客員教授として着任する話が持ち上がり、同大学の現代社会学部に所属することとなった。七〇歳を超えてからの教授職なので、「よく頑張るな」という声と「つらいのではないか」という声が相半ばしたが、健康面からすると、中・高年病は抱えてはいるが声を張り上げての授業に全く問題がなかったので、教壇に立つことにしたのである。

それとまだいろいろな課題に関して、研究をして書物を出版したい気持ちは強かったので、研究室や図書館などの施設を使用できるメリットは大きかった。現に七〇歳を超えても年に数冊の書物を出版したのである。もとより粗製濫造の批判はあったし、研究といっても最尖端の学問的な論文を書くことは不可能なことであった。本書のような自伝を書くことも一つの仕事であった。

京都女子大学は旧制の時代に京都女子専門学校として、女子高等教育の一翼を担っていて、歴史の古い伝統のある学校である。設立者は西本願寺系の仏教であり、宗教として仏教系の大学ということになる。同志社大学というキリスト教系の学校から仏教系の学校に移るという大転換でもあるし、もう一つは共学校から女子校に移るという大転換でもあった。二つの点でまったく種類の違う学校に移ったと言ってよい。

宗教に関してほぼ無神論者に近い私からすると、キリスト教も仏教も第三者の視点から観察できたが、女子大学ということの方が大きな変革を感じた。もともと高校は男子校、大学は共学校といえども女子学生はゼロ、大学院も女子学生の数はごく少数という中で育ったし、教職に就いた後も共学校ながら女子学生は少数に過ぎなかったので、男子の中にいたと言っても過言ではなかった。

大学と学生の特徴としては仏教系らしく、どちらかといえば派手さはなく地味な感じが強くて、落ち着きがある雰囲気に満ちている。学生も真面目な性格の持ち主で勉学態度も熱心である、驚いたことに旧制の京都女専を出た母親の娘さんが学んでいることが多く、母は自分の子供を母校に送りたい気持ちがあるのだ、と知りえた。

いざ着任してみると周りどこを見ても女子、女子、女子という世界に入ったことになる。男性は少数の教員と事務職にいるだけで、「女の園」に飛び込んだと言っても誇張ではない。友人の中には若い女性と一緒におれるのでウラヤマシー、という声もあったが、枯れた境地にいる男性教師が目立つことはなく、淡々とした気持ちで教員生活と執筆生活を送ることとなった。

むしろ女子大に在籍している特権を生かした、女性の高等教育、女性の労働、そして女性の生き方といったことを研究テーマとして選択して、そのための生きた資料と生の声を集めることに努めようと決めた。その道はまだ半ばであるが、過去に『女女格差』や『女性と学歴』という本を出版しているので、今度は生の声と生の生き方を軸にして女性の本か論文を書きたいと思っている。

今まで知りえた範囲内での見聞を披露すると次のようなことが分かっている。第一に、女子大学を第一志望にして入学した女性は少数派であり、むしろ共学大学を希望したがそれを果たせずに入学した人がかなりいる。第二に、女子大学がこれまで教育してきた専攻科目は、文学、社会学、音楽、家政学（現代では生活科学と呼ばれることが多い）などが主流だったので、女子大学はそれに応じてきた歴史がある。すなわち社会科学や理工系の学科目は女子大学では教育してこなかった分野である。京都女子大学はその盲点を補うべく、女子大にしては珍しい法学部を新設して法学教育を行っている。しかし主流はまだ旧来の女性向けの専門科目で占められている。第三に、一所懸命働く予定の女子学生と、近い将来は専業主婦になる予定かあるいはなってもよいと思っている女子学生の双方がおり、迷い悩んでいるのが実態である。そしてごく少数ではあるが結婚する気のない女子学生がいることも事実である。

これらの中間的な見聞をもっと発展させて、女子教育、女子労働、女性の生き方等をテーマとして、研究を進めていきたいと思っている。これらの課題を探求すると、一つの究極の目的は日本において女子大学は必要か、ということになる。一九七〇～八〇年代のアメリカにおいて女子大学の存在意義が議論され、女子大学が男子学生を入学させて共学校になったり、男子大学と合併するとか提携するといったことが見られた。日本でもここ十数年間にアメリカほどではないがこの動きが多少見られた。これらの話題をも含めて考えている。

京都女子大学在籍中に、小樽商大に次いで二度目の学長就任の話が私に舞い込んできた。まったく個人的には知り合いのいない下関市立大学から学長候補にならないか、という誘いであった。さほど乗り気ではなかったが、誘いの熱心さにほだされて応じた。教員と幹部事務職による予備選挙ではかなりの得票数でトップ当選を果たした。しかしその後の少数者による選考会議では、別の人が選択されて、私の学長就任はならなかった。

選挙結果の無視の是非、選考会議における選考過程の不透明さ、などが指摘されたが、私は淡々と受け止めて、抗議などいかなる行動も起こさなかった。学長などになると、執筆活動をあきらめねばならず、神の声として学長になるなというお告げがあったと解している。さらに下関市立大学の関係者には失礼なことであるが、下関まで行って絶対に学長になりたいという希望がなかったこともある。

それにしても二度の学長選での落選である。管理職に不向きという私の性格による結果と判断している。「二度あることは三度ある」と言われるが、学長候補については二度で終わりと思っている。

第九章　どのような内容の研究を行ったか

1　共同研究の多さ

経済学の研究を大学院時代からするとほぼ四十数年にわたって行ってきた。どのような内容の研究を行い、それをどこで発表してきたのかをここでまとめておきたい。英語の単著を四冊、共著を二冊、編著を六冊、共編著を六冊、と合計一八冊出版した。日本語にあっては単著を四〇冊、共著を一八冊、編著と共編著を三〇冊前後と、合計九〇冊近くを出版した。英語の論文は約八〇編、フランス語の論文は二編、日本語の論文は約九〇編を出版した。これら著書、論文の全部を紹介することは不可能だし、その意味もまったくないので、ここでは代表的な著作を取り上げて紹介したい。

あらためて私の研究成果を概観して気の付くことは、かなり幅広い課題に取り組んできたと言えることだ。すなわち、かなりの数に達する複数の研究テーマに挑戦しているのである。そして単独研究と共同研究という区別からすると、共同研究の方が単独研究よりもやや多い、ということがもう一つの特色となっている。最近の欧米における近代経済学の尖端研究にあっては、共同研究が主流なので私の場合でも異様なことではないが、日本の研究者の中にあっては共同研究の数が多い方に属するので、やや異色である。

研究者の研究方法に関しては、次の二つの基準がある。第一の基準は、研究テーマを絞るか、それとも幅広いテーマに取り組むか、である。前者であれば、たとえば生涯をかけて一つの研究テーマにじっくり奥深く取り組む方法があり、伝統的に日本の研究者はこれを好んできた。後者のように複数のテーマに取り組めば、一つひとつの研究テーマを奥深く追究できない可能性がある。

第二の基準は、研究を単独で行うか、それとも共同で行うか、である。前者であれば、自分の好きな方法で勝手に研究できるが、独善的になることがありうる。後者であれば、共同研究なので時には人間関係が悪化しかねないこともありうるが、アイディアを提供し合えるメリットによって、一人だけの研究では思いもよらない発想が、共同研究者から提案されることがある。

私は第一の基準では後者を選択したので、研究の奥の深さを少し犠牲にしたと言えるかもしれない。あるいは好奇心が強いので、様々なテーマに関心を持ったこともある。私の研究業績は野球にたとえればホームランの数が少なく、単打か二塁打が多いと自己判断しているので、この選択がそうした特色の理由かもしれない。第二の基準では後者を選択したので、独善的になることを排除できたし、いろいろな人の持つ多様な発想を研究に生かしたいという気持ちが強かった。さらに私の性格は、どちらかと言えば自分を前に押し出さないで、協調性を好むタイプだったことも共同研究をする上で幸いしたと思っている。

私の研究実績の紹介に際しては、研究テーマをいくつかのグループ別に区分して、グループごとに記述する。したがって、若い頃から年齢を重ねるごとに順を追って年代別に研究を記すのではなく、一つのグループ内の研究実績には若い頃の研究と、年をとってからの研究の両方が入っている。もう一つの留意点は、いくつかの章において外国にいた時の研究や役所での研究テーマとして既に述べているので、それらはサラッと触れることだけにして、本章での研究紹介はアメリカやフランスの大学と研究所、日本での阪大、京大、同志社大、京都女子大という大学に在籍した時のものが中心である。

2　労働問題

賃金決定と賃金格差

研究者としての最初の研究テーマは、ジョンズ・ホプキンス大学院でのPh.D.論文における賃金問題である。日本の賃金格差を説明する要因として何が重要であるかを探求したものである。推計の手法としては統計学における「分散分析法」を用いて、厳密に賃金格差を数量的に解明した。最も大きな影響力のある要因から順序を付けると、(1)性、(2)年齢、(3)勤続年数、(4)企業規模、(5)教育、(6)職業、であった。他にも賃金格差を説明する要因には、たとえば(7)就業形態（フルタイムかパートタイムか）、(8)役職、(9)労働組合員かどうか、(10)産業、などがあるが、

Ph.D. 論文の際に用いた統計資料は労働省の『賃金構造基本調査』だったので、前者の六つの変数しか利用可能でなかったのである。

男女差が最も大きい賃金格差の要因であると発見したことは、私にとって大きなショックであった。賃金の専門家にとっては既に知られていたことだったかもしれないが、新人の研究者としては予想外の発見であった。しかも私の研究の特色は、他の要因、たとえば年齢、勤続年数、教育、企業規模などをコントロール、あるいはその影響を除去した後であっても、賃金格差の要因では男女差が最も大きいということなので、女性差別がそれを説明する意味となり、改めてショックであった。その後私が女性問題にコミットする契機となる処女作だったのである。

年齢や勤続年数が重要な要因であると分かったことは、日本の労働市場が終身雇用制（より正確には長期雇用制）と年功序列制が特色であると認識されていたので、別に驚くべきことではなかった。企業規模間格差がそれなりに大きいという発見も、二重構造の知識があったので同様であった。

教育（すなわち学歴差）の効果が小さいということは、私にとっては意外な発見であった。日本人の多くは日本は学歴社会と信じていたところに、学歴による賃金差が小さいと分かると、なぜそう信じていたかということを探求する必要があると感じた。現代においても、日本の学歴間の賃金格差は他国よりもかなり小さいことが分かっている。後になって教育の効果を詳しく研究することになるが、Ph.D. 論文における研究成果が出発点だったのである。

職業（すなわちホワイトカラー職かブルーカラー職かの違い）による賃金差が非常に小さいことが分

かったことも、日本での常識を再確認するものであった。同じ企業で働いていてもホワイトカラーとブルーカラーの間に大きな賃金差のないことはよく知られていた。これは日本における平等意識の発露であると解釈した。しかも賃金が年功序列で決定される事実も、すべての人が年をとることから、日本における平等主義から解釈することができたのである。

賃金決定の要因として、(7)から(10)の変数を考慮しなかったことの後ろめたさをPh.D. 論文は私に残した。しかも男女賃金差が非常に大きいこと、教育（学歴差）の効果の意外に小さいこと、平等主義をどう評価すればよいか、などの新しい課題をPh.D. 論文は改めて私に提供したのである。後になってこれらの課題に本格的に取り組むこととなるので、Ph.D. 論文は私の研究生活のスタートラインの位置にいた、と解釈できるのである。博士論文は研究者になるための一里塚にすぎない、という格言を身をもって体験したことになる。

ではどのような研究を後になって行ったのか、具体的に簡単に述べておこう。第一に、企業における地位、すなわち役職の効果については、連合の総合生活開発研究所での研究で紹介したので、ここではその発表先だけを述べておこう。すなわち、『昇進の経済学』（東洋経済新報社、一九九五年）、『昇進のしくみ』（東洋経済新報社、一九九七年）、『*Who Runs Japanese Business ?*』（Edward Elgar Press, 1998）で行っている。管理職や経営者の地位にある人はかなり高い報酬を得ていることが明らかになった。

第二に、労働組合の効果についても連合の研究所での研究で紹介したので、公表先だけを述べておこう。『労働組合の経済学』（東洋経済新報社、一九九三年）、『*The Economic Effects of Trade Unions in Japan*』（Macmillan Press, 2000）である。後者の英文書は野田知彦との共著である。企業組合主義の特色、すなわち労働組合は企業の生産性を高める効果のあることが確認され、さらに労働組合員であることで賃金が少し高くなる効果の存在することを確認したのである。

第三に、企業規模の効果については、後になって「賃金構造基本調査」の個票データを使用する機会があったので、計量的に詳しく研究することが可能となった。すなわち他の要因を除去したところの純粋な企業規模の効果を推計することによって、日本では想像以上に大企業は中小企業よりも高い賃金を払っていたことが分かった。そしてそれを可能にしたのは、大企業による高い市場支配力による高い利潤率と、大企業に優秀な労働者の多いことが説明要因となっていることを示した。これらの成果と、他の賃金に関する研究は『*Wage Determination and Distribution in Japan*』（Oxford University Press, 1996）で出版された。

第四に、教育（学歴差）の効果については、後に格差の研究を紹介する時に詳しく論じることにする。就業形態の差（すなわちフルタイム労働の正規労働者とパートタイム労働・派遣社員などの非正規労働者）についても、同じところで論じる。実は年功序列制といったことも平等主義と関連しているので、再び格差の所で議論する。

最低賃金

賃金決定の話題に関して、私は最低賃金制度に格別の思い入れがあるので、ここで論じておこう。最低賃金とは法律によって制定されている制度で、企業は労働者に一定額以上（すなわち最低賃金）の賃金を支給する必要がある、というものである。労働者の最低生活を保障する額が賃金として支払われるべきだという発想による。

日本の最低賃金は橘木俊詔著『働くための社会制度』（東京大学出版会、二〇一二年、高畑雄嗣と共著）で示されるように、OECD（経済協力開発機構）諸国中で最も低い額のグループに属しているし、日本の生活保護支給額よりも低い県がある。しかも数多くの実験が示すように、最低賃金額で働く労働者が一カ月間フルタイムで働いても、生活ができない月収しか得られないことが分かっている。すなわち、日本の最低賃金は低すぎて、食べていけないのである。

このことを憂えて、私は最低賃金のアップを長年にわたって主張してきたが、民主党政権時代にある程度は上げられるようになったものの、まだ生活できる水準にまで上げられていない。まだ不十分な最低賃金額なのである。なぜかと言えば、日本では最低賃金を上げれば企業経営が苦しくなって倒産に追い込まれかねないし、雇用の削減につながることによって失業率を上げるので、企業倒産が増加したり失業者が増えていいのかという反対論が強く、過去の最低賃金審議会はこのことを容認してきたのであった。この反対論は主として経営者側から提出されていることは言うまでもない。

はたして最低賃金のアップは雇用の削減を起こすのであろうか。橘木俊詔著『日本の貧困研究』（東京大学出版会、二〇〇六年、浦川邦夫と共著）では雇用の削減につながらないという研究成果を基に、それを主張している。経済学の研究は、つながるというものとつながらないという研究の混在である。外国に目を転じれば、アメリカにおいてD・カードとA・クルーガーが有名な研究を提出して、むしろ雇用を増加することもある、と主張して論争を巻き起こした。欧米では学界、政界、マスコミ界において大きな論戦が闘わされたことがあった。日本においても大きな問題なので、最低賃金に関しては論争の期待できる分野である。

私は最低賃金の問題に関して、新しい論点を前掲書(橘木・高畑著)で提案している。それを簡単にまとめれば、最低賃金を低く抑えたいと願う企業は非効率性が高い(すなわち生産性が低い)可能性が高いのであるから、それらの企業は市場から退場してもらって、効率性の高い企業に新しく参入してもらった方がよいのではないか、というものである。換言すれば、非効率性の高い企業を倒産させないような保護策(すなわち最低賃金を低く抑える策)を採用せずに、企業の退出・参入をもっと促す政策が望ましいのではないか、というものである。

この案を心に温めていた私であるが、公表は控えていた。なぜならば、私の主張は企業の退出・参入を促すので、市場原理主義者と判断されかねない危惧があったからである。後に示すように私は格差問題の論争に巻き込まれたが、その時は市場原理主義を批判する立場にいたので、矛盾する主張と思われかねないのである。

これは杞憂に終わったのである。経済学史と社会福祉の思想史を勉強した時に、ナショナル・ミニマム論を展開したフェビアン社会主義(イギリス労働党の前身)のウェッブ夫妻の経済思想史に接した。これについては橘木俊詔著『安心の社会保障改革——福祉思想史と経済学で考える』(東洋経済新報社、二〇一〇年)、同じく『課題解明の経済学史』(朝日新聞出版、二〇一二年)に詳しく論じられている。

ウェッブ夫妻は最低賃金のアップのためには、効率性の低い企業の退出はやむをえず、効率性の高い新しい企業の参入に期待すべき、という主張をしていたことを発見したのである。なんと私が頭の中だけで抱いていた説が約一五〇年前に主張されているではないか。私自身は社会主義者ではないが、現代では社会主義思想に忠実な人にあっては企業倒産を認めず、むしろ保護すべきと主張するだろうが、一昔前の社会主義者はそうではなかったのである。

さらに、スウェーデンやデンマークなどの北欧諸国にあっては、非効率性の高い企業の退出を認め、かつ効率性の高い企業の新規参入を促す政策を実施していることを知ったのであった。これは産業構造の変化をも含むものである。効率性の高い企業が増加すれば、最低賃金のアップをもたらすのみならず、雇用数の増加が期待できるし、結局は経済活力の強化につながるメリットがある、と北欧諸国は判断しているのである。そのためには企業を移動することに人々のためらいはないし、政府は企業を移動する人への職業訓練を積極的に支援しているのである。

フェビアン社会主義の思想、そして北欧諸国での経験から、私の自説は公表に値すると判断して、前掲書を出版したのである。今後の日本でもこの思想が大いに議論されてよい、と願うものである。

雇用と失業

労働経済学における重要な分野として、雇用と失業の問題がある。マクロ経済学を確立させたケインズ経済学も、失業（あるいは不況）の発生する原因を探求し、かつ不況を克服するにはどういう経済政策があるかを論じたのであり、雇用・失業問題はマクロ経済学における重要な論点の一つである。一方で労働市場という視点から、雇用・失業をミクロ経済として分析する分野もある。日本の労働市場に関して言えば、終身雇用制と年功序列制をどう解釈すればよいか、が論点であった。

終身雇用（あるいは長期雇用）に関しては、M. Aoki 編『*The Economic Analysis of the Japanese Firm*』の中で、私は日本では人々が信じていたり、あるいは認識するほど一つの企業で勤め上げる人の比率は高くないということを明らかにしたことを既に述べた。すなわち認識している以上に転職する人の数がはるかに多いのが、日本の労働者なのである。

では人々の認識と実態との乖離をどう解釈すればよいのであろうか。それに関しては次のような解釈をした。すなわち、できれば企業側も労働者側も長期間にわたって一つの企業で勤続することが様々なメリットがあるので望ましいと考えているが、企業倒産や企業経営の困難が発生するのは避けられず、解雇や一時帰休による転職が見られるのである。一方で労働者側にあっても、労働条件の良い企業に意図的に移ったり、あるいは不本意であっても非意図的に転職する場合も見られる。すなわち、企業側と労働者側の理想は長期雇用にコミットすべきであるが、現実にはそれを実践するのは困難なことである、というのがここでの解釈である。簡単に言えば、認識と実態との乖離は、理想と現実との乖離であると解釈すればよいのである。

問題は、理想と考える長期雇用や年功序列に固執しようとして、これらにコミットできる労働者が必要以上に優遇されており、逆にそうでない人が不利を蒙るような制度になっていることにある。たとえば、転職すれば賃金の大幅ダウンを受けざるをえないとか、不利になる企業年金制度、医療保険や雇用保険における短期雇用者の不利な扱い、などが指摘できる。これらの不利が目立つ現代になっているにもかかわらず、労働市場は今後もますます転職する人が増加するであろうから、長期雇用者と短期雇用者をできるだけ平等に扱うような社会保険制度の改革が必要である。

次の関心は、では想像以上に多く見られる転職行動の実態を知りたい、ということになる。具体的には、誰が長期雇用にコミットし、誰が転職ないし短期雇用にコミットするのか、ということの分析が必要となる。それに関しては、T. Tachibanaki 著『*Capital and Labour in Japan : The Functions of Two Factor Markets*』（Routledge, 2000, A. Taki と共著）で行った。どういう分析を行ったかと言えば、人の労働に関する状態を、(1)労働、(2)失業、(3)非労働、の三つに区分して、この状態間を移動する確率（遷移確率と呼ぶ）を推計する作業である。

この推計方法はフロー分析手法とも呼ばれ、確率過程論という統計学の一分野として長い歴史のある分析手法である。統計手法はかなり複雑なのでここではそれを述べないが、三つの状態間を移動する確率を推計する結果によって、いろいろなことが分かるのである。たとえば、duration dependence と呼ばれるように、一つの状態を長く続ける人（たとえば労働でよい）ほど企業を移ったり、失業者になったり、非労働力になったりする確率が低くなっているかを検証できるのである。この研究で分かったことを二、三述べておこう。(1)大企業に勤める高学歴者のホワイトカラー男性が最も移動しない、(2)男性よりも女性の方が、状態間を移動する確率が高い、(3)多くの労働者において duration dependence の成立する場合が多い、などである。直感に合うことなので驚きのない発見かもしれないが、厳密な統計手法を用いて分かったことに価値がある、と述べておこう。

一つ欧米の経済学者に注目を浴びた研究を述べておこう。それは "Labour Market Flexibility in Japan in Comparison with Europe and the U. S." で、*European Economic Review*, 1987 で公刊された論文である。ベルギーのナムールという小さな町での国際会議で発表されたもので、日本の労働市場の特色を欧米との比較で示したものである。

日本の労働者は想像以上に転職することを了解した上で、まだ欧米諸国と比較すれば失業率がかなり低いことの理由を、日本の労働市場の伸縮性、機動性に求めた論文である。具体的には、どこの国の企業においても景気変動の波を蒙ること、すなわち売上高や生産量の変動は避けられないが、日本企業はそれが発生した時は、雇用の変動に頼らず、労働時間の変動とボーナス支給額の変動で対処して、労働者の削減をできるだけ避ける方策をとるのである。もっとも新規採用者の数を減少することも同時に行うことが多いが、これは新規学卒生の就職困難をもたらすので、デメリットとなりうる方策である。

売上高や生産量の変動に際して、時間外労働時間の変動をうまくしたり、ボーナス支給額を変動させれば、企業は労働者数の変動を実行せずに対処できるのである。欧米の経済学者からは、これらの方策は失業者の数を増加させないことにつながるので、メリットが大きいと判断されて、私の論文は高く評価されたのである。当時の日本はオイル・ショック後の世界経済の不況から逸早く立ち直った時期なので、日本経済への関心はまだ高く、スタグフレーション（インフレと失業の並存）に悩んでいた欧米諸国の人にとって興味となる話題なのであった。特にボーナス制度のメリットはかなり大きいと主張したことが、ハーバード大学のワインツマン教授の知るところとなり、後に彼が「profit sharing」を主張する根拠の一つともなったと本人から聞いてうれしく思った。

以上のことは日本の公表失業率が実態よりも低く抑えられているのを説明することを可能にする、日本の労働市場のポジティヴな側面であるが、ネガティヴな側面でもある。それは公表失業率と潜在失業率の乖離である。それに関しては次の三つの論文で公表した。第一は、"Labour Supply and Unemployment in Japan," *European Economic Review*, 1991、第二は、"Estimation of Mis-match and U-V Analysis in Japan," *Japan and World Economy*, 1992（ともにK. Sakuraiと共著）、第三は"Structural Issues in the Japanese Labor Market : An Era of Variety, Equity, and Efficiency or an Era of Bipolarization," *Bank of Japan Monetary and Economic Studies*, 2011（H. Fujiki, S. Nakadaと共著）、である。

これらの論文の主張は次の二つにまとめられる。第一は、景気が悪いと求職者はたとえ求職活動を行っても仕事を見つけることのできる可能性が低いと予想して、求職活動を諦めて非労働力化してしまう。しかし景気が良くなった時は再び働き始めようとするのである。こういう人に関しては、経済の専門家は求職意欲喪失者と称しているし、潜在失業者とも呼ばれる。一方で統計作成者は、統計上はこれらの人を失業者として計上しない。どういう人に潜在失業者が多いかといえば、既婚女性や高齢者、そして若者も含まれる。どうしても働いて稼がねばならない人ではなく、たとえ働かない時があっても何とか生活できる人々の間に、潜在失業者が多いのである。潜在失業者が誰であって、どの程度の数がいるかを推計したのが、ここで挙げた研究論文である。潜在失業者の数は公表失業率の倍近くに達している、ということを明らかにしたのである。

第二の主張は、労働需要と労働供給のミスマッチがどの国でも存在するが、日本でその程度は深刻か、ということを論じた。ミスマッチとは、たとえば企業はＩＴ技術者を雇用したいのに、働きたい人がＩＴに関する技能を保有していない時にミスマッチが発生する。もう一つの例は介護労働への求人は多いのに求職者の少ないことで分かる。労働市場に失業者と雇用の空席が同時に存在するのがミスマッチであり、それは性、年齢、職業、学歴、賃金、技能、地域など様々な特性をめぐって存在するのである。ケインズ経済学は財政や金融といった有効需要政策によって失業問題を克服できるとしたが、労働市場にミスマッチが存在する限りにおいては、有効需要政策だけでは不充分で、職業紹介の徹底、職業訓練を施す、地域間労働移動や企業の地方への移転、といった政策が同時に必要であることを示唆しているのである。

ここで様々な問題を雇用と失業に関して論じてきたが、これらをひとまとめにして書物を出版した。それは『失業克服の経済学』（岩波書店、二〇〇二年）である。この本については失望が残った。日本の失業率が高くなりつつある時代だったので、失業をどう理解し、かつどういう政策を用いれば失業率を下げられるのか、学界や経済界の関心は高いだろうと予想されたが、売上数ではそれほど伸びなかった書物であった。著者の期待に反して本は売れない、という事態がよく起こることをこの書物で体験したのであった。

逆に、予想に反して出版した本がかなり売れたケースが、労働経済学に関して一つあった。それは教科書の『労働経済学入門』（有斐閣、二〇〇四年、太田聰一と共著）である。私自身は翻訳書や教科書の出版には乗り気ではなかったが、この教科書は例外である。幸いなことに多くの大学で教科書として採用され、データを新しくしたり学説に関する最新の発展をも取り入れて、改訂版を二〇一一年に出版した。なお太田は京大における私の教え子であるし、既に述べたように同志社・慶應のインゼミにおける慶應側のゼミナールの担当教員である。

労働組合の経済学、昇進の経済学

この二つのテーマについては、連合の総合生活開発研究所のプロジェクトとして紹介したので、ここでは再述を避ける。ただし私の労働経済学の中では重要なテーマなので、ここで一言だけ再述した次第である。昇進に関しては、賞を受賞した本があるので特記しておこう。賞の名前は、労働経済学の優良書に贈られる「沖永賞」で、与えられたのは橘木俊詔編『査定・昇進・賃金決定』（有斐閣、一九九二年）である。この分野における将来有望な理論家、実証家を集めて、日本企業における昇進のインセンティヴ、そして見返りとしての報酬がどのように決定しているか、を研究した書物である。

3　金融問題

金融業の研究

金融問題は私にとっては主たる専攻科目ではなかったが、半分は外部からの要請によって金融問題を研究することとなった。既に述べたように、役所の研究所から客員主任研究官や特別研究官として招聘されて、金融問題のプロジェクト・リーダーを委嘱されたからである。したがって研究書の編集者として出版することによる役割で任務を果たした。現に四冊の論文集を公刊した。『金融機能の経済分析』（東洋経済新報社、一九九一年、松浦克己と共編）、『生命保険の経済分析』（日本評論社、一九九三年、中馬宏之と共編）、『日本の金融——市場と組織』（日本評論社、一九九四年、松浦克己と共編）、『日本の資本市場』（日本評論社、一九九六年、筒井義郎と共編）である。それぞれの編著の中に、当然のことながら私の論文が一つか二つ挿入されている。

貯　蓄

直接の金融問題ではないが、貯蓄は金融機関に預けられて、その資金は貸付金、株式購入などの金融商品となるので金融とは無縁ではない。貯蓄に関する研究をここに入れておこう。特にここでの研究は日本の経済学者にとって名誉とみなされている「日経図書文化賞」を受賞したので、紹介しておこう。橘木俊詔・下野恵子著『個人貯蓄とライフサイクル——生涯収支の実証分析』（日本経済新聞社、一九九四年）が受賞作である。下野は私とは直接の師弟関係にはないが、たまたま彼女が京大経済研究所に出入りしていたので、共同研究に取り組んだ成果である。

人はなぜ貯蓄するのか、という問いに対して、経済学には様々な定理、命題があるが、その中で有力なものとして「ライフサイクル貯蓄仮説」というものがある。日本の高貯蓄率を説明するのに、「遺産を考慮したライフサイクル貯蓄仮説」が妥当する、ということを計量経済学的に検証した書物である。さらに、ライフサイクル仮説は公的年金との代替、生命保険制度との関係、高齢者の就業、などの影響を受ける。公的年金が完璧に機能しておれば人は引退後の貯蓄をする必要がないし、生命保険が広く流布しておれば遺産を残す必要がないとか、高齢者の就業は高齢者の所得と貯蓄を高める効果があるからである。これら三つの要因を本書では詳しく検討したのである。

なおついでながら、下野との共同研究は英語にして、二つの学術論文を発表した。第一は、"Savings and Life-Cycle : A Cohort Analysis," *Journal of Public Economics*, 1986 である。この論文は世界の最高学術誌の一つである *American Economic Review* の審査で採択寸前までいったが、最後に不合格となった残念な論文である。欧米の人々に関心があまりなく、なかなか日本経済の実証研究の成果が欧米の一流学術誌に載せられない事情があるのであった。第二は、"Lifetime Income and Public Pension with a Two-Period Analysis," *Journal of Public Economics*, 1985 である。公共経済学の分野における権威誌である学術誌に二つの論文を出版できたことは幸いであった。

4　格差問題

一九九八年に『日本の経済格差――所得と資産から考える』（岩波新書）を出版した。日本で貧富の格差が拡大しているということを明らかにした啓蒙書であったが、世間の注目を浴びた。「エコノミスト賞」を受賞したことも注目を浴びたもう一つの理由であったが、受賞の前に既に論戦の的になった書物であった。格差論争がヒートアップするにつれて私の見解を再度提出せねばならなくなり、二〇〇六年に『格差社会――何が問題なのか』（岩波新書）を出版した。これら二冊は新書という啓蒙書なので、格差論争の顛末を含めて後に紹介したい。

貧富の格差

貧富の格差拡大を啓蒙書で出版する前に、学術論文としてこの話題に関していくつかの成果を発表していた。たとえば、(1) "Education, Occupation, Hierarchy and Earnings," *Economics of Education Review*, 1988、(2) "The Determination of the Promotion Process in Organizations and the Earnings Differentials," *Journal of Economic Behavior and Organization*, 1988、(3) "Earnings Distribution and Inequality over Time : Education vs. Relative Position and Cohort," *International Economic Review* (N. Atodaと共著、1991)、(4) "Distribution of Economic Well-being in Japan : Towards A More Unequal Society," in P. Gottschalk, B. Gustafsson and E. Palmer eds., *Changing Patterns in the Distribution of Economic Welfare,*

Cambridge University Press（T. Yagi と共著、1997）、などである。

英語のみならず、日本語でも次のような学術論文を発表していた。⑴「租税・社会保障政策の再分配効果と水平的平等」『季刊現代経済』（跡田直澄と共著、一九八四年）、⑵「所得源泉別にみた所得分配の不平等」『季刊社会保障研究』（跡田直澄と共著、一九八五年）、⑶「資産価格変動と資産分布の不平等」『日本経済研究』（一九八九年）、⑷「所得分配の現状と最近の推移」石川経夫編『日本の所得と富の分配』（東京大学出版会、八木匡と共著、一九九四年）などである。

これら英文と日本文による学術論文の成果があったからこそ、日本が貧富の格差の拡大を経験している、と自信をもって世間に訴えることができたのである。日本は一億総中流社会と信じられていたが、それが徐々に消滅して貧富の格差が大きい社会に向かっている、という認識は学界にあってはほぼ一致した見解になりつつあった。既に紹介した親友・石川経夫も、『所得と富』（岩波書店、一九九一年）でそのことを認識していたのである。

一九九〇年代末から二一世紀初頭にかけて格差問題が世間で議論されるにつけ、専門家としてもこの論争に何らかの貢献をせねばならないと思うようになり、私が音頭を取って、四名の座談集を出版した。橘木俊詔編著『封印される不平等』（東洋経済新報社、二〇〇四年）である。この書物は、親の経済社会の状況が子供の教育達成と勉強意欲に大きな影響を与えていると主張した教育学者の刈谷剛彦、世の中には様々な分野で不平等が蔓延しつつあると主張したジャーナリストの齋藤貴男、親の職業が子供の職業に伝搬しつつあり、昔のように高い社会移動の状態から低くなりつつあると主張した社会学者の佐藤俊樹、それに私の四名で座談を行った。後半では私が不平等、格差の論点に関する解説を添付した。

この書物は、世の中では「勝ち組」と「負け組」の差が、教育、職業、所得などに関して顕著になっていることを多くの人が認識しながらも、人々はそれをあからさまに認めようとしない時代になっていることを論じた。そして「勝ち組」は自分の勝利は与えられた環境が恵まれていたことから発生したことに気付かず、自分の努力だけで得たと思い勝ちであるし、「負け組」は自分には運がなかっただけだと思う傾向が、日本人にはあると主張した。そして日本人には不平等や格差に触れたくない性向を持っているとした。日本における不平等、格差が持つ一つの特徴を新しい視点から明らかにした、という点で高い評価を得た。

日本国内で格差問題が大きな社会問題となっているだけではローカルな話題に過ぎないので、世界に日本の格差問題を発信する必要があると思い、英語で学術書を出版した。『*Confronting Income Inequality in Japan*』(MIT Press, 2009)がそれである。二〇年ほど前に出版した『日本の経済格差』をベースにしつつ、それに学術的な研究成果と論点を多く加え、かつその後に進展した事実と研究成果を新しく加えて、研究書に仕立てた。世界の多くの国で格差問題が深刻になっていたし、対象が日本という経済大国になった東洋の国であるという目新しさから、この英文書籍はそれなりに注目された。その証拠にペーパーバック版が後に出版されたのである。

最後に、ごく最近の動向について述べておこう。かなりの論議を呼んだ格差問題も二〇〇〇年代の後半になると、さほど取り上げられなくなった。一つの問題に社会の関心は長期間も続かないし、長期間続いた経済の不況や東日本大震災などに関心が移ったことは自然なことであった。しかし現実には、格差問題は深刻さを増していた。特に貧困問題が深刻になったし、教育の不平等がますます進行していたのである。そのことを世に訴えるため、二つの編著を公刊した。第一は、宇沢弘文・橘木俊詔・内山勝久編『格差社会を越えて』（東京大学出版会、二〇一二年）、第二は橘木編著『格差社会』（ミネルヴァ書房、二〇一二年）である。

ピケティ旋風

所得・資産格差といえば、多くの資本主義国において格差問題が深刻になりつつあったが、フランス人の経済学者であるトマ・ピケティが二〇一三年にフランス語版、二〇一四年に英語版で『21世紀の資本』を出版して、その格差の現状を明らかにして世界中の注目を浴びていた。英仏については二〇〇年以上のデータ、他の二〇カ国の資本主義国に関しても長期のデータを分析して、格差が拡大しつつある事実を世に問うたのである。

分析の手法としては、上位一％や一〇％の位置にいる高所得者や高資産保有者が、ますますその富裕度振りを増していることを統計で示して、資本主義国では内在的なメカニズムとして格差拡大が避けられないと、ハロッド＝ドーマー成長理論を柱にして理論をつくり、それを統計データで確認した画期的な研究業績であった。多くの国の人々が格差拡大を実感しているところに、理論と実証でそのことを見事に証明したので、世界中で賞賛されて一五〇万部を超すベストセラー書となったのである。

二〇一五年一月末にそのピケティが日本を数日間訪問して、講演会やインタビューに応じることがあった。日本で格差の問題に火を付けた私にもピケティとの対談をする機会があり、東京の日仏会館で彼の講演にコメントをして対談することになったのである。この対談の模様については述べないが、ピケティの来日は格差問題の再燃を引き起こすこととなった。しかし当時の安倍晋三内閣は格差の問題には関心がなく、むしろ景気回復と経済成長ということに主眼をおいていたので、ピケティ旋風には冷淡であった。

私自身としては格差問題の深刻さは、ピケティの言うように大富裕層が多くいることよりも、貧困層の多くいることの方が注目されるべきとの考え方を持っているので、彼との対談では議論のかみ合わないところがあった。さらに、日本は社会保障や福祉が充実していないので消費税率をもっと上げて、日本をヨーロッパ並みの福祉国家にするのが望ましいとピケティに投げかけたが、彼は賛成しなかった。消費税には高所得者有利、低所得者不利の逆進性があるので、累進所得税や累進資産税といった直接税中心の税制改革によって強い所得再分配政策を考えるのが先だとして、消費税率のアップに賛成しなかった。日本の福祉制度をほとんど知らないピケティなので、彼の返答には無理からぬところがあるが、日本の消費税に関して意見の一致はなかった。

これらの点を含めて、ピケティの貢献と日本での現状を踏まえて、格差問題に関して新しい書物、『21世紀日本の格差』（岩波書店、二〇一六年）を出版した。

貧困者のこと

貧富の格差が拡大するということは、中流階級が減少して貧困者と富裕者（あるいはお金持ち）の数が増加することを意味するので、貧困者と富裕者をそれぞれ詳細に調査する必要性を感じた。この両者を知ることによって、格差社会の実態がより明確になるのである。ここではまず貧困者のことを書いておこう。研究の成果としては『日本の貧困研究』(東京大学出版会、浦川邦夫と共著、二〇〇六年)と題して書物を発表した。浦川は京大で私の教え子であり、現在は九州大学准教授である。

この学術書はかなり水準の高い計量経済学の手法を用いた章がいくつかある書物なので読みやすくないし、定価も高いので、販売部数は少ないだろうと予想していた。ところが、である。出版社と著者の予想に反して、大部の研究書なのに五〇〇〇部も売れるという意外な結末となった。二つの理由があった。第一に、日本が格差社会に入ったかどうか論争の中にあったので、人々の貧困についての関心が高かった。第二に、論争の真中にいる橘木が著者の一人なので、この本で貧困についてどのようなことを書いているのか、興味があったのだろう。

本書の内容を簡単に紹介しておこう。まずは日本における貧困を古代から現代まで簡潔に概観し、さらに他の先進国、すなわちアメリカ、イギリス、北欧諸国と国際比較して、日本の貧困の特色を浮き彫りにした。そして日本の貧困が貧困率一五%の高さに達している深刻さの実態を、厚生労働省の「所得再分配調査」の個票を利用して、統計的にかなり厳格に分析して実態を明らかにした。高齢単身者、母子家庭、一部の若者という三つのグループが、日本の貧困の代表者であることを示した。貧困者の生活を救う制度として生活保護制度があるが、この恩恵を受けている人の数は生活保護支給を受けてよい低所得で苦しむ有資格者のほぼ二〇%未満にすぎないことが分かり、衝撃を受けた発見であった。

貧困を撲滅する政策として存在するいくつかについて、その効果を具体的に検証した。社会保険制度、たとえば雇用保険制度、公的年金制度や医療保険制度の充実がきわめて有益であると分かり、もしこれらの制度がうまく機能しておれば、生活保護制度に頼らなくてすむと主張した。さらに最低賃金額のアップ策も効果が大きいことが分かった。他にも日本人の平等観がどこにあるのかを、自分達で行ったアンケート調査を用いて具体的に検証したし、ベーシック・インカムを日本流に適用する案などを主張して、貧困者の削減案を提案したのである。

貧困に関してはここ一〇年以上にわたって、新聞、週刊誌、学界誌などにかなり多くの論説を公刊していた。それらをまとめて一冊の書物にまとめて公表しないかという提案があり、それに応じたのである。橘木著『貧困大国ニッポンの課題』（人文書院、二〇一六年）である。

お金持ちのこと

貧困者の対極は富裕者（すなわちお金持ち）なので、お金持ちに焦点を合わせて研究を行った。これは森剛志と共同で行った。森は京大時代の教え子で、現在は甲南大学教授である。二冊の書物を出版した。すなわち、『日本のお金持ち研究』『新・日本のお金持ち研究』（ともに日本経済新聞社、二〇〇五年、二〇〇九年）である。

富裕層を詳しく調査するための資料として、国税庁の「高額納税者名簿」を利用した。この名簿には、住所、氏名などが記されているので、それらの人にアンケート調査を発送して、回答から得た情報に基づいて分析を行ったものである。「高額納税者名簿」には申告所得納税額が年額三〇〇〇万円以上の人が掲載されているので、所得税率から逆算すれば所得額がおよそ一億円以上の人である。年収一億円以上の人が、ここでのお金持ちである。アンケートの回答の際、インタビューに応じてよいと回答してくれた人にはインタビューを実施したのである。二度にわたるアンケートの集計結果を併用して二冊の本にまとめたのである。

いろいろ判明したことをここに簡単にまとめておこう。第一に、お金持ちの約三〇％強が自分で事業を起こして成功した創業経営者であり、次いで約一五％が開業医であった。日本のお金持ちは、事業に成功して、配当やキャピタル・ゲインが巨額となった創業経営者と、医業の繁栄した開業医で占められているのである。バブル期に多くいた大土地保有者は後退していたし、高度成長期には富裕者として大企業社長や重役という経営者が目立ったが、それらの人の影は薄くなっていた。

第二に、成功した創業経営者の多くは、製造業というよりは、パチンコ、消費者金融、人材派遣業、学習塾、飲食業、ＩＴ企業といったサービス業に従事する人が多かった。日本における製造業からサービス産業へという産業構造の変化を如実に物語っている。開業医にあっても、内科、外科といった伝統的な診療科ではなく、眼科、形成外科、美容整形外科といった周辺の分野に従事する医者であった。

第三に、富裕者の消費行動や資産選択行動はまちまちであるが、最高のお金持ちは意外に地味で目立たない行動をしているが、そこそこのお金持ちが派手な行動をしている。学歴に関しては、創業経営者には大学卒が多数派であったし、かつ有名大学出身者がかなりいたが、開業医には東大、慶應、京大、阪大という四大名門医学部出身者はいなかった。かなり多くのお金持ちが、自分は小学校の頃に学業成績は良い方であった、と述べていることが、新鮮な発見であった。

　第四に、他にもいくつかの興味ある事実が日本のお金持ちに関して得られたが、その細かいことは前掲書に譲ることにして、ここでは「高額納税者名簿」が数年前に公表されなくなったことの問題点を指摘しておこう。日本の富裕層が誰であるか、という研究がもうできなくなっているのである。経済的に成功した人は経済の活性化に貢献した人なので、経済の活性化にはどういう産業や商売をする人が貢献するのかが理解できるメリットは大きかった。やや誇張すれば、経済活性化のための政策を考えることができなくなっているのである。

5　教育格差

　教育学の専攻でない私が教育のことを研究するのには次の二つの理由がある。第一に、経済学、特に労働経済学の一分野に教育の経済学があり、学校教育や職業訓練が賃金や採用・昇進に与える効果については、人的資本理論やスクリーニング理論で示されるように、経済学的研究は定着している。第二に、格差問題に関心のある私にとっては、親の教育・職業・所得格差が子供の教育達成、あるいは教育格差にどういう影響があるかを探求することは自然なテーマなのである。

　第一の関心については、(1)労働問題において雇用、賃金、昇進などを分析した際、教育の効果を計測することは重要なテーマなので、かなりのことをそこでの記述で触れた。これに加えてさらに、(2)格差問題のところでも、教育の効果を論じた。それらの集大成として二つの書物を出版した。第一は、『学歴格差の経済学』（勁草書房、二〇〇九年、松浦司と共著）、第二は、『教育と格差――なぜ人はブランド校を目指すのか』（日本評論社、二〇〇九年、八木匡と共著）である。松浦は京大時代の教え子であり、八木は京大時代の私の助手であったし、同志社では同僚であった。これら二つの書物は文部科学省の科学研究費で得た資金を用いて大規模なアンケート調査を行って、それを用いて分析したものである。

これら二つの学術書で分かったことのうち、いくつか重要な点を簡単に要約しておこう。第一に、親の教育、職業、所得が高ければ（低ければ）子供が高い（低い）教育水準を得る確率の高いことが分かり、親子間でそれらのステータスが移転していると言える。子供が高い教育を受ければ、子供の職業・所得も高くなるのである。このことは日本では世代間において格差の連鎖現象が見られることを意味している。

第二に、大学のうち名門大学（入学偏差値で評価されている名門度）に進学するには名門高校に進学することが確実に有利となっているが、一部に名門高校出身者でなくとも名門大学に進学する人もいる。名門大学への進学は、(1)本人の生まれながらの能力、(2)本人の勉強などの努力度、(3)高校での教育の効率性、などに依存するが、これら三つの要因のうち、名門校出身者と非名門校出身者の間において、どの要因が最も作用するかを明らかにした。どの要因が重要であるかを順序付けすることは困難であるが、(2)の本人の努力が大切であることが判明した。ただし、これら三つの要因はお互いに相関関係にあることも無視できないことを強調しておこう。

第三に、子供が高い学歴、それは高い段階の教育水準と名門校という二つの次元を得るためには、学力資本の方が文化資本よりも重要である。ここで文化資本とは親や家庭状況が文化を重視する環境（たとえば家庭において音楽や美術を楽しむ雰囲気がある）を指す。むしろ子供の勉強を親が教えるとか、塾などの学校外教育を受ける機会がある、といった学力資本が子供の教育水準での成功確率を高める。

第四に、教育を受ける子供が、男の子か女の子による区別があるし、親の役割に関しても父親か母親かによってその効果が微妙に異なる。大胆に言えば、男の子は父親の意向に影響を受け、女の子は母親の意向に影響を受ける程度が高いが、例外も無視できない。たとえば母親が男の子の教育に異様な関心を示して、大きな影響を及ぼすということがある。一時「教育ママ」という言葉がよく使われた時代のあったことがこれを物語っている。

第五に、大学進学に際して、理科系学部に進むかそれとも文科系学部に進むかに関して、小学校時代に算数の好きであった人は、理科系学部に進学する人が多い。理系・文系の進路を決めるのは数学を好むか、そして数学の出来次第、ということが言えそうだ。さらに理科系学部の中でも医学部は特殊な位置にいて、非常に高い学力を要求される時代となっている。

第六に、小・中学生に関して府県別に学力差を計測すると、かなり格差のあることが分かる。よく知られていることは、秋田県、北陸三県などの学力が高い。しかしこれらの地方で初等・中等教育を受けた人は、多くが大都会の大学に進学して、卒業後もその地域に戻らないことが多い。その地域で良い就職先が少ないからであり、人材が地方から都会に流れていることを直視して、何らかの対策を講じる必要がある。その一つは、橘木俊詔・浦川邦夫著『日本の地域間格差』（日本評論社、二〇一二年）で示したように、企業を中央から地方に移して、地方にも就業の機会を確保する案である。この政策は言い古されてきたことなので新しい主張ではないが、要は実行力次第である。

6 教育の現場

大学の歴史と現在

教育問題の研究を行うと、どうしても個別の大学、高校への関心が高まる、たとえば名門校を念頭におけば、具体的にそれらの学校がどう歴史的に発展したか、なぜ名門校となりえたのか、そして現在はどのような教育を提供して、どういう人材を輩出しているかが興味となる。そこでいくつかの歴史の古い学校に注目してみた。できれば成果を出版したいと希望したので、どうしても名門校に限定せざるをえなかった。本来ならば非名門校、とりわけ問題を抱える学校も書いてみたかったが、取材の難しさと出版先を見つけることの困難さから諦めざるをえなかった。

出版順にどのような書物を書いたのか記しておこう。『早稲田と慶応――名門私大の栄光と影』（講談社現代新書、二〇〇八年）、『東京大学　エリート養成機関の盛衰』（岩波書店、二〇〇九年）、『灘校　なぜ「日本一」であり続けるのか』（光文社新書、二〇一〇年）、『京都三大学　京大・同志社・立命館

——東大・早慶への対抗』（岩波書店、二〇一一年）、『女性と学歴——女子高等教育の歩みと行方』（勁草書房、二〇一一年）、『三商大　東京・大阪・神戸——日本のビジネス教育の源流』（岩波書店、二〇一二年）、『宗教と学校』（河出書房新社、二〇一三年）、『学歴入門』（河出書房新社、二〇一三年）である。全部が単著である。

短期間でこれだけの数の本を書けたのは自分でも驚きである。教育界に一生涯在籍してきたので学校に思い入れのあることは確実で、一気呵成に書き上げることができた。特に学校の歴史と発展過程を追うことは興奮を呼び起こしたのであった。創設者・学校長・教師・学生・先輩・学校関係者が自分の学校を良くするために、どのような努力をしたかを知ることは感動的ですらあったし、教師の一人としても大変に参考となった。労働経済学が専攻だけに、学校がどのような教育を提供して、どういう人材を輩出してきたかを知ることは、専門的な知的好奇心を満たすこともできたのである。

ごく簡単にそれぞれの本の紹介をしておこう。まず『早稲田・慶応』の本は、日本で古い歴史を誇る両校が、官立大学優先の時代にあっていかに私立大学の特色を保ちながら、教育・研究に苦労しながらも、優れた人材の輩出に成功したかを明らかにした。戦後になって官立優先は後退したとはいえ、研究ということに関しては研究費の面や人材の用意（たとえば研究補助者など）の点で、まだ私学にハンディがある。しかし教育に関しては成功を収めており、入学してくる学生の質が向上したことも手伝って、早慶の人材輩出率は今や日本ではトップクラスの位置にあることを示した。

『東京大学』の本は、帝国大学の名が示すように有為な人材を輩出してきた、国家が主導した大学の典型であることを示している。官界、学界、経済界、司法、政治、医療、文学などの分野においてエリート、指導者を生んできた東大の歴史をたどった。しかし経済学部ではマルクス経済学が主流で、反権力の存在があったことも示した。戦後の新制大学になって東京大学が断トツのトップという姿は徐々になくなり、特に経済界を代表にして、そして他の分野でも他の大学出身者の目立つ時代になっている。これは大学間にとっても競争が重要であることを意味している。

『京都三大学　京大・同志社・立命館』の本は、京都の大学がいかに東京の大学を意識しながら発展を遂げたかを論じたのである。特に帝国大学として二番目の創立になる京都大学は、東大をライバル視して成長してきたし、分野によっては東大を追い越した分野もある。それは「ノーベル賞の京大」という代名詞で示されるように、物理、数学、化学、文学、歴史などの純粋学問において花が開いたのである。同志社はキリスト教の学校であることで独自の校風をつくったし、立命館は右翼路線や左翼路線と思想が揺れた歴史を持っているが、現在は私学の鏡とされるほどの、経営がうまくて拡張に成功した大学の一つになっていることを示した。

『女性と学歴』の本は、戦前において女子が高等教育を受けられなかったことを、良妻賢母論や家父長制社会という点から論じた。女子は普通は高等女学校、そしてせいぜい女子高等専門学校でしか学べなかったことを述べた上で、歴史に残る女子教育を行っていたいくつかの学校（東京女子高等師範学校〔現・お茶の水女子大学〕、津田塾大学、日本女子大学校など）の教育を論じた。戦後になると女子高等教育は栄えることになったが、短期大学の存在、女子大学の共学化、職業に役立つ教育の不十分さ、など様々な課題を抱えていることを論じた。

女子高等教育の本についてもう一言書いておこう。戦前は女子に大学進学の機会はほぼ閉ざされていたことを強調したかったし、女性が男性に伍してあるいはそれ以上のキャリアを積むことができるようにと、女子の大学教育の充実と発展を願って書いた本である。もっとも現代においては、女子の共学大学への進学希望が高まっているので、女子大学の生きる道には厳しいものがある。このことは京都女子大学に奉職したことによる実体験でもある。

『三商大』の本は、明治時代に商業教育が軽視されていたことを明らかにした上で、明治後期と大正時代に入って日本の資本主義の発展につれて、商業教育が盛んになるプロセスを論じた。その代表として、商法講習所、東京商業学校、東京高商、東京商大、一橋大という学校の歴史をたどった。いかに有能な経済人を輩出したかを論じた本である。商業教育は同時に大阪、神戸でも起こり、それら三つの大学は三商大と称されて名門振りを誇った。同時に三大高商と呼ばれるようになった、長崎、小樽、横浜についてもその歴史をたどった。本書の特色は諸外国におけるビジネス教育にも注目して、日本のそれとの比較を行ってその長所・短所を論じたものである。

『宗教と学校』という本は、日本人は宗教心の薄い国民でありながら、なぜ宗教系の学校が多くて人気が高いのかを論じたものである。そして、儒教、キリスト教、仏教、神道、そして新興宗教による学校の発展と苦悩を論じたものである。さらに、それらの学校が政府による弾圧にいかに耐えながら（特にキリスト教系の学校に関して）、今日の発展を迎えたかに注目した。

紅顔の美少年の 40 年後（灘高同期生）
最前列の左端が著者。ちなみに最前列の右から５人目が,「銀の匙」で有名な国語の橋本武先生。

灘高校

合計八冊の中で七冊は大学本であり、唯一の高校本がある。『宗教と学校』という本を除いて、大学本は私から出版社に提案したものであるが、高校本だけは出版社からの依頼に応じたものなので、むしろ八冊の中では異色である。

灘高校は大学進学率の高さ、特に名門大学や医学部への進学率を誇っているが、なぜそうなったかを歴史でたどると意外な理由を知ることができた。旧制の時代では阪神地区のトップ校は旧制神戸一中（現・兵庫県立神戸高校）であって、旧制灘中は一中の後塵を拝していた。しかし、戦後の学制改革で新制高校は小学区制となった。神戸一中の第三年次生は地元の新制高校に移らねばならなくなったのである。そこで新制灘高はその学年だけ五〇名の定員を増加して、神戸一中の優秀な生徒を受け入れるという英断をした。私立校なので学区制の縛りがないからできることであった。この学年（すなわち新制第四回生）の大学進学率が良好だったので灘の名声は上がったのである。一度名声が上がると、後に入学する新入生の質が高くなることは不思議なことではない。学校制度では学区制がきわめて重要な役割を演じるが、灘高校の例でそれを知ることができるのである。

他にも、中・高六年間の一貫教育、学業の進行が非常に速い（たとえば灘中生は三年間のうちに高一と高二のかなりの科目を履習する）、担任の先生が六年間の持ちあがり、などの教育方法も手伝って、灘高校は格別に高い大学進学率を誇るようになったのである。私は超名門大学に進学できなかった灘高校の落ちこぼれを自他ともに認めていたので、出版社から灘高校のことを書けと依頼された時は驚くとともにかなりためらったが、当時ここで紹介したように学校の本を数多く書いていたので、落ちこぼれによって書かれた学校本も新鮮かもしれないと思って引き受けたのである。

ここで出版した学校に関する知識を基に、『学歴入門』（河出書房新社、二〇一二年）を出版した。どのような学歴を得ることが必要であるかから始まって、名門校と非名門校との違いなどを論じた。私の外国滞在経験で得た知識をふんだんに盛り込み、諸外国との比較を学歴に特化して論じてみた。

7　社会保障

貯蓄のことを研究した時に、公的年金と私的貯蓄の代替可能性を調査したが、これがきっかけで年金を筆頭にして社会保障制度に関心を覚えた。年金、医療、介護、失業、生活保護といった社会保障の役割と改革に関する研究に取り組むようになった。アメリカ、ヨーロッパ諸国での生活体験により、日本を含めた国々によって社会保障制度の歴史、規模、質、財源調達方式が大きく異なることを知り、日本の社会保障制度はどうあるべきか、という政策問題にまで立ち入って社会保険、社会保障の制度改革案を世に問うようになった。社会保障論は私の主たる専門分野の一つになっている。

セーフティネットと安心の経済学　リスクに備えた保険制度、あるいはセーフティネットの意味をどう理解すればよいか、これらの諸制度が人々の安心の確保にどれほど貢献できるのか、といった課題を経済学の立場から基本的に議論する書物を二冊出版した。それらは『セーフティ・ネットの経済学』（日本経済新聞社、二〇〇〇年）と、『安心の経済学』（岩波書店、二〇〇二年）である。私にとっては保険論の基礎を勉強して自分の肉としたことと、安心を与えるのは誰か（すなわち本人、家族、企業、国家ないし社会）という問題を本格的に考えて、自分の好みとする思想の形成に役立てて、その成果を世に問うた書物である。

保険論は経済学の一応用分野として長い歴史がある。役所の研究所に招かれて生命保険制度を経済学として研究したことが、保険の一般理論の理解に役立ったのである。特に頭に焼き付いたことは、「モラルハザードの問題」と「逆選択の理論」であった。

前者は、保険制度という安心感があると、人々はそれを悪用しようとする動機が発生する、という可能性の問題である。たとえば、失業保険制度が充実していると、失業期間中の求職活動が怠惰になるとか、医療保険制度が充実していると、人々は過剰に病院に行くし、医者も過剰検査・診療や過剰投薬に走ることがある、といったことで示されるように、人々が制度を悪用してタダ乗りをする可能性を秘めている。これでは保険制度はうまく機能しない。

後者は、医療保険制度を考えれば一番理解しやすい。病気がちの人は保険制度に入って自費での診療費や薬品費を節約しようとするが、健康な人は医療保険料の拠出がムダになる可能性が高いので、できるだけ保険制度に入らないでおこうとする。すなわちリスクの発生する確率の予想の大小に応じて、人々の保険加入への熱意度が異なる。最悪の場合には、保険制度に加入するのはリスクの高い人ばかりとなり、それが民間の保険会社であれば倒産が避けられなくなる。

これら「モラルハザード」や「逆選択」が横行すると保険制度がうまく機能しないことは確実である。しかし「モラルハザード」や「逆選択」を阻止することは容易なことではない。モラルハザードに関しては、監視にコストが掛かるし、違反者の処罰をどうするか、ということが論点となるし、逆選択に関しては、どのようなインセンティヴを用意すればリスクの低い人が保険制度に加入してくれるのか、制度の準備はそう簡単ではないしコストも掛かる。

私は種々の保険制度を議論する時は、必ずこの二つのことを念頭において考える。そして一般論としてモラルハザードに対しては、制度を公平かつ健全に運営するには監視と処罰の費用負担を惜しまずに、モラルハザードの排除に努めなければならないと考えている。そして逆選択に関しては、最も効果的な方法は保険制度への強制加入を求めること、それは私的保険制度ではなく強制参加を前提にした公的保険制度にするのがベストと考えている。

『セーフティ・ネットの経済学』では、生命保険、公的年金、企業年金、医療保険、介護保険、失業保険（日本では雇用保険と称される）、生活保護などの諸制度において、モラルハザードの除去策と逆選択への取り組み策を具体的に論じた。生命保険と企業年金に関しては、強制加入を前提とした公的年金制度にする必要はない、ということを付言しておこう。

『安心の経済学』では次の二つを詳細に議論した。第一は、人間の一生を誕生から死亡までで考えた時、どの時期にどのような保険制度、あるいはセーフティネットが準備されねばならないか、ということを論じた。すなわち、人々が人生を安心して送るには計画をしっかり立てて、適当な時期に適当な保険制度に加入することが肝心なのである。ライフサイクル上のリスクへの対応と言ってよい。ついでながらこのライフサイクル上のリスクに関しては、橘木俊詔編著『ライフサイクルとリスク』（東洋経済新報社、二〇〇一年）において、それらの具体的な制度を念頭におきながら論じた書物である。

第二に、セーフティネットの提供者、あるいは福祉の担い手のことを議論した。すなわち、本人、家族、地域に住む人、企業、NPO、国家ないし社会などが候補であるが、それぞれの担い手の長所と短所を詳しく論じた。日本では家族が特に重要であったことと、企業がかなりの役割を演じていたので、国家ないし社会の登場は期待されていなかったのであり、そのことが要因となって日本は福祉国家ではなくアメリカとともに先進国の中では非福祉国家という特色を長い間保持していた。それは社会保障給付費が対GDPに占める比率が、日米両国が先進国中の最低比率だったことで確認できる。

非福祉国家の日本

日本の公共部門が福祉の担い手として小さな役割しか演じていなかったことを、他の先進国との比較で明らかにしたのが、橘木俊詔著『安心の社会保障改革――福祉思想史と経済学で考える』（東洋経済新報社、二〇一〇年）である。イギリス、ドイツ、スウェーデン、デンマーク、アメリカ、日本の六カ国において、福祉がどのように発展してきたかをそれぞれの歴史を通じて、政治の世界と経済学の思想がこれにどう関わってきたかを丁寧に議論した書物である。

これら六カ国を、国家が企画・運営する福祉の規模で区分すれば、(1)高福祉・高負担のスウェーデン、デンマーク、(2)中福祉・中負担のイギリス、ドイツ、(3)低福祉・低負担の日本、アメリカ、ということになる。ここで重要なことは、この区分は国家がどれだけの福祉を国民に提供しているかに注目したものであって、国民の受ける福祉そのものの水準の差を示したものではない。たとえば日本であれば高齢者の生活、医療、介護は、家族の経済保障やケアでなされてきたので、政府の役割は小さくてよかったのである。アメリカにあっては、自立・自助の精神が強いので、福祉は私的に自費で購入するのであり、同じく政府の役割も小さくてよかったのである。なぜアメリカでこのような伝統が生まれたのか、それはアメリカ人は移民とその子孫で成り立っていて、頼るのは自分しかいないという思いが強いからである。日本人やアメリカ人の受ける福祉の水準がヨーロッパよりかなり低い、と判断することは間違いである。

日本においては、もし家族の絆が強い家庭であれば、高年齢の親の生活は安泰であろうし、看護、介護のサービスも家族から受けられるであろう。アメリカにおいては裕福な人であれば高齢時の生活水準は高く、医療、介護も質の高い民間のサービスを購入できるのである。ただし問題は残る。日本にあっては家族の絆の弱い家庭や家族のいない人、アメリカにあっては貧乏な人の福祉の水準は低い可能性が高く、日米ともに問題が残るのである。これら日米両国に対策はあるのか、後に論じる。

話題を私の前掲書に戻す。この書物は私自身が東西の古典書を繙き、かつ各国の社会保障の専門家によるその国の歴史と現状を勉強したものである。いろいろな国の経験を統一的に理解して、福祉と社会保障をどう考えればよいかを、自分なりに提供したものである。一人でこのような作業をした例はさほどなかったので、私自身は秘かに成果に自信を持っていたが、売れ行きはさほどよくなかった。自分では質の高いと思っている書物が必ずしも売れない、という命題をここでも経験したのである。

そこでしつこいかもしれないが、本書の内容をもう少し箇条書きで述べておこう。第一に、世界各国の福祉の歴史を調べると、どの国においても「福祉が充実すると人々が怠惰になるので好ましくなく、むしろ充実しない方がよい」という論点をめぐって、論争が続けられてきたことに気付く。古い時代のイギリスであれば、貧困者を救済する目的である「救貧法」は、常にこの論点をめぐって救済の執行が前進したり後退したりの連続であった。失業保険や医療保険に関しても、イギリス、ドイツ、北欧、アメリカなどで歴史上での論争が繰り返され、制度の前進・後退も繰り返された。

第二に、福祉制度の発展のためには、強力な指導力を発揮する政治家の役割が、どの国でもきわめて重要であることが分かる。例を挙げれば、イギリスでは第一次大戦前のロイド・ジョージ大蔵大臣（第一次大戦中は首相）と第二次大戦中の首相チャーチルである。前者はプロシャに倣って、イギリスに社会保険制度を導入した人であるし、後者は福祉の聖典「ベヴァリッジ報告」を主導した人である。ドイツでは、鉄血宰相ビスマルクが一九世紀後半に不十分ながらも社会保険制度を世界で初めて導入した。第二次大戦前の大不況期に、ウィルソン大統領の指導力でアメリカにおいても福祉政策が導入された。いかなる政治的な主張に対して反対勢力は存在するが、これらの政治家は歴史に残る政策の導入のために指導力を発揮したことは賞賛されてよい。

第三に、学問の発展や思想の影響力ということが、福祉の発展に寄与していることが分かる。イギリスでは第二次大戦前の大不況期に、経済学者ケインズが景気対策として、政府の役割の重要さを強調したことが、同じく福祉の担い手としての政府の役割の正統性を付与したと考えられる。ケインズとはほぼ独立にスウェーデンでもケインズの主張と同じ経済学が主張され、福祉国家への橋渡しとなった。ドイツにおいても、当時社会政策学会という学会組織が労働者保護策の必要性を説いていたことが、政治家ビスマルクに影響を与えたことは否定できない。もっともビスマルクの社会保険制度は、当時勢いを増していたマルクス流社会主義を抑制するためにと、労働者に「アメとムチ」を与えて勤労意欲を高めようとしたことも記憶しておきたい。スウェーデンのハンソンによる「国民の家」構想、デンマークの詩人グルンドヴィなども、国民への一体感を与えるのに役立っているのである。

第四に、私の書物では、日本の学ぶべき福祉制度はデンマークであると結論づけた。その論拠は、年金、医療、介護といった福祉の給付の財源を保険料に求めず、租税に求めている点にある。保険料方式だと保険料を拠出した人だけが給付を受けるという「選別主義」になるので、福祉の対象外となる人が出現し、こういう人をどうするかという新しい問題を解決せねばならない。租税収入を財源にすれば、すべての国民が給付の対象になる「普遍主義」となるので、福祉の枠外に追いやられる人が出ることを防げるのである。

ところが日本では私のような税方式の支持者は少数派であり、保険料方式が多数派の支持を集めている。既に述べたように、イギリスの医療制度（ＮＨＳ）は税方式であり、日本もこの制度に変換すればよい、と本書で主張したが支持は少ない。年金、医療、介護の諸制度を保険料方式で運営してきた日本において、いきなり税方式への変換は当然のこととして不可能である、とよく理解している。徐々に変換する方策を考えることが、せめてもの政策措置と判断している。

無縁社会

福祉の担い手が家族だったので、政府が担い手としての役割は小さくてよかった日本であるが、家族が徐々に絆を失うようになる現象が、一九八〇年代あたりから始まった。なお日本の家族の特徴については橘木俊詔・木村匡子著『家族の経済学――お金と絆のせめぎあい』（ＮＴＴ出版、二〇〇八年）を参照。家族の結びつきの強さを示す一つの代表例は「三世代住居」である。年老いた親と成人した子供、そして孫が一つの家に同居する住居の形態であるが、この頃から「三世代住居」の比率は低下を続けたのである。成人した子供が老親の経済生活、医療、介護の担当者だったが、それが見られなくなったのである。同時に家族の支え合いも低下することとなった。

「三世代住居」比率の低下や家族の絆の低下には様々な理由がある。第一に、高度成長経済の経験によって、若者が地方から大都会へと職を求めて地域間移動したので、親との別居を強いられた。第二に、社会保障制度が発展していなかった日本であったが、ヨーロッパ流の福祉国家を目指すという気運が高まり、年金、医療などの社会保障制度が不十分ながら発展した。そうすると、成人した子供は両親を経済的に面倒を見る必要性が弱まることは確実である。第三に、日本においても個人主義が台頭するようになり、親子間で独立心が高まった。さらに、家族間に存在していた絆をうっとうしく思う人が出てきた。代表的には嫁と姑との間の争いであるし、親子間・兄弟姉妹間でも発生した。これは家族間の様々な支え合いの程度を弱める。

家族間の絆が強いこと、同じ地域に住む人が助け合うこと、そして企業が従業員の福祉に熱心であったことを、それぞれ血縁・地縁・社縁が強いとみなすが、それらがしっかり定着している社会は有縁社会であった。しかし血縁・地縁・社縁が弱くなり、日本が無縁社会になりつつあるということが認識されるようになった。家族の絆の弱まりは既に述べたが、新しい現象が日本で出現した。それは生涯を通じて結婚しない人の増加と、離婚率の上昇である。すなわち家族を持とうとしない人と、そして家族の崩壊である。こういう人に家族の絆を期待すること自体が不可能である。

地縁の弱まりは大都会のマンションに住む見知らぬ人の間で見られるようになった。先祖以来、地方で農林水産業に従事する人々が世代を通じて同じ地域に住んでおれば、助け合いの精神が強く働くことは想像できる。しかし地方から都会に移り住めば、まわりにいる人はいろいろな地方から都会にやってきたという見知らぬ人ばかりとなるので、結びつきの弱まりは自然なことである。

社縁に関しては、失われた二〇年と称される日本企業では、企業は生き残りのためにリストラ政策や非正規社員の増加策を採用するようになり、従業員との関係がドライとなる。一方で労働者の方もより高い労働条件を求めて転職率を高めるようになった。長期雇用が前提の下で社縁意識が強かったし、支払い能力の高い企業は従業員に非法定福利厚生を提供していたが、それをすることが不可能となったのである。

意外かもしれないが、私は企業の非法定福利厚生をそう評価していなかった。橘木俊詔著『企業福祉の終焉』（中公新書、二〇〇五年）でそのことを述べていたのである。企業福祉は、特に非法定福利厚生はあまりにも企業規模間格差が大きすぎることと、企業は福祉であれこれ悩むよりも、本来のビジネスを繁栄させて雇用を守ってできるだけ高い賃金を支払うことが最大の責務と考えたからである。したがって社縁の希薄化はやむをえないことと判断していた。

むしろ血縁、地縁の希薄化をどうすればよいか、ということに関心を持って、橘木俊詔著『無縁社会の正体――血縁・地縁・社縁はいかに崩壊したか』（ＰＨＰ研究所、二〇一〇年）を出版していた。この書はここで書いた血縁、つまり家族形態と絆の変容と、地縁の希薄化と社縁の弱体化を統計の上から論じたのである。有縁社会であったなら政府の提供する福祉に頼らなくてよかったが、無縁社会になったのなら、政府の登場に期待せねばならない、というのが私の主張である。

もとより福祉国家になることだけが唯一の選択肢ではない。何度も強調したように、アメリカ流のように国民の自立に期待し、かつ国家ではなく民間部門の提供する企業年金、医療保険などを国民が私的に購入する制度も福祉提供の一案である。私はこの案は好みではない。頼るのは自分だけ、という移民社会のアメリカの歴史とアメリカの国民性からすると、アメリカにとってはふさわしいだろうが、日本にはふさわしくないと判断している。その根拠は、橘木俊詔著『アメリカ型不安社会でいいのか――格差・年金・失業・少子化問題への処方せん』（朝日選書、二〇〇六年）で示されている。

その理由は次のようなものである。第一に、民間に福祉を委任すると、国民の間の所得格差の存在によって福祉格差を生むことが避けられない。アメリカでは低所得者は民間保険会社の提供する保険料が高いので医療保険に加入できず、国民の間で健康格差が大きいのである。第二に、日本人にはアメリカ人のような自立意識を強く持つようにと期待することは困難である。なぜならば、これまでは家族で助け合いの精神が強かったのが日本であり、何らかの助け合いを求める気持ちが日本人にはあると理解できる。その候補は政府との助け合い、というヨーロッパ型の福祉国家の姿と私個人は判断しているが、この考え方を採用するかどうかは国民の判断に従いたい。とはいえ現状ではアメリカ流の自立主義に賛同する日本人がより多い、と理解している。

8　女　性

女性の労働

労働経済学の一分野として女子労働という分野があるが、必ずしも私の中心の研究テーマではなかった。しかし男性のようにほぼ全員働くのではなく、働かないという選択は女性にはあるし、働くとしてもフルタイムか、パートタイムか、派遣社員か、といった選択肢がある。選択肢が多くあるということは、分析するに際して考慮すべきことが多いので、やりがいの高い研究テーマとなりえる。さらに、既婚者であれば幸か不幸か夫の存在が妻の行動に影響を与えるのであり、その効果を研究することも興味深い。もともと女性の労働は女性経済学者が多く関心を寄せてきたが、男たる私もかなりの関心を寄せたのである。

女子労働に取り組んだきっかけは、後に述べるように政府の男女共同参画会議の議員になったので、必要に迫られて女性のことに関心を寄せ始めたことにある。そこで学問的な研究をせねばと思い、一つの研究グループを企画してその結果を一冊の本にまとめたのである。橘木俊詔編著『現代女性の労働・結婚・子育て――少子化時代の女性活用政策』（ミネルヴァ書房、二〇〇五年）がその成果である。

このグループには女子労働の専門家として名の通った人に加えて、本田由紀（東大教授）、木村涼子（阪大教授）、白波瀬佐和子（東大教授）、といった後に教育学・社会学の分野で大家となる女性研究者に入ってもらったことがよかった。女性の労働、結婚、子育てといったことの課題に関して、参加者が高水準の研究論文を提出してくれたので、この本は学界に一定のインパクトを与えることができたのである。特に私自身が最も影響を受けたし、知らないことの多かった私にとって学ぶ点が大きかったのである。女性には男性と異なることを考慮する必要がある、ということを悟ったのである。

女女格差

その後も私なりに思考を重ねて、その成果は橘木俊詔著『女女格差《じょじょかくさ》』（東洋経済新報社、二〇〇八年）となって現れたのである。当時私は格差問題における論争の中にいたし、女性問題の研究に取り組んでいたので、この本を書いたのであった。女性の学歴格差、結婚する女性と非婚の女性、正社員とパート労働の差、など女性の間に横たわる様々な格差に注目して論じたのであった。これまでの格差問題は男性、あるいは世帯を中心に語られたところに、女性に焦点を合わせたことの新鮮味があった。タイトルの『女女格差』というのも奇異の目で見られたのか、売れ行きは好調であった。さほどの売り上げを期待していなかっただけに、これまた出版には予想外のことが発生する、ということを体験したのである。

この書をめぐって、上野千鶴子・当時の東大教授と対談することとなった。誰もが知るフェミニストの闘士であるし、特に男性には辛口な批判をすることで有名なので、私の書にも辛辣な批判を投げかけられた。たとえば、「橘木さんの言っていることを、私達は二〇～三〇年も前から主張してきている。フェミニストにも刺激を与えるようなことや、反感を買うようなことを書いてほしい」と言われ、「なるほど」と逆に私が感心した次第であった。しかし上野さんも「この本を男が書いたことに意義がある。女性が女性のことを書くとどうしても気の付かないことがあるし、男性中心の世間の関心を呼ばないこともある。男性が書くと男性にも興味を持ってもらえる期待がある」と、この書物を擁護されたのは一つの救いであった。

その後また「興味のある」ことがこの本に関して発生した。長銀総合研究所には毎年日本語の書物を英文に翻訳することを義務にする賞があり、幸いなことにこの本がその賞に選ばれたのである。『*The New Paradox for Japanese Women : Greater Choice, Greater Inequality*』(I-House Press, 2010)というタイトルで、アメリカ人のフォスター女史の翻訳によって出版されたのである。日本女性のあるがままを外国向けに発信できたことは幸いなことであった。

「興味のある」という意味は、日本語版の中にある一つの章が、翻訳された英語版では除外されたのである。その章のタイトルは「美人と不美人」とされていたものである。翻訳者とアメリカ側の編集者（女性）が言い出して、英語版に推薦文まで寄稿してくれた上野千鶴子教授もそれに賛成の意を示したので、著者もそれに従わざるをえなかったのである。女性の美人・不美人を語ることは人によってはタブーなことであるし、興味本位に読まれることの恐れがある、が理由であった。

もともと日本語版の出版社での担当者、矢作知子（女性）がこの本に美人・不美人の章を加えて欲しい、と私を熱心に口説かれたのであった。私はもしこのような美人・不美人を書いたなら、あとに女性から猛反撃を喰らう可能性があると予想したし、書く内容に関しても乏しい資料しか持っていないとして、矢作氏の口説きを断っていた。でも説得に負けて、なんとか美人・不美人の章を書いて、両者の間の格差を論じたのであった。どんな内容であるか、関心のある人は日本語版を参照してほしい。

実は日本語版を数多くの知り合いの女性に贈っていたが、半数以上の女性から第9章（美人と不美人の章のこと）から読み始めた、という返礼の手紙・葉書なりメールを受け取っていた。普通は第1章から読み始めるのに、第9章から読み始めたと知り、皆関心があるのだな、というのが私の実感であった。でも日本女性とアメリカ女性の間に、美人・不美人ということへの関心なり反応がこうも違うのか、私にとっては意外であったし、興味深い経験をしたのであった。未だに日米の差を説明する理由が思いつかないでいる。

最後になるが、女性の教育に関しては、既に教育のところで紹介した本であるが、橘木俊詔著『女性と学歴――女子高等教育の歩みと行方』（勁草書房、二〇一一年）を出版している。江戸時代、明治時代からの良妻賢母の思想が女性の高等教育への道を阻んできたことの歴史をたどった。現に女性にとっては中等教育である高等女学校進学がせいぜいであった。しかもたとえ高等教育（女性にとってそれは高等女子専門学校であって大学ではなかった）を受けることのできた裕福な家庭の娘でも、国文、英文、家政といった学問に限定されていた。能力のある女性が就くことのできる職業は教員だけと言っても過言ではなかった。看護婦（現・看護師）もそれに続いていた。家政学を勉強した女性は専業主婦になるための修業という側面があった。

戦後になって男女平等の教育機会が謳われたが、家庭がまだ貧困だったので、「男の子は大学へ、女の子は短大か高校へ」が普通の家庭での子供への教育であった。その後家計も豊かになり、徐々に女性も四年制大学への進学率が高まるようになるが、まだ短大が中心であった。社会においても女性が一生涯働くという雰囲気が、一部の女性を除いて、まだ生じていなかったことも大きく影響した。

しかし男女平等意識の高まり、そして家計が一層豊かになると、女子の四年制大学への進学率も高まった。しかし専攻する学問は理科系や社会科学系ではなく、人文科学系や芸術系が多く、就職への道は男子学生と比較するとまだ不利な状況にあった。明治、大正、昭和初期において女子学生の勉強する学科が、文学と家政学であったことの伝統が、なんと現代まで続いているのである。もし女性が働くということに熱意があるのなら、短大や大学での専攻科目を就職にもう少し役立つ科目にすることが望まれる。この変化は徐々にではあるが起こっていることなので、そう悲観はしていない。

日本の女子高等教育を語る時のもう一つの特徴は、女子大学と女子短大の存在である。戦前の男女別学の伝統が現代まで続いているのであるが、今はもう男子大学なり男子短大はほとんど存在していないだけに、女子だけの大学、短大の存在は異様とも言える。アメリカ、韓国にも女子大学はあるが、ヨーロッパでは女子大学は例外的となっている。私は基本的に男女共学礼讃派であるが、詳しいことは『女性と学歴』と『学歴入門』（河出書房新社、二〇一三年）で述べている。

9　働くということ

働くことの意味

人間は食べていくために、すなわち生きていくためには一部の高資産保有者を除いて、働かざるをえないことは自明なことであるが、どう働けばよいのか、働くのがつらい時はどうすればよいのか、ということに大きな関心を抱くようになった。労働経済学の中心課題は労働ということなので、「働くということ」を考えることは自然なことなのである。

直接のきっかけは、ミネルヴァ書房が『叢書・働くということ』という八冊のシリーズを企画して、東大教授・佐藤博樹と私に監修者としての役割を依頼してきたので、このシリーズにコミットしたことにある。このシリーズの詳細は別のところで述べることとして、第一巻『働くことの意味』（ミネルヴァ書房、二〇〇九年）の編者を私が務めることとなったので、人間はなぜ働くのか、ということを本格的に考えるようになったのである。働くということを経済学だけではなく、哲学、倫理学、宗教学などからアプローチした。私にとっては目新しい学問なので、興奮しながら勉強できたが、それらの学問の基礎学識に欠けていたのでかなり苦労したのも事実であった。哲学などは二〇〇〇年の歴史がある学問なので奥はとても深く、この学問に私が新しいことを加えられることは何もない、ということがよく分かった。とはいえ新しいことを学ぶということはこれほど興奮するような楽しいことなのか、ということを年齢五〇代の後半から六〇代の後半になって改めて経験できた喜びは大きかった。

働くということを哲学、倫理学、宗教学はどう捉えてきたのであろうか。ギリシャ哲学では、働くのは奴隷だけでよく自由市民は働かないことによって、自らはいろいろと思考ができるようになれるし、政治にも参加できるのだ、という思想であった。私からすれば身勝手な主張であった。中世のキリスト教は自活を理想と考えたので、人々に働くことを勧めるようになった。少しの進歩である。重商主義を経て産業革命を迎えると、働くことがもっと奨励されるようになる。キリスト教におけるプロテスタンティズムの倫理が勤労と倹約の思想を奨励して、資本主義の発展に寄与している、という事実はよく知られている。

一八世紀あたりから経済学が勃興するが、古典派・新古典派の経済学は働くことが経済成長を生むので、働くことの意義を強調した。人々の間、そして企業の間の競争の意義を解くのも近代経済学であった。ところで、資本主義は労働者が資本家に搾取される経済制度である、とするマルクス主義もこの頃から登場する。マルクス主義も「働かざる者食うべからず」と主張するので、近代経済学とマルクス主義経済学の双方が、「働くこと」に価値を認めていることは興味深い。

しかし経済学以外の学問、すなわち哲学や人類学は、別のことを主張していた。「承認欲求論」のヘーゲルは、働くことによって他人から認められた時に人は喜びを感じるし、「虚栄心論」のパスカルもヘーゲルと似たことを言っている。いかに意欲を持って働くことができるか、という哲学と考えてよい。一方、「ユートピア論」のトーマス・モアはそんなに働かなくてよい、と主張したし、モリスやラスキン流の単純な作業しか与えられないような仕事よりも、自分の好きな物をつくるといった時に労働の喜びがある、という思想にも共鳴した。パスカルは人生に「気晴らし」が必要と説いた。極めつけは、ホイジンガの『ホモ・ルーデンス』が言う「余暇で遊ぶための準備として働け」という言葉に目から鱗が落ちた。

これらのことを私流の言葉でまとめると次のようになる。働くことに喜びを感じることのできる人はどんどん働いてよい。そして成功すれば出世するし、高い収入を期待してよい。しかし、働くことに喜びを感じることのできない人は、何も後ろめたい気になる必要はない。そういう人は働くことは最低限に抑えて、食べることのできる収入より少し多い額を得るだけで充分である。生活費以外は自分の好きな余暇に費やして、それを徹底的に楽しむようにすればよい。ただしそうであるなら仕事上で出世までは願うな、高額所得者になることは無理ということを、自覚せねばならないのである。

「働くということ」を主題にして、私の個人的な主張を盛り込んだ著作、橘木俊詔著『いま、働くということ』(ミネルヴァ書房、二〇一一年)を出版した。これまでここで書いてきたことを本書に含めたし、余暇をどう楽しんだらいいのか、もし働くことに意義を感じることが可能なら、それはどういう職に就いた時や、どういう働き方をした時に感じられるのか、ということを議論したのである。

働くための社会制度

働くということに関して、どうすれば失業者の数を減らし、雇用者の数を増加できるか、そして高い勤労意欲を持って働くことができるようにするにはどうすればよいのか、をめぐって一つの書物を出版した。既に紹介した橘木俊詔・高畑雄嗣著『働くための社会制度』（東京大学出版会、二〇一二年）である。この書物の内容を簡単に書いておこう。

日本は他国と比較すると解雇規制の厳しい国であった。雇用を守る、ということに最大の価値をおく、という政労使の合意があったからである。私達は必ずしもこの方針を貫徹することが好ましいとは考えない。時によっては非効率性の高い企業には退場してもらい、効率性の高い企業に新しく参入してもらった方が、新しい雇用の増加に期待できるし、労働者の賃金が上げられる可能性が高まる。これが企業そして経済全体が強くなるメリットにつながるのである。別の言葉で述べれば、企業の退出・参入をもっと活発にすることが、雇用の確保と高い賃金を払えることになるので、高い勤労意欲に期待できるのである。

日本企業においてはパート労働、契約社員、派遣社員などの非正規社員の数が増加していることはよく知られている。非正規労働を自らの意思で選択する人もいるので、非正規労働者をなくせ、という主張には与しない。しかしあまりにも劣悪な労働条件にいる非正規労働者の労働条件を上げる政策は、これらの人の勤労意欲を高める効果があるし、それらの人の生活を保障するので、望ましいことである。オランダ、フランス、ドイツでは正規と非正規の間で差をつけない、同一価値労働・同一賃金の精神が尊重されており、非正規労働者でも同じ仕事をしておれば、正規労働者と労働条件に差はない。日本でその精神を導入するには様々な障害があるのですぐに一〇〇％導入とは言わないが、長期的には望ましい政策である。徐々にそれを目指す必要がある。

10　家族のこと

家族に関する啓蒙書

啓蒙書のところで述べていることであるが、私は新書で家族、家計のことをいくつか出版してきた。結婚を通じて生じる一組の夫婦が家族、家計の原点であり、子供が誕生すると家族の人数が増加する。家計は誰かが労働することによって収入を得て、家計消費の財源としている。家族・家計は労働供給、収入の稼得、家計消費という経済活動の基本単位である。一人の人間が誕生して教育を受けてから働くまでも大切な人生のページであるし、老後をどう生活するかということも大切なことである。

これらそれぞれの人が、誕生から死亡までの生きるプロセスを統一的に理解することを経済学の立場から分析することを、家計の経済学、あるいは家族の経済学と私は称してきた。入門書、あるいは啓蒙書として『ライフサイクルの経済学』（ちくま新書、一九九七年）、『家計からみる日本経済』（岩波新書、二〇〇四年）、『夫婦格差社会』（中公新書、二〇一三年、迫田さやかと共著）がある。最後の本は、日本では夫婦の間で、高教育・高職業・高所得の夫婦と低教育・低職業・低所得の夫婦という二極分解が起きていることを示したので、かなりの反響を呼んだ。なお迫田さやかは、私の同志社大における唯一の大学院生の教え子である。

やや誇張になるかもしれないが、私の学術書や論文のほとんどは人生における人の行為に関することを扱っていると言ってよく、私の経済学者としての仕事は大なり小なり家計の経済学、あるいは家族の経済学なのである。ついでながら、『家計からみる日本経済』と『夫婦格差社会』は新書であることも理由となって、販売部数は多かった。世の中では幸か不幸か新書という出版形式しか人々の関心を招かないのかもしれない、ということを感じさせる。ただし、『ライフサイクルの経済学』は増刷にまで至らなかったので、新書であっても販売からすると失敗作であった。

家族に関する学術書

啓蒙書だけでは情けないので、学術書も書きたいと思い、次の著作を出版した。

橘木俊詔・木村匡子著『家族の経済学——お金と絆のせめぎあい』(NTT出版、二〇〇八年)である。京大時代の教え子と共同で研究した成果である。家族とは何か、という家族の歴史から始めて、日本と諸外国の間で家族の形態やメンバーの間での経済的扶養の方法に違いがあるのか、などを説いた。

家族の形成は結婚からスタートするので、人はなぜ結婚するのか、どういう相手を求めてサーチ活動をしているのかなどを、最新の経済理論を用いて解明した。結婚しない人、離婚する人、などにも同等の注意を払った。次の話題は子供の誕生と子育ての経済的分析である。親にとって重要な家族行動は、子供の教育である。母親の子供教育における役割に注目して、もし母親が働いた時にどのような影響が生じるのか、子供の教育達成度への効果まで論じたのである。最後の関心は、労働を終えてからの引退後の生活である。老後の生活保障をどうすればよいのか、年金、医療、介護など具体的な話題にまで入って、経済学として論じたのである。

近代経済学は、数学、統計学を使うので、学術書ともなれば数学と統計学が多く出現する本となった。私達は数学と統計学を用いたので説得力が高まったと悦に入っていたが、それに慣れていない読者からすると、難しい手法を使って書いているなということとなって、こういう本を読もうとしない人が少なからずいるのである。本書に関しても、私達は水準の高い分析を行った本と勝手に思い込んでいたが、幅広い読者を招くことはできなかった。学術研究書の販売上の困難さを体験した本だったのである。

そこで数学、統計学を一切使わず、本書で展開したような家族の経済学、家計の経済学をもう一度書いてみようという気になって出版しようとしているのが橘木俊詔著『家計の経済学』（岩波書店、二〇一六年）である。ただし学問的な水準を高く保ちたいという希望があったので、入門書や啓蒙書とは異なる。一般の読者に読んでもらいたいという希望はあるが、同業の専門家に読んでもらいたいという気持ちが強いが、一部の同業の学者からすると数学や統計学を使用しないと魅力に欠けるとか、説得力がないという感想はあるかもしれない。

11　幸福のこと

研究者としてのキャリアの末期になってから新しい課題に取り組むことになった。それは「幸せ」ないし「幸福」のことである。経済学の役割とは、できるだけ人を経済的に豊かにすること、あるいは豊かになるためには経済効率性を高める必要があるが、人々の間の公平性ないし平等性をも考慮せねばならない。このようなことを考えながら経済学の研究に邁進してきたが、どこか一つだけ満足できないことがあった。それは、人間が経済的に豊かになることが、人間の幸福感の達成にどれほど貢献しているのであろうか、ということであった。

人間は経済だけで生きているのではない。家族、社会、健康、余暇などなど、自分のことはもとより数多くの自分の周りにいる組織や人的なつながりを持ちながら生きているのである。それと人はよろこびや悲しみ、苦悩といった「心」や「精神」との関わりを日頃感じながら生きているのであるから、物質的な豊かさを問題とすることも大切であるが、精神的な豊かさをも問題にせねばならないのではないか、と思うようになっていた。それが「幸せ」ないし「幸福」とは何かということを追求することになった理由である。

文部科学省の科学研究費をいただいて、大規模なアンケート調査を行って、日本人の幸福感を様々な角度から知ろうとした。研究プロジェクトに参加したメンバーによる研究成果は、次のような書物として出版された。橘木俊詔編著『幸福』（ミネルヴァ書房、二〇一四年）である。

私個人としても研究成果を公表した。橘木俊詔著『「幸せ」の経済学』（岩波書店、二〇一三年）である。この書は世界各国の人々が幸福をどう考えているのかの国際比較を行って、日本人の幸福度が国際的にはどの地位にいるのかを明らかにしてから、日本人の幸福感の特色がどこにあるかを詳しく検討した。必ずしも経済生活においてのみから満足感を得ているのではなく、家族、仕事、余暇など様々なことから「幸せ」を感じていることが分かった。さらに、どういう人々（たとえば、性、年齢、学歴、職業、家族形態、などなど）が幸福であるかに注目して、六〇代女性の幸福度が最も高く、逆に三〇代の男性の幸福度が最も低いことが分かった。

この書が主張したかったことは、日本人にあっては経済的な豊かさだけを目標にしているのではないことが分かったので、経済成長至上主義の政策をとる必要がないことである。さらに、世界における資源・環境問題の深刻さを考慮すると、経済成長率を高くすることが、資源・環境問題をより悪化させることから、経済成長至上主義を勧められない。これらのことから日本は高成長を求める必要がないと言える。ところで日本は少子化の中にいることによって労働力不足と家計消費の低迷を招いているのであり、そのままだと経済成長率がネガティヴにならざるをえない。負の成長率は生活水準の低下を意味するので、それは避けた方がよい。そこで正の成長率や負の成長率を避けるための解は、ゼロ成長率（すなわち定常状態）が望ましいということを主張した。『「幸せ」の経済学』はゼロ成長率に導くための政策を考える書物になったのである。

このゼロ成長率でも構わないという主張は、橘木俊詔・広井良典著『脱「成長」戦略』（岩波書店、二〇一三年）で公表された。成長を求めずに幸せな生活を送るには福祉国家に向かうことが好ましいというものであるが、当時は第二次安倍内閣が高い支持を得ていて、成長戦略が政策の柱だったので、深い共感は得られない書物であった。

幸福に関しては、同志社大学のところで述べたことであるが、Tachibanaki 編集で二〇一五年に『*Advances in Happiness Research : A Comparative Perspective*』というタイトルで国際共同研究による学術書を出版したことと、啓蒙書として橘木俊詔著『新しい幸福論』（岩波新書、二〇一六年）を出版した。

第十章　学会、コンファレンス活動

1　学会活動

学者の活躍の場は学会にあるので、私も様々な学会や研究グループに加入して、そこでいろいろな活動をした。最も重要な学会は、近代経済学者のほとんどが加入する日本経済学会である。戦前にも日本経済学会というのが存在していたが、それは戦争後に理論経済学会と改称された。途中で日本計量経済学会が分離して二つの学会となったが、その後に再び合併して理論・計量経済学会に統一された。そして一九九七（平成九）年に戦前の日本経済学会という名称に戻した学会である。

日本経済学会

面白い話題があって、過去に理論経済学会が存在した時に、単語の並びを逆にした経済理論学会という別の学会が存在していた。前者は近代経済学者の集まりであり、後者はマルクス経済学者の集まりだった。当時はマルクス経済学の方が近代経済学より優勢であった。理論経済と経済理論、という単語の並びを逆にした二つの名称、どちらが経済学本家の名称かをめぐって争った、という逸話を聞いたことがある。

日本経済学会は三〇〇〇名を超す日本の近代経済学者の集まる日本一の大きな経済学会で、国際的にもAmerican Economic AssociationやイギリスのRoyal Economic Societyに匹敵するその国を代表する経済学会であるが、質で言うとまだ両者に及ばない。その証拠に、それぞれの学会の機関誌である『*American Economic Review*』や『*Economic Journal*』と比較すると、日本経済学会の『*Japanese Economic Review*』はまだ劣位にある。英米の水準に達するには、日本の経済学の歴史がまだ一〇〇年そこそこであることを考慮すると、これからまだ一世紀を要するかもしれない。

私は日本経済学会では理事、常任理事、会長を務めさせていただいた。学会員の選挙で決まる職務である。学会長は例年の学会で会長講演をするのが慣習となっており、私も二〇〇五（平成一七）年九月一七日に中央大学において"Inequality and Poverty in Japan"という演題でそれを行った。私は日本で格差や貧困が深刻になっていると主張して、後に述べるようにそれに関する論争の真只中にいたので、ある意味で避けられないし、期待もされた演題でもあった。

日本経済学会以外にも専門科目ごとに組織された応用経済学の分野の学会、たとえば日本財政学会、金融学会、経済政策学会などの学会員であったこともあるが、積極的な活動にコミットすることはなかった。時折論文を発表したりコメント役をするとか、学会でのシンポジウムに招かれてパネリストとして参加する、といった程度にすぎなかった。

ここで列挙した関西におけるこれら三つの学会活動は、私にとって重要な活動の場だったので紹介しておこう。

六甲コンファレンス、琵琶湖コンファレンス、経済政策研究会議

六甲コンファレンスとは、毎年の開催地が神戸の六甲山にあるホテルなのでそのように称されたが、正式な名称は計量経済学研究会議と呼ばれる会議である。琵琶湖コンファレンスはその開催場所を六甲山から琵琶湖近辺に移したのでそのような通称となり、経済政策研究会議はコンファレンスの内容を計量経済学から経済政策に移したことによる改名である。したがって、この三つのコンファレンスは同じ流れにある同類とみなしてよい。

この三つのコンファレンスは、財界の団体である関西経済連合会のシンクタンクである関西経済研究センターが資金提供して、毎年のコンファレンスを開催し、全国から近代経済学者を集めて研究会議を二泊か三泊かで行うものであった。学界側からは京大、阪大、神戸大から運営委員を出して、毎年のコンファレンスのテーマ、責任者などを選定したのである。私は運営委員を長い間務めたので、このコンファレンスには思い出が大きい。

日本経済学会という大きな組織にはこのようなコンファレンス活動はさほどなかったのだが、昭和三〇年代に日本の経済学者がアメリカ留学した時、二〇～三〇名という少人数の経済学者が一カ所に集まって寝泊まりしながら研究会議を行っているのに接して、日本でもそのような研究会議が必要と感じ始めていたのである。関東では逗子コンファレンス（後の箱根コンファレンス）が有名であり、関

西でも六甲コンファレンスが京大の馬場正雄教授などを中心にして開催されるようになったのである。東の逗子、西の六甲という両者のコンファレンスに招かれて論文発表の機会が与えられることは、若手の経済学者にとって名誉なこととなったのである。これらのコンファレンスでは昼間を研究発表とそれに関する激しい議論にあて、夜はアルコールを交えながら参加者が談笑にふけるという楽しい会が設けられており、学者の間の親しさが増す機会になっていたのである。何百名も集まる大きな学会では得られない奥の深い議論から得られる学問的成果と、参加者の人的ネットワークの形成に役立つのがこれらコンファレンスの役割なのである。

残念ながら経済政策研究会議は関西経済研究センターが、アジア太平洋研究所に改組となり、二〇一〇（平成二二）年に終焉を迎えた。財界のシンクタンクも純粋な学問的研究に資金を提供する余裕がなくなったことが大きな理由である。これも時代の流れなのであろう。およそ四〇～五〇年という長期間にわたって財政支援をしていただき、学会活動に賛助という仕事をされた同センターにこの場を借りて感謝したい。

なおこの三つのコンファレンスの枠内で私が主催したもので書物になったものがいくつかあるので、それについては後に記述する。

関西労働研究会

関西労働研究会は関西、そして東海地区に在住する労働経済に関心のある研究者が集まって、毎月一度研究会を開催したものである。研究会の運営資金は労働省（現・厚生労働省）の研究費を受領して、開催費用とこれから述べる合宿研究の費用に使用したものである。財源の出所は官庁であったが、前述の関西経済研究センターが資金の管理と事務の運営を代行してくれたのである。一九八二（昭和五七）年に京都大学・小池和男教授を主査にして小さなグループがスタートした。わずか六名の少人数でスタートしたので、参加メンバーの名前をここに書いておこう。猪木武徳（阪大）、村松久良光（南山大）、富田安信（阪大）、藤村博之（京大）それに私の合計六名であった。なお勤務先は当時のものである。

これだけ小さなグループなので、研究会での議論も激しいものがあったが、お互いの親密度は高くなっていったのである。その後毎年メンバーの参加者が増加して、研究会はかなり大きくなった。有力なメンバーとして大橋勇雄（名大）、大竹文雄（阪大）、三谷直紀（神戸大）をはじめとして、有能な人が加わり、日本の労働経済学を代表するグループという自負を抱くようになっていた。

この研究会は合宿を冬に行うことになったので、自然とその場所は温泉地を選ぶようになった。幹事の腕前は、いかにいい温泉と美味しい料理を出してくれる旅館、ホテルを見つけてくるか、で評価されるようになった。第一回目は城崎、第二回目は紀伊勝浦、第三回目は下呂、というように名温泉地において合宿を行った。私の妻はこの研究会を「温泉ツアー」と呼んで、半分からかうほどであった。

忘れられない思い出がある。名大の大橋教授の幹事役で、北陸の芦原《あわら》温泉に行った時である。昼間は例によって勉強漬けの後、夕食時に起こったことである。旅館の女将が「何人のコンパニオンをお呼びしましょうか」と問うてきた。私達が不必要と答えると、座敷から離されて調理場の傍のみすぼらしい部屋で食事するように言われた。北陸の温泉はその筋では有名で、男ばかりのグループは芸者やコンパニオンを呼んで宴会するのが普通であるところ、私達のグループはお金もなかったし、学問のために来ているのでそのような人を頼まなかったのである。なにをしに北陸の温泉まで来たのか、と怪訝な顔をした女将であった。

もう一つの思い出は、関西労働研究会と同じ立場にいる関東における研究グループとで「東西労働コンファレンス」を愛知県の豊田市で開催した時のことである。トヨタ自動車の運動場で東西対抗のソフトボール試合を余興で行ったのだが、関西が圧勝したのである。西のメンバーに大橋、脇坂（岡山大）という高校球児がいたし、私を含めて少年時代の野球狂が多かったので、圧倒的有利は当然のことであった。いろいろな分野において関西は関東への対抗心が強いので、この勝利で溜飲を下げたのであった。その後に関西の人が関東の人に会えばこのソフトボール圧勝のことを言うので、関東の人はきっと不快感で困惑したのではないだろうか。

政府はこの種の公費支出を削減するようになり、関西労働研究会への研究費拠出も一〇年ほど前に停止となった。しかし後輩たちは科学研究費などを集め合って、この研究会を続けているのであり、大変有意義なことである。

ミレニアム・プロジェクト

二一世紀という新世紀に突入せんとする時、これを機に小渕恵三内閣はミレニアム・プロジェクトを創設して、新世紀にふさわしい大規模研究プロジェクトを始めた。内閣府・経済社会研究所（ＥＳＲＩ）は私を研究代表者に指名して、新しい国際研究プロジェクトを実施するように依頼してきた。このプロジェクトは日本人のみならず、世界中の著名研究者を集めて大規模な共同研究をするという計画なので、私も張り切って取り組んだ。

日本の将来を予想する最も大きな課題は「少子・高齢化問題」だと判断されるので、それに備えるための社会保障制度をどうすればよいか、という課題を設定した。社会保障制度の運営方法には様々なものがあるので、その方法を実施している先進各国の社会保障制度の実態を学ぶために、それらの国の一流専門家を招いて、コンファレンスを何度か実施した。どういう国からどういう人を招いたかを、代表的な人物に絞って書いておこう。H・アロン（アメリカ）、D・マイルズ（イギリス）、O・ミッチェル（アメリカ）、J・ピゴット（オーストラリア）などである。

もとよりこのミレニアム・プロジェクトは日本の問題を考えることがそもそもの目的なので、日本の社会保障制度の解明と改革案を考えることを中心にした。そこで日本の専門家の参加をも企画して、次のような人を招聘した。岩本康志（東大）、大竹文雄（阪大）、川口章・八木匡（ともに同志社大）である。

当時の私は社会保障問題の研究に特化していたので、ミレニアム・プロジェクトと併行して、もう一つの国際プロジェクトを実行した。特に年金制度の財源をどう調達すればよいか、そして賦課方式と積立方式の評価、税方式と保険料方式の是非等に関心を持った。その当時東京大学の客員教授を兼ねていたこともあって、東大の井堀利宏教授と共同で「先進諸国の社会保障制度の国際比較」というプロジェクトを企画し、国際コンファレンスを一九九八（平成一〇）年に東京で開催した。参加した専門家はＯ・ミッチェル、Ｇ・バートレス（ともにアメリカ）、Ｆ・ハウゲン、Ｅ・ヘルノエス、Ｓ・ストロム（ともにノルウェー）、Ｋ・コンラッド、Ｇ・ワグナー（ともにドイツ）、Ａ・クマール（イギリス）、Ｍ・パーソン（スウェーデン）、Ｊ・ピゴット（オーストラリア）、八田達夫（日本）などである。世界の主要な先進国の経験を学ぶことができたのである。

政府によるミレニアム・プロジェクト、そして東大でのプロジェクトなどによって、私は世界の先進国がどのような社会保障制度を運営しているのか、そしてその制度はその国の歴史的発展や国民性とどう関係しているのかを徹底的に学ぶことができた。そのことが日本の社会保障制度をどのような方向に導けばよいか、ということを考える時に大いに参考になったことは言うまでもない。

ここでのプロジェクトの成果として次の書物を出版した。

(1) T. Ihori and T. Tachibanaki, editors『*Social Security Reform in Advanced Countries: Evaluating Pension Finance*』(Routledge, 2002).

(2) T. Tachibanaki, editor『*The Economics of Social Security in Japan*』(Edward Elgar, 2004).

ＮＢＥＲ

ＮＢＥＲ（National Bureau of Economic Research＝全米経済研究機構）は本部をアメリカのボストンに置き、アメリカ中の経済学者を客員研究員として雇用している研究機関である。もともとはニューヨークにあって景気予測などの経済分析を行っていたが、ボストンに移るとともに、あらゆる分野にまたがる研究論文を発表するようになった。大学に本務を置きながらもパートタイムでＮＢＥＲに属する研究者が多く、ＮＢＥＲの出版するDiscussion Papers（ＤＰ）は正式の出版を前にして読者からコメントを受ける目的の論文である。これらが学術誌に送られてレフェリーを通れば、公式の出版物として認められることとなる。おびただしい数のＤＰが黄色い表紙を持つ文献として世界中を駆け巡るのである。このＮＢＥＲのＤＰは学界の最尖端をいく論文が多いので、多くの経済学者が眼を通す文献となっていた。

ＮＢＥＲはもう一つ大きな仕事をしていて、特定のテーマに焦点を合わせ、それにふさわしい経済学者をアメリカのみならず世界中から招いてコンファレンスを開いている。その成果を論文集として出版するというのがもう一つの目的である。私も何度かそのコンファレンスに招かれたことがある。そしてコンファレンスの組織者、編集者としての依頼があり、二冊の論文集の編者としての役割を果たした。なお日本側の主催者は財団法人・日本経済研究センターである。課題は日米間に横たわる経済問題を解明するというプロジェクトである。コンファレンスは太平洋を隔てている日本とアメリカの真中にあるハワイで行われた。ハワイという楽しい場所でのコンファレンスを、参加者全員が堪能したことは言うまでもない。それら二冊の書物は次の二つである。

(1) S. Ogura, T. Tachibanaki and D. A. Wise, editors『*Aging Issues in the United States and Japan*』(University of Chicago Press, 2002).

(2) S. Ogura, T. Tachibanaki and D. A. Wise, editors『*Labor Markets and Firm Benefit Policies in Japan and the United States*』(University of Chicago Press, 2003).

共編者の小椋正立は法政大学教授であり、もう一人のＤ・Ａ・ワイズはハーバード大学教授である。

前者の本は、日米の共通問題である高齢化問題に焦点を合わせて、高齢者の貯蓄、資金、健康、医療、介護などの課題を論じたものである。後者の本は、日米の労働市場の比較と企業が果たす役割を研究したものである。特に福祉の提供に企業がどれだけ関与しているか、あるいはどれほど関与すべきか、ということに関して日米間の比較を行った。企業年金の発展したアメリカと比較して、日本はまだまだということも分かった。

文科省科学研究費基盤研究（A）

学問研究に資金が必要なことは当然である。経済学のような社会科学は自然科学のような大規模実験に要するような資金を必要としないことはその通りであるが、私のような実証研究を行うにはデータの収集、研究補助者の確保のために、かなりの額の研究資金が必要であることも事実である。文部科学省は従来のような一人当たりの研究資金を全員に授与する額を削減し、外部の競争的研究資金の応募を奨励するようになり、研究したいと思えば、科学研究費に頼らなければならない時代になっていたことも大きい。さらに独自のアンケート調査を行って、国民の意識なり社会・経済の状況を知るためには、資金が必要なのである。

そこで私は京大在籍中に、文科省の科学研究費基盤研究（A）に研究代表者として応募を計り、幸いにして採用されたのである。具体的には、二〇〇三（平成一五）年から九年間にわたって、研究資金を受領することができた。一つのプロジェクトは三年間計画で進行し、約五〇〇〇万円という額の支給であり、それが三度も続いたのであるから、合計は約一億五〇〇〇万円にも達した。かなりの額の研究資金を使用できたのである。

科学研究費の申請と実施にあたっては、同志社大学の八木匡教授の積極的な貢献があった。まさに私の右腕としての存在であった。彼は私の京大教授時代の助手でもあったので、お互いに信頼意識の強いことも役立った。当然のことながら多くの人にこのプロジェクトに参加していただいた。毎年大型のアンケート調査を実施したので、作業量も膨大となったし、もっと重要なことはそのデータを用いて研究論文を作成することに参加者全員が注力したのである。その成果は後に紹介する書物として結実している。科学研究費の支給をしてくれた文部科学省、大げさに言えば税金を拠出して科学研究費の財源を提供してくれた国民一般、そしてこの研究プロジェクトに協力してくれた八木教授をはじめ多くの研究者に、感謝の念を捧げたい。

日本学術会議会員

二〇〇五（平成一七）年から二〇一一（平成二三）年までの六年間にわたって、日本学術会議の正会員を務めた。これまでの学術会議は会員数が多くて小回りが利かなかったので、会員数を少なくしてもっと身動きできるようにという発想の下で、二〇〇五年から新しく制度をスタートさせた時点で私が会員に選ばれた。学者の集まりの代表的機関として科学者の世界から世の中に発言していく組織である。第一部（人文・社会科学）の約七〇名の会員とともに参加することとなった。

この学術会議は学界の上部構造として、日本社会に科学の分野から世界を良くしていくための討論と発言機関として存在していたが、本部が東京にあることによって東京での幹部会で基本方針の決められることが多く、私達のように地方に在住する者にとって貢献できる役割は限られていた。もし私に熱意があったのなら、東京の本部にもっと出入りして発言すればよかったのだが、自分の学問のことや執筆に時間を奪われて、学術会議における会議参加のために東京に行く機会を抑えようとした結果、さほど熱心な会員ではなかった。せっかく会員に選んでくれた選考委員には申し訳なかった。しかし、決して幽霊会員ではなく義務だけは果たしたと思っている。

2　コンファレンスの企画と実施

私に研究上の業績があるとすれば、書物と論文の出版に加えて、様々なコンファレンスを国際的なものと国内の双方において企画して実施したことにある。それらのうち、いくつか代表的なものをここで記しておきたい。

Labour Market and Economic Performance　この国際コンファレンスは既に述べた六甲コンファレンスと琵琶湖コンファレンスの三〇周年記念を祝して開催したものである。私の知己の世界的学者を総動員してコンファレンスを組織した。これらの人を個人的に知りえたのは、長い間外国に滞在したことのお蔭であったことは言うまでもない。

外国からの参加者を記しておこう。B・ホルムンド（スウェーデンのウプサラ大学）、R・トペル（アメリカのシカゴ大学）、C・ブラウン（アメリカのミシガン大学）、S・ニクル（イギリスのLSE）、J・レオナード（アメリカのカルフォルニア大学）である。日本からの研究者も第一級の人を招待した。すなわち、大橋勇雄（名古屋大）、樋口美雄（慶應大）、石川経夫（東大）、小佐野広と大竹文雄（ともに阪大）などであった。

この中でステファン・ニクルについて少し述べておこう。イギリスを代表する労働経済学者であることは皆の知るところである。私との接点は二つある。第一は、私がＩＮＳＥＥ（パリ）に在籍中の時、彼は当時いたイギリスのＬＳＥから同じくＩＮＳＥＥを訪問していて、親しくなった間柄である。専門が近いことからよく議論をしたし、個人的には毎週のようにテニスを楽しんでいたが、二人ともそう上手ではなかった。彼は経済学者としては特異な人でもあり、有名な『*PLAY BOY*』誌にインタビュー記事が載ったほどの、プレイボーイだったのである。私とはえらい違いであるが、不思議と気は合った。

第二は、私がＬＳＥの客員教授をしている時、彼はオックスフォード大学の統計研究所の所長をしていて、私をオックスフォードのセミナーに呼んでくれて、私が論文を発表する機会を与えてくれたのである。オックスフォード大の古めかしい会議室でセミナーをすることに緊張した記憶がある。その後彼はオックスフォード大のナッフィールド・カレッジのワルデン（学長）にもなったので、その学長時に一度訪問したかったのだが果たせなかった。

こういう間柄であるからこそ、彼もはるかに遠い日本のコンファレンスに参加してくれたのであった。おそらく彼にとって最初で最後の来日でなかったのかと思われる。当然のことながらコンファレンスでは中心的な役割を演じてくれた。

このコンファレンスの成果は同じタイトルで私を編者として出版された（『*Labour Market and Economic Performance : Europe, Japan and the U.S.A.*』Macmillan Press, 1994）。一九七〇年、八〇年代当時の世界経済、特にヨーロッパ、日本、アメリカという三大経済圏の中では、ヨーロッパが失業率の高いことに悩み、アメリカは実質賃金の伸びが低くかつ格差の拡大中にあり、日本だけが比較的好調という、今では考えられない時代を研究対象としていたのである。もっとも日本の労働者の満足度はそう高くない、という兆候が出現しつつあったことを付け加えておこう。

この三大経済圏において、それぞれの労働市場の違いが経済のパフォーマンスにどれほど寄与しているか、という論文を全員が書いて、議論した成果である。特に賃金がマクロ経済の運営に際して重要な役割を演じていることが明らかになったし、労働者のインセンティヴを決める変数としても大切であることが分かった。賃金が高すぎれば労働コストの上昇につながるので、雇用の維持にとってマイナス（すなわち失業率の上昇がある）だし、インフレーションを呼び起こすかもしれないが、高い賃金は勤労意欲の向上にプラスという効果があるので、どのあたりの額の賃金に決めればよいのか、そう簡単に最適賃金額の決められない事項である。

Wage Differentials : An International Comparison

賃金が重要な役割を演じている、ということが分かれば、私に新しい課題に取り組め、という神の声が聞こえたように感じた。世界各国の賃金はどのように決定され、賃金格差の現状はどうなっているのかを調査したい、という気にさせたのである。本来ならば各国の専門家を招集して、それぞれの国の現状を解明した論文で議論するのが筋であるが、次のように考えて日本人だけでコンファレンスを企画した。

賃金決定と賃金格差を分析するに際して、共通の目的意識を保有しつつ、かつ同じ手法を用いて統一した方法に立脚して、各国の現状を分析するメリットを重視することの価値が大きいと判断した。そこは日本人ばかりなので、国内で頻繁に会って議論をしながら共通の目的に向かった研究を行うことにした。それとできるだけそれぞれの国のデータは個票を用いて、計量経済学を応用して質の高い論文を目指した。参加者の選定にあたっては、日本人でも担当の国に滞在したか訪問した経験があり、かつその国に関心を抱いていくつかの論文をその国に関して書いている人ということにした。

国と担当者の名前は次のようにした。日本（玄田有史）、韓国（玄田有史とスー・ヤエー、韓国の人はコンファレンスには参加せず、共著者としての役割であった）、アメリカ（大竹文雄）、カナダ（中田喜文）、オーストラリア（駿河輝和）、イギリス（橘木俊詔）、ドイツ（冨田安信）、フランス（三谷直紀）の先進八カ国である。補論として、台湾、タイ、中国、インド、というアジア諸国の論文を、経済産業研究所の森川正之、西村太郎と私の三人で書いて掲載した。出版は T. Tachibanaki, editor『*Wage Differentials: An International Comparison*』(Macmillan Press, 1998）として刊行した。

本書ではもう一つ大きな目的を設定した。それは賃金格差を職業の差で評価した時に、各国の間に相違があるかどうかを検証しようとしたことである。分かりやすく言えば、専門職や管理職に就いている人は肉体労働中心の労務職に就いている人より賃金が高いが、それは多くの国に共通なのであろうか、そしてどの程度の格差であろうか、という点である。さらに、どういう職に就いているかを男女比で見ると、国によって性比に違いがあるのかどうか、というのももう一つの関心であった。その他の変数、たとえば年齢、勤続年数、教育、産業、企業規模、労働組合、などの効果がどうなのか、ということも共通の関心であった。

共通の分析手法を用いて各国の賃金を分析した結果で分かった点は次のようなものである。第一に、職業による賃金格差は、驚くほど世界共通性が高く、専門職や管理職の方が労務職やサービス職よりも賃金が高いし、一桁レベル（すなわち職業大分類）の職業で賃金の高さを順序付けすると、各国でほぼ同じ順位が得られたことが分かる。各職業の男女の性比も共通点が高かった。

第二に、他の変数、すなわち年齢、勤続年数、企業規模、教育などに関しては、その影響力が国によって異なることが分かった。年功序列を重視しているか、それとも能力実績主義を重視しているかの差が、この違いに影響を与えているのである。各国の特徴を細かく記述することはしないが、国際比較を試みた国の中では、日本とアメリカが様々な視点に基づいて評価すると、両極端の位置にいることが分かった。すなわち、年齢、勤続年数といった変数で示される内部労働市場の効果は日本で強く、アメリカでは弱い。一方で企業規模に関しては日本が強く、アメリカは弱い。教育の効果はアメリカで強く、逆に日本は弱い。

ここで示されたように、日本とアメリカを労働市場、賃金格差で評価すると、好対照の特性を保持している両極端の国なのである。それぞれが良い点と悪い点を持っているのであり、両者の特性は共通性に向かって収束するのか、それともこのままの差を保持し続けるのか、あるいはますます乖離する方向に向かうのか、興味の持たれる点である。私が予想をすれば、資本主義国の盟主であるアメリカに日本が近付くであろう。なぜならば、日本人の産業界・それに指導者層はアメリカの好む市場原理主義を信じる人の数が増加しているからである。

Internal Labour Markets, Incentives and Employment, and Banking, Capital Markets and Corporate Governance

　この二冊のコンファレンス・シリーズの書物は六甲コンファレンス、琵琶湖コンファレンスの枠内で企画されたもので、国際コンファレンスの成果を書物にしたものである。前者は労働市場、後者は資本市場を分析したものであり、いわゆる二つの要素市場の経済的評価を目指したものである。私が編者となった書籍としては珍しく、理論と実証の分析による論文が含まれている。それはそれぞれの本の共編者が理論家だからである。それらはI. Ohashi and T. Tachibanaki, editors,『*Internal labour Markets, Incentives and Employment*』(Macmillan Press, 1998) とH. Osano and T. Tachibanaki, editors,『*Banking, Capital Markets and Corporate Governance*』(Palgrave Publishons, 2002) である。大橋勇雄は何度か本書にも登場した昔からの労働経済学の研究仲間であり、小佐野広は京大時代の同僚で、企業金融論の専門家である。

　これらのコンファレンスにも海外から一流の専門家を招くことができた。前者ではJ・ハルトック(オランダ)、H・L・カーマイケル(カナダ)、E・P・ラジアー(アメリカ)、J・G・アルトンジ(アメリカ)、K・F・ツィマーマン(ドイツ)であり、後者ではP・アギィオン(イギリス)、P・ボルトン(アメリカ)、M・J・ホワイト(アメリカ)、G・ガーヴェイ(アメリカ)、J・A・ブリックリー

(アメリカ)、G・ラロック(フランス)、などである。

前者の本では、内部労働市場に焦点を合わせて、これが雇用、賃金、昇進などにどのような影響を与えているかを、理論的・実証的に分析した論文を集めた。そしてこれが企業の生産性向上や労働者の企業内における人事上での配置にどのような効果があるかを吟味している。この分野において画期的な仕事をしたラジアーやカーマイケルの論文と発言には興味深いものがあったし、オランダ、ドイツ、アメリカ、日本におけるこれらの分野に関する実証研究は有意義であった。

ラジアーのおもしろい発言が記憶に残っているので、それをここに書いておこう。ラジアーは若い頃に年功序列制を批判して、昇進や賃金は能力・実績主義が企業の生産性を高めるのに役立つと主張していた。しかし今回発表された論文では年功序列にも良い点があるというもので、昔の主張と異なっていた。そこで私が「昔の若い頃の主張とやや異なる主張をするのはなぜか」と問うと、「自分も年を重ねるにつれて安定を好むようになったし、さらに年を取って賃金を削減されるのはつらいと思うことがある」と解答した。経済学者も自分の置かれた環境の変化によって思考が変わることもあるなということと、若い時は厳しい競争に挑む精神を持っているが、年を取ると和や安定を尊ぶ気持ちが強くなるものだな、とこの有名な経済学者の年齢を重ねたことによる変化振りに驚いたが、人間らしい側面を持ち合わせているとも感じた次第である。

後者の本では、まず金融危機に際して、保有金融資産の構成をどのように変更させることによって、金融機関の経営者が倒産から逃げられるかを理論的に論じた。そして金融機関を最適に管理するための規制や監視をどう考えればよいか，そして現在起こっている証券化現象が企業金融や金融機関のイノヴェーション（技術革新）に，どれだけの影響力なり効果があるかを理論的に解明したものである。

ここで述べた理論的な研究のみならず，ヨーロッパ，アメリカ，日本の企業金融，コーポレート・ガバナンス，資本市場に関する実証研究も多く本書には含まれている。金融，ファイナンスという学問分野は，アングロ・アメリカン諸国が最先端を走っており，日本はそれに何とか追いつきたいと必死になっているのが現状である。その点からすると，比較的若い世代の日本の金融専門家による論文の発表は質が高く，将来に期待できると思われた。最後にこの分野における権威である東大・奥野正寛教授よりまとめのコメントを頂いて，本書を締めたのである。

日本とヨーロッパの比較

日本の経済学者にしてはヨーロッパ体験が長いし，ヨーロッパ経済への関心が高い私だったので，いつか日本とヨーロッパの比較研究プロジェクトをしたいと思っていた。その機会がオランダのライデン大学教授のリチャード・グリフィスと出会って，交流が始まって二人で始めた。そのために彼の大学を訪れることとなった。ヨーロッパ経済史が専門の彼との間で，第二次世界大戦で破壊した日欧経済がどのように復興し，かつ繁栄するようになったかを，歴史の視点からと現状把握という観点から比較してみよう，という研究を始めた。

研究資金を私が日本財団から受けることに成功し，彼は European University Institute から支援を受けることができた。どういう課題を選定し，誰に執筆を依頼してどのような書物にするかを二人で相談するために，私がライデン大学にしばらく滞在したのである。歴史の古いこの名門大学は静かで落ち着いた大学町にあり、私自身の滞在も共同研究上での達成感は大きかったが、静寂の中での実りの多い訪問であった。なおライデン大学は日本とも縁の深い植物学者・シーボルトのいた大学でもあり、彼の庭園などもあって歴史との因縁を感じることができた。

日本とヨーロッパの専門家を集めてのコンファレンスを、一九九六（平成八）年に京都で行った。そしてその成果は次の書物として出版した。R. Griffiths and T.Tachibanaki, editors,『*From Austerity to Affluence : The Transformation of the Socio-Economic Structure of Western Europe and Japan*』（Macmillan Press, 2000）である。具体的には、日欧がどのようにして経済構造を変化させることによって経済復興と経済発展を達成したのか、特に工業化と都市化の過程に注目して比較研究を行った。日本側の参加者は、岩田一政（後の日銀副総裁）、猪木武徳（阪大）、牧厚志（慶應大）、大嶽秀夫（京大の政治学者）などの一流の専門家であった。

戦後日本経済史

人間年をとると歴史に関心を抱くようになる、とよく言われるが、私も例外ではなかった。江戸時代から昭和時代、そして平成時代までの長い経済史はとても私の乏しい学識では無理なので、せめて戦後の経済史であればなんとか追求できるのではないかと、プロジェクトを立ち上げた。戦後経済史であれば私が幼少から大人になって現在までの生活実感とも時期的に共有するので、それほどの苦労もなく取り組めた。

このコンファレンスは、例の六甲コンファレンス、琵琶湖コンファレンスという四〇年間にもわたる長い期間のコンファレンス・シリーズの終焉を記念しての大規模なものとなった。日本を代表する経済学者を発表者・討論者・司会者として一堂に集めて華々しい論戦を闘わす機会となった。それぞれの参加者には論点を拡大せずに七つのテーマに限定して、しかしながら著者には長い論文を執筆してもらうこととした。その成果は次の書物として出版された。橘木俊詔編著『戦後日本経済を検証する』（東京大学出版会、二〇〇三年）である。五〇〇頁にも達する分厚さの学術本であるし、価格も五六〇〇円という高価なものであったが、各章の著者の高名さと各論文の質の高さとによって、この本は予想以上に販売成果はよかった。何十年か先になって、戦後五〇年間の日本経済史を勉強する時の必読書になっているかもしれない、と秘かな期待を抱いている。

各章の担当者とタイトルを記しておこう。各章の著者の所属先は当時のものである。

序　章　「戦後の日本経済を検証する」橘木俊詔（京都大学）
第一章　「マクロ経済」吉川　洋（東京大学）
第二章　「国際貿易」須田美矢子（日本銀行）
第三章　「財政」井堀利宏（東京大学）
第四章　「金融」黒木祥弘（大阪府立大学）・本多佑三（大阪大学）
第五章　「労働」三谷直紀（神戸大学）
第六章　「企業」小田切宏之（一橋大学）・久保克行（一橋大学）
第七章　「家計」橘木俊詔（京都大学）

歴史に関与すると、経済史のみならず経済学史への関心も高まった。関心が高まったというよりは、学生時代から四〇年間にもわたって経済学の理論と実証を様々な角度から学んでくると、その理論の歴史に関する知識が蓄積されて、それを自己流にまとめてみたいという気になった。考えてみればこの四〇年間、古典派経済学から始まり、新古典派、マルクス派、ケインズ派、計量経済派、市場原理主義派、合理的期待形成派、レギュラシオン派、など多くの経済思想、経済理論を勉強したのである。これらの経済思想が生まれた時代的背景、すなわちその当時の経済問題をどのように解決したらよいか、という問いに答えるために経済理論が生まれるが、その積み重ねが経済学の歴史なのである。

この経済学の歴史こそが経済学史である。橘木流の経済学史の本、『課題解明の経済学史』（朝日新聞出版社、二〇一二年）を出版したのである。「課題解明」という意味は、当時の経済問題が何であったかを明らかにした上で、これを解決するために生まれた経済学の理論を解説し、その経済理論が現代の経済問題を解決するのに役立つかどうかを検討したのが、橘木流の経済学史の本だったのである。もともとは経済学を勉強したが今では忘れてしまって、もう一度勉強したいという人や、経済学を勉強しなかった人が新しく勉強したいと希望する社会人を念頭においており、出版社の依頼による経済学史の本であった。でもいくつかの大学の経済学部において、「経済学史」という科目の教科書として使っている、という報告を受けており、学生にとって有用な書物かもしれないと思えるようになり、著者としてもうれしい思いをした。

第十一章　政策への関与と啓蒙活動

経済学者の役割として、政府の経済政策の策定にアドバイスをしたり、あるいは政府の中に入って政策の実施にあたることもある。あるいは新聞、雑誌、テレビというメディアを通じて発信したり、啓蒙書を出版して、経済政策のあり方の啓蒙活動を行って、世の中を啓発することもある。これらの活動に関して私がどういう活動をしてきたかを書いておこう。

1　政策への関与

審議会・研究会のメンバー　政府が政策を企画・実行する時、あるいは法律を制定する時に、外部の専門家や政策の影響を受ける当事者を集めて審議会や研究会をつくり、その会議での結論を取り入れたり、参考にしたりする。これらの会議は役所の実行したい政策や、制定したい法律に権威づけをするための隠れ蓑にすぎない、とよく言われる。それだけならメンバーになることに意味はないが、実はメリットもなくはない。それはその時代における経済問題が何であるのか、そしてそれを解決するための政策としてどういうものがあるかを、審議の過程で知ることができるのである。

もう一つの魅力は、役所の持つ厖大な情報に接することができるし、時にはそれを使用できる機会も与えられることにある。告白すれば、ここまで本書で私が記述してきた研究は、役所から提供された個票データの使用許可があった、というメリットを私が享受できたのである。これは審議会や研究会のメンバーになった時だけではなく、政府の研究所の客員主任研究員や特別研究員になった時にも与えられた特権でもあった。個票データの利用可能性が制限されている研究者からすると、これは公平な扱いではないと思われることは必至である。その意味では、これら特権は排除されるべきことと思う。

現実の審議会や研究会のメンバーに東京以外の人が呼ばれる可能性はかなり低い。なぜならば東京までの旅費がかかるので、役所は費用の節約のために東京近辺の専門家を選ぶのである。しかも地方の人にとっては東京まで行く時間のムダもあるので、メンバーになることを好まない人がいるし、中央・地方の区別なく役所の片棒を担ぐのを好まない人もいる。私自身はどうかと言えば、役所の情報に接することができること、個票データ使用を求めて、あえて誘いを断ることは少なかった。しかし実際には、東京にいる人よりもはるかに少ない数しか、役所に呼ばれて審議会や研究会のメンバーになっていない。もっとも役所の研究所の客員研究員には研究をともにできるので積極的に応じた。

思い出のあるいくつかの審議会・研究会について書いておこう。

経済産業省・産業構造審議会

産業政策の担当官庁である経済産業省では、最も重要な審議会とされる産業構造審議会のメンバーとなり、かつ基本問題小委員会の座長となった。そこで経済産業省の方と相談して、企業での労働生産性を高めるには労働者の質を向上させることが肝要と考え、学校教育や職業教育の効率性や質を高めるにはどうすればよいか、を検討課題に決めた。経済学者や教育学者、そして企業幹部の方の参加を得て、経済産業省・役人の方の協力の下に、日本はもっと公費の教育支出の増加を図る必要がある、という主張を報告書としてまとめた。公費の教育支出額の対GDP比率がOECD諸国中の最低である、という不名誉の是正を図ることが念頭にもあった。そして幼児教育から高等教育までの改革案を添えて、報告書では教育の質向上の必要性を主張したのである。

しかしこの報告書は政府内で不評ということであった。後になって知らされた内情は、文部科学省から教育のことを経済産業省が発言するのはけしからん、という反応が強く出されて、経済産業省がこの報告書を政府内で強く押すことはできなかった、というものであった。役所における縦割りによる縄張り争いを身をもって体験したし、むなしい思いをしたのであった。しかし、この基本問題小委員会において私が教育に関する実態を深く知ることができたし、後になって私が教育に関して書いたり主張したりする時の重要な資料となったので、個人的には有意義な経験であった。

内閣府・男女共同参画会議

自民党政府の時に内閣府内において、政府の重要な政策を決定する上部機構として、いくつかの会議が設けられた。最も有名な会議は経済政策の司令塔である「経済財政諮問会議」であった。男女平等を達成し、かつ女性の活躍の場をもっと与えようとする「男女共同参画会議」も同じ時期に設けられたが、「経済財政諮問会議」は議長が首相であるのに対して、「男女共同参画会議」の議長は官房長官なので、一段低い地位の会議であるとの感はあった。しかし首相は必ず会議に顔を出したし、他の大臣も多く顔を見せていたので、表面上は権威のある会議の雰囲気はあった。

私はこの会議の民間議員を六年間務めた。首相官邸の会議では毎回政治家、それも首相や大臣に接するので緊張もあった。でもこの会議でどれだけの男女間格差が縮小し、かつ女性の活躍の場が増加したのか、ある程度の進歩は見られたが、それほど甘い点はつけられない。それは毎年首相が替わったことによって、内閣としての政策の発動ができなかったことが響いている。私が議員になった時の首相は森喜朗だったが、すぐに小泉純一郎に替わり、その後、安倍晋三、福田康夫、麻生太郎と続いた。私が議員をやめて民主党政権になったが、首相は相変わらず一年しか務めていない。これでは中・長期の視点に立脚した政策を企画・実行することは不可能である。その後安倍晋三は第二次内閣になってから三年以上務めている。

もっと重要なことは、この課題に対する政府全体の政策目標としての優先順位が高くないことが響いたし、首相の中には熱心でない人もいた。もっとも熱心だったのは福田首相であった。もっとも熱心でなかったのは第一次内閣の安倍首相であった。しかし今となって安倍首相は女性活躍の必要性を説いているので、不思議な変わりようである。政治の世界ではトップの指導力が政策の企画・実行上できわめて重要である、ということを身をもって体験した。

男女共同参画会議に関与しての私の悔いは、女性に活躍の場をもっと与えるには、その地位にクォータ（一定比率の女性比を保つ案）を設定することが有効だと思っていたが、その案を日本で導入できる方向に導くことができなかったことである。確かに逆差別だというデメリットはあるし、一時的に有能でない女性が重要な職に就くと、生産性の低下を発生しかねないので、デメリットもある。しかしこれらは短期的な問題であって、中長期的には有能な女性がその地位に就くことにつながるので、問題は小さいと判断できる。このことは、クォータの歴史を持つ欧米の経験より明らかだったのである。私の能力不足でクォータ制を実施する方向に導けなかったことが悔やまれる。

ナショナル・ミニマム研究会　二〇〇九（平成二一）年に政権が自民党から民主党に替わり、「コンクリートから人へ」「国民の生活が第一」というスローガンに私も賛成だったので、新しい政権に期待するところがあった。鳩山由紀夫新政権の下での厚生労働大臣に就任した長妻昭は、「ナショナル・ミニマム研究会」を立ち上げて、国民に最低の生活保障をするための政策を考えることとなった。大臣から直々に私にそのメンバーの一員になるようにと声が掛けられた。日頃の私が興味を持っているテーマだったので、喜んで参加した。これまでの日本は官僚主導の政治だったところに、政治主導の政策決定にする、という売りで大臣の意気込みに期待もした。

会議の前半期は国民の生活実態を皆で勉強するという期間だったので問題は生じなかったが、後半期になって政策のことを論じようとした時、政治家である大臣・副大臣・政務官と官僚（具体的には厚生労働省）の間で争いが始まることとなった。大臣は官僚にいろいろな注文を出して、あれこれ資料を出すように指令したり、政策についても独自色を大臣が出すようになった。これまでの政府であればまず事務局（すなわち官僚）が案を出してそれに大臣がOKを出すという手順だったところ、大臣主導になったのであるから官僚がいい思いをしていないことが分かって、陰に陽に抵抗を始めたのである。これが争いの発端である。悪いことに大臣らの指令も、思いつきで出てくる、ということがしばしばあったところに、後になって大臣・副大臣・政務官は超多忙で会議は最初の数分いただけで、途中退席ということが多くなった。

これでは政治家と官僚の間がうまくいかないのは明白である。私も張り切って参加した「ナショナル・ミニマム研究会」は一年間経過してから当たり障りのない中間報告書を出しただけで、大臣の交代によって研究会自体も頓挫したのである。政治家と官僚の関係をいかにうまく保って政策の企画と実行を行うのか、様々な問題があるのだ、ということがよく分かった研究会であった。

2　啓蒙活動

格差問題

第九章において格差問題に関してどのような学問的研究を行ったかを書いたので、ここでは一般向けの啓蒙書としてどういう書物を出版したかを述べておこう。これらの書物に対して社会から様々な反応があったことを述べて、いわゆる格差論争がどう進展したかに言及しておこう。

論争は橘木俊詔著『日本の経済格差——所得と資産から考える』（岩波新書、一九九八年）の出版から始まった。貧富の格差の大きくないと考えられた「一億総中流社会」の日本である、という通念に疑問を呈したのが本書であった。二つの根拠を用いて、貧富の格差が拡大しつつあることを論じたのである。推測の推計手法としては「ジニ係数」を用いて議論したものである。一般の人もこのジニ係数という専門用語を知ることとなったのである。

一つは、日本に関して戦前から一九九〇年代までの所得格差を歴史的に調べると、高度成長期において確かに格差は小さく平等性が高かったが、一九八〇年代あたりから格差が拡大し出したこと。第二は、世界の先進国との比較においても、日本の所得格差が国際的には小さいグループにいた事実が消滅しつつあり、アメリカほどではないがヨーロッパの大国である英仏独なみの水準に達していることを示したのである。平等社会と考えられていた日本に異論を唱えたのであるから、反響は大きかった。

この私の書物は様々なところで論議を呼んだ。それらを大別すると、橘木の説は正しいというものと、橘木の説は間違いである、という二つである。後者に関しては、橘木の統計の扱い方に問題があるとする一派と、格差が拡大して何が悪いのかというように、統計のことよりも事実の解釈や判断に関する一派、に区別されたのである。橘木説を正しいとする反応については多くを語る必要がなく、ここでは後者に関してやや詳しく記述しておこう。

統計の扱い方に関して問題は、大阪大学の大竹文雄教授から提出された。第一に、課税前所得の数字に関して、『所得再分配調査』では高齢者の年金をはじめとした社会保障給付の額をゼロとして計上しているので、その数字を用いてジニ係数を計測するのは誤解を与えるので、評価に際しては注意が必要である、という点である。第二に、日本は高齢化社会に向かっているのであり、貧富の格差の大きい世代である高齢者の数が増加したことが、日本全体であたかも貧富の格差の拡大という「見せかけ」の現象を説明する理由なのでそう問題にする必要はない、というものである。

第一の点に関してはその通りなので、高齢者を標本に入れた統計で課税前所得を論ずるのは好ましくない。そういう意味では課税前所得よりも再分配後所得（課税前所得に、納税額と社会保険料拠出を差し引き、社会保障給付額をプラスした所得）を用いて議論するのが好ましいのである。幸か不幸か私は再分配後所得を中心にして論じたので問題はないが、課税前所得を用いて論じたところもあるので、これは私のミスであった。率直に私のミスを認めたのである。

第二の点の方がはるかにインパクトは大きかった。日本は高齢化社会に向かっていることが、貧富の格差が拡大している最大の理由であるとの主張に、政府が飛びついたのである。当時は小泉純一郎内閣による規制緩和が進行中であり、この市場原理主義の援用が所得格差の拡大を促しているとの批判があったので、政府からするとこの批判をかわすためにも、所得格差の拡大は高齢化現象による統計上の見せかけにすぎない、という説は好都合だったのである。私の主張に対する権威のある政府による見解なり批判は、一人の研究者にとっては荷が重いものであった。政府という巨大組織に抗することは荷が重いのである。

それでも研究者として、大竹・政府説には反論をせねばならないと思い、反論を準備していたところに、時の首相・小泉純一郎から挑発的なコメントが登場した。国会での質疑の中で、「世の中で格差が拡大しているとの批判があるが、首相はどう思うか」という問いに対して、小泉首相は「私は格差社会を悪いとは思っていない。有能で頑張る人が高い所得をもらうのは当然であるし、そういう人が経済の活性化に寄与するのであるから、頑張らなくて低い所得の人はそういう人を羨ましく思ってはダメだ」と解答したのである。一挙に格差論議がヒートアップしたのである。一国の首相の発言には重みがある。

政府・首相が乗り出してきた論争であれば、私も何か発言せねばならないと感じて、格差問題で第二弾目の啓蒙書を出版した。それが『格差社会――何が問題なのか』（岩波新書、二〇〇六年）である。第一弾から八年経過してからの出版である。この書で私に対する批判への回答を提出したし、格差社会を好ましくないとして批判する私なので、処方せんをも含めて書いたのである。

人口の高齢化現象による統計的見せかけ論に対しては、次のような反論を準備した。高齢化が国民全体の所得格差の拡大に貢献していることは間違いではないが、格差のもともと大きい高齢者の数が増加しているなら、格差の下位にいる高齢の貧困者の数が増加していることを意味していることになる。統計の見せかけとして片付けられないほど、高齢で貧困に悩む人が増加しているのは、社会にとって由々しき問題として認識されねばならないのではないか、というのが解答である。当時私は浦川邦夫と『日本の貧困研究』（東京大学出版会、二〇〇六年）を出版して、高齢者の貧困問題が深刻であると主張していたので、この専門書による分析結果が解答の裏付けとなったのである。

私の関心は格差よりも貧困問題に移りつつあったし、日本の貧困率の高さが世界の主要先進諸国の中では、アメリカに次いで第二位の高さにある、という国際比較上での貧困の深刻さが明るみに出た頃でもあった。格差問題というよりも、格差・貧困問題といった方がよい、というのが日本の現状に関する理解となりつつある時期でもあった。

小泉首相の答弁は、経済学の視点からは一つの正当な思想を代弁したものであった。経済の効率性と分配の公平性は代替の関係にある、という命題が成立することは正しい側面があると言ってよいのである。すなわち経済を強くしようとすれば、所得の格差は拡大する方向に向かわざるをえない、というのが代替関係である。たとえば経済を強くするために、市場原理主義を忠実に機能させようとして市場に規制緩和策や競争促進策を導入すれば、所得格差が拡大せざるをえない、といったことからそれが分かる。小泉首相は当時の日本経済が「失われた十年」とされた弱さを克服するためには、所得格差の拡大を容認せねばならない、と主張したかったのである。

この主張に対する私の解答は、経済をうまくコントロールできれば、経済の効率性を高める（つまり経済を強くする）ことと、所得格差を小さくすることが同時にできるというもので、その具体的な政策をも第二弾目の啓蒙書では展開したのである。この両者を同時に成功させている北欧諸国が一つの例であると示した。しかし日本では小泉首相のように経済の効率性と分配の公平性は代替関係にあると信じる人が多数派であり、私のような考えを持つ人は少数派とみなしてよかった。

日本に関して、経済効率性と分配の公平性の双方を達成するための具体的な政策、特に社会保障制度や租税制度、そして企業における労働政策や金融・資本政策、さらに教育制度について論じた。しかし一点だけ付言すれば、日本の少子・高齢化問題がもっと進めば、家計消費の低迷と労働力不足が深刻となって、いかなる経済政策を動員しても過去のような経済成長に導くことは不可能である、ということをも主張した。

メディアでの論争

格差・貧困問題で学者、政治家、官僚、メディアなどで論戦が高まると、当事者の一人である私にも新聞、雑誌、テレビから登場を促す声が増加した。大学院生の頃からメディアに出る学者は勉強する時間を犠牲にせねばならないので、学者の自殺行為であると、森嶋通夫教授あたりから警告を受けていた記憶があるので、それまでの私はメディアに出ることを控えていた。それに学者の本分は学術論文の出版にあると信じていたので、書物の出版さえも控えていたことを述べておこう。現に私は五〇歳になるまで一冊の本も出版しなかったので、書物を書くことを控えていたことは誇張ではないのである。まとめれば学者は学者らしく生きる、ということに素朴な憧憬を抱いていたのである。

しかし格差・貧困問題に関するメディアからの執筆や出演依頼の攻撃には抗じられなくなった。新聞やテレビに一度出現すると、不思議なことに依頼は次から次へと来ることが分かった。これでも抑えていた方であったが、メディアへの登場の機会は増加したのであった。

一つだけ言い訳を思いつくようになった。日本が格差・貧困問題で悩んでいて、それを解決することが重要と橘木が思うのなら、世間にそのことを主張して自らの解決策を世に問うて、もしその政策が導入されることになれば、これも一市民としての役割ではないか、と思うようになった。もし格差・貧困問題が解決されるようになれば、学者あるいは市民としての生きがいを少しは感じられるかもしれない、と思うこともあった。ここで述べたことは全くの言い訳に過ぎないのであるが、自分でそう慰めながらメディアに登場したのであった。

もう一つの慰めは、もう五〇歳の年齢を過ぎれば純粋な学問ばかりやっても成果は限られるであろうから、世直しのためと思ってメディアで発言してもよいのではないか、ということである。私の尊敬する友人、鈴村興太郎は七〇歳過ぎまで学問に没頭してメディアにはあまり出てこなかったのであり、彼からすると私などは純粋学問を諦めた曲学阿世の人と思われたかもしれない。親友・石川経夫も役所に出入りすることと、メディアに出ることを嫌っていたので、私には罪悪感が漂ったのである。

石川の有名な言葉として、「テレビに出たら魂を売ることになる」があり、私の脳裏に残っていた。

格差問題の総括と政治の世界

学問する時間を犠牲にしてまでもメディアで格差・貧困問題について私が発言したことの総括をしておこう。私の貢献は小さかったが、格差・貧困問題が頻繁に論じられるようになったことは、国民一般の格差への関心を高めるメリットがあったと言える。格差・貧困は是か非か、ということが新聞、雑誌、テレビで語られると、国民も是か非かを自分なりに考えるようになっているな、と感じることができた。政治の世界もこれに気が付いて、国政選挙でも政党が格差・貧困に関して公約やマニフェストで掲げるまでになった。すなわち、格差問題が国政選挙で一つの争点にまでなったのである。ここまでくれば私の役割はほぼ終了したかもしれない、と思うようになった。

私がそう思い始めた頃に呼応して、メディアが格差問題を取り上げる頻度も低下してきた。国民の関心が低下してきたことをメディアが敏感に気付いたからである。そもそも一つの論点を一〇年以上も国民、メディアが関心を持ち続けることは不可能とも考えられる。あるいは、いくら格差・貧困問題を論じても、社会はさほど変化しないということに気付いて、論じることのむなしさを関係者が感じたことがあるかもしれない。

最後に述べたことは正しくない、と私は判断している。二〇〇九（平成二一）年に民主党政権が誕生した一つの理由に、格差問題があったと理解している。政権交代の最も重要な理由は自民党の長期政権に国民が飽きたことによる。しかも自民党政権の末期には毎年首相が替わるという体たらくだったこともある。国民は何らかの変革を民主党に期待した点もあると思うが、格差問題もその変革の一つであった。

現に民主党の新政権になってから、格差・貧困問題に関して改革が進んだ。いくつかの例を挙げておこう。第一に、最低賃金がこれまでは年に数円しか上げられなかったが、新政権は最賃の目標を時間あたり一〇〇〇円として、年に二〇〜三〇円も上げることに成功した。第二に、正規労働者と非正規労働者の間の格差を小さくするための諸政策が導入されたし、労働条件の改善策が導入された。第三に、社会保障制度の改革に関して、弱い立場にいる人の社会保障を改善するような案を提出している。もっとも社会保障と税の一体改革の行方は自民党が政権に復帰してからやや後退した。第四に、自民党政権時代では所得税の累進度は下げられ続けてきたが、それを止めて少しでも累進度を上げる方向にもっていこうとした。

これらの例から分かるように、民主党の新政権になって格差の是正策がいくつか採用されているので、格差問題を提起した私は多少なりとも報われたと考えてよいし、それ以上に重要なことは格差問題を大きく論じてくれたメディアの役割を評価したい。

格差論議の現在

二一世紀に入って格差問題はさほど論じられなくなった。既に述べたように国民が長期間にわたって一つのテーマ、すなわち格差の問題に関心を持ち続けることは不可能である。人間、そしてメディアは常に新しいテーマを求めるのが習性というのも大きい。さらに、失われた二〇年と言われるように日本経済は不況期が続いたし、リーマン・ショックによってそれが増幅したので、経済の回復が緊急の課題となった。そこに二〇一一（平成二三）年三月一一日に発生した東日本大震災の大災害からの復興も大きな課題となった。格差よりも経済の復興に大きな関心が移った。

すなわち、大きな経済・社会問題の解決に関心が移ったのであり、格差問題は少し後に追いやられた感がある。しかし実態はそうではない。宇沢弘文・橘木俊詔・内山勝久編『格差社会を越えて』（東京大学出版会、二〇一二年）と、橘木俊詔編著『格差社会』（ミネルヴァ書房、二〇一二年）が示したように、格差問題はむしろ深刻になっていることが明らかにされた。特に貧困問題が深刻化している。たとえば、二〇一二年の生活保護受給者の数が二〇〇万人を超え、なんと戦争直後に国民が貧困に苦しんでいた頃の生活保護者の数を上回ったのである。さらに、種々の政策の中に格差を助長する効果を持つものが導入されている時代となっているのである。

外国に目を移すと、アメリカにおいて「一％の富裕層が九九％の貧困層を搾取している」というスローガンの下、反格差を旗印にアメリカ国民が強い抵抗運動を示した。'Occupy' の名の下に、ウォール・ストリートを占拠するということにまで発展した。この運動はヨーロッパをはじめ世界各国に伝播したが、日本では盛り上がることはなかった。日本人は格差への関心を失ってしまったのであろうか。実態は以前より深刻になっているのにである。

再び国民とメディアの関心は高まるのであろうか。私は否定的であった。そう判断する根拠を述べておこう。第一に、今の日本が格差・貧困社会にいることを多くの人が既に認識しているので、今さらこのことを再び議論することに興奮を感じないかもしれない。第二に、格差問題を忌み嫌う人の数が増加して、この問題を無視するか、それとも抹殺する行動に出る人がいる。第三に、貧困問題が深刻になっているにもかかわらず、貧困で苦しんでいる人の声は大きく取り上げられない雰囲気が社会にある。こういう人は苦しい生活に黙々と耐えるしかないのである。第四に、既に述べたように、経済不況の克服、大震災からの復興などの問題に関心が集まったことによって、格差問題にまで配慮や考慮が及ばない。

国民やメディアの関心が高くない時に、格差の是正策を導入することはそう容易でないことは明白である。地味ではあるが、国民、メディア、政治家に粛々と訴えて、現状を理解してもらって、政策の導入に向けねばならないのである。

とはいえ、二〇一四年から一五年にかけて、格差問題の再燃があった。それは既に紹介したようにフランス人の経済学者であるトマ・ピケティによる『21世紀の資本』によって、資本主義国での格差拡大が主張されたからである。ピケティ旋風とでも称してよいほどの再燃であったが、その後マスコミに取り上げられなくなった。

しかし二〇一五年度のノーベル経済学賞にアンガス・ディートンが受賞することとなった。発展途上国における貧困の深刻さ、そして健康格差の大きいことを実証した貢献に対してであった。同時にアンソニー・アトキンソンが『21世紀の不平等』を出版して、先進国での格差問題を論じたのであった。筆者もこれに呼応して、『貧困大国ニッポンの課題』（二〇一五年、人文書院）と『21世紀日本の格差』（岩波書店、二〇一六年）を出版して、格差問題を提起したが、これらがどう世に受け入れられるかは不明である。

メディアでご一緒した人との思い出

格差問題でメディアに登場するようになった私に対して、格差問題以外のテーマに関しても登場の依頼が時々舞い込むようになった。新聞、雑誌、テレビなどの業務を行っている新聞社、出版社、テレビ会社などの本部はほとんどが東京にあるので、そこに登場する人達は東京近辺に住むというのは当然の成り行きである。そこに私のように関西に住む人間にメディアがあえて声を掛けるということは、自分にも多少の価値があると認めてくれているのだな、と勝手な論理を言い訳にして、その依頼にいくつか応じた。その中で思い出深く残ることとなった人、メディアでご一緒した人を書いておきたい。

(1)竹中平蔵

格差を拡大した張本人とみなされていた。小泉純一郎内閣の経済ブレーンで大臣をも経験した竹中平蔵が民放のテレビ討論番組で登場した。私は日本で格差が拡大したのは小泉内閣だけの責任ではなく、もう一九八〇年代あたりからその兆候があったし、大きな要因がいくつも重なって格差拡大が進行していたと理解していた。そして小泉内閣はそれを助長したにすぎないと解釈していたのであるが、一部のメディアと政治家は小泉内閣こそが元凶と主張していた。そこで小泉内閣の経済の司令塔である竹中平蔵と、格差問題の言い出し人の私を対決させようとしたのである。政府という大きな組織を背景にしている大臣と、私のような一介の研究者との対決は、多勢に無勢で困難さは最初から分かっていた。

しかも竹中大臣は名にし負う弁舌の達人で、私のような口下手とは勝負にならないのは当然であった。私がたとえばスウェーデンやデンマークのように、北欧諸国が所得分配の不平等度が小さいながらも経済の強い国があると述べても、流暢に一つひとつ反論を述べて、聞く人からすると竹中説がもっともらしい意見である、と判断しそうな発言を続けた。では私はどうかというと、それに有効な再反論を出せないままに、正確に言えば再反論を述べたが聞く人を納得させうるような言葉を、テレビでは発言できなかったのである。討論の勝敗は歴然としていた。

これを機に、私の場合には発言・主張の媒体を、書くことに専念する方が良いと思うようになったのである。しかし竹中大臣とのテレビ討論で一つのメリットはあった。彼は最後に、「北欧型をとるかとらないかを最終的に決めるのは国民の役割である」と述べたのであり、政治家・竹中平蔵はしっかりした思想の持ち主であると思えた。私の役割は、決定する国民に有効な資料を提供することにある、と再確認できたので、彼とのテレビ討論はムダではなかった。

(2) 爆笑問題

NHKの番組で「爆問学問」という三〇分番組があって、それに私が登場したのである。超人気タレントの爆笑問題が学者の人と対談して、学問の意義を一般に分かりやすく提供するという番組であった。三〇分の番組なのに、二時間の収録を行った。京都の同志社大学まで爆笑問題の二人が訪れて、私の研究室で対談したのである。かねがねこの番組をひいきにしていたので、私は出演依頼に応じたのである。

番組のテーマは「お金と愛」というもので、お金なら私が経済学者なので問題はないが、愛というのは恋愛論に弱い私にとっては、得意な分野ではなかった。お金のことから話題が始まって、冒頭で私が爆笑問題に対して、「お二人の年収はおいくらですか」と問うたのである。売れっ子で巨額の収入のある芸人の爆笑問題はこの意外な質問にたじろいで、「これは事務所との関係があって答えられないよね」と二人で顔を見合わせて回答したのである。案外税金のことなどを恐れたのかもしれないのである。

ある意味において私のこの冒頭の発言は失礼なことかもしれず、しかも超人気のお二人を慌てさせたので、番組ではカットされて放映されないだろうと私は予想していたが、私と爆笑問題との間の冒頭のやり取りはなんとそのまま放映されたのである。この番組を見ていた知人の何人かから、後になって「冒頭のあのやり取りで橘木が優位に立てた」という感想を伝えてくれた。別に優位に立てたとは自分では思わなかったが、その後番組はお二人の軽妙な話題の進行で無事に終了したのである。結論は、お金も愛も大切であるという常識的なものであった。「先生（私のこと）も若い頃は恋愛で悩まれたでしょう」というお二人の質問に「ええ」と答える羽目となり、別に恋愛の大家でもないのにこう答えざるをえない、というおまけまでついた番組であった。

(3) 檀ふみ

『経済セミナー』という経済誌に女優・檀ふみとの対談という栄誉に浴した。表紙に対談者の写真が載るのであり、美女と一緒という好運であった。対談のタイトルは「結婚と家族」というもので、編集者は当初は経済誌だけに男性経済学者の二人を考えていた。しかし私は「結婚というのは男女がするもので、男二人の対談に誰が興味を持つのか」と主張して、対談は男女の組み合わせが良いと提案した。その通りと編集者（女性）も賛成したが、対談の相手が見つけられるかどうか不安であった。

私は経済学を学んでいるし、頭が良く文才のある檀ふみを提案した。断られるだろうと予想していたが、なんと「OK」の返事であった。早速東京のホテルの一室で対談場が設けられた。編集者、カメラマンと速記人（ともに男性）、と私の四人で彼女の登場を待っていた。彼女の入室で部屋が一気に明るくなり、美人女優の魅力と威光を待機していた四人が感じたのである。日頃女優と接することのない四人の男性からすると、まぶしく映ったのは自然なことであった。

男女関係のこと、結婚のこと、家族のことなどを率直に語ってくれて、実りの多い対談となり、読者からも好評であった。彼女は文豪・檀一雄の娘であり、父が「火宅の人」としていろいろ問題を抱えていたこともあって結婚に踏み切らなかったのでしょうか、と聞きたかったが、あまりにも個人的なことなのでその質問は控えた。それよりも「N響アワー」や「日曜美術館」などのNHK教育テレビ（現・NHK Eテレ）の名司会者だったし、ファンでもあったので彼女に会えたことだけで私は感激したのである。

慶應大学経済学部出身の彼女は、学生時代に経済学を学んだことの記憶は何もないが、一つだけ記憶していることがあると、言ってくれた。経済学者の父であるアダム・スミスと自分の誕生日が同じである、ということである。経済学者の端くれでもある私は、偉大な経済学者の誕生日など気にしたことがなかったが、面白い事実に気が付いていてそれを述べてくれたことに妙に感心した私であった。同じく『経済セミナー』誌において、日本サッカー協会の名誉会長である川淵三郎との対談もあった。スポーツ好きの私にとっては楽しい対談であったし、プロスポーツ選手の労働問題を理解する上でも有意義であった。檀ふみという女優との対談の方が、川淵氏には失礼であるが、個人的には思い出が多いので、これに関してはこれ以上述べない。

「お金と愛」、そして「結婚・家族」というテーマに関して、『愛と経済のバトルロイヤル』（青土社、二〇一六年）を同志社大学の佐伯順子教授との対談本として出版した。恋愛・結婚と女性の生き方、そしてそれらと経済との関係を比較文学の第一人者と討論したのであった。無味乾燥な経済学と人間を扱う文学との対話を目指したものである。

⑷ カンニング竹山

ＮＨＫ教育テレビが「私の思考探求」というシリーズにおいて、二一世紀の「賢者」とタレントという「謎かけ人」との対談を企画・放映した。哲学の鷲田清一や言語学の町田健と比較すると私などは「賢者」ではないのだが、そうさせられて「謎かけ人」のお笑い芸人のカンニング竹山と三〇分間の対談をした。話題は「働く意義とは」であった。第九章で述べたように「働くということ」で研究書を出版していたので、NHKの担当者の目に留まったからである。

この番組の「謎かけ人」には、NHKは当初、向井理という若いイケメンの人気俳優を考えていた。同志社大学での私のゼミナールで、「今度向井理とテレビで対談することになった」と明かすと、女子学生が騒ぎ出して「先生、東京での収録の現場に立ち会わせてください」と願う人が続出したのである。NHK当局は現場で静かにしておればよい、ということだったのでそうする予定であったが、彼が多忙過ぎて結局出れなくなり、カンニング竹山に急遽変更となったのである。それを告げると誰も東京まで行きたいという女子学生がいなくなったのである。向井理の超人気振りに驚いた次第である。

こういうハプニングのあった対談であったが、カンニング竹山はまじめに番組に向き合ってくれた。芸人として人に喝采を受けた時の喜びほど生きがいを感じることがないので、「お金」に換え難いものがあり、自分は宝くじで三億円が当たっても仕事を続ける、と発言したのである。私の「竹山さん、もし宝くじが三億円当たったらどうしますか」との問いにそう答えたのであり、「私はもし当たったら同志社大をやめて、阪神タイガースの野球を観戦するため、毎日甲子園球場に通います」という私の発言より、はるかに真摯な態度だったのである。どちらがお笑い芸人か分からない、という感想を、番組を観た人から受け取ったのである。

新書の出版

メディアの世界で多少名前が知られるようになると、新書を書かないかという依頼が舞い込むようになる。新書は啓蒙書の代表的手段であり、手軽な廉価版なので学術書とは異なる。五四歳という年になって初めて新書を出版するようになる。専門的な知識に裏付けされた内容を、初心者にも分かるような筆致で書くというのが新書の目的である。

一昔前は岩波新書、中公新書、講談社現代新書が「御三家」と称されていた。その後ごく一部の新書が爆発的に売れることとなり、出版社にとっても一冊で何万部、何十万部、時には何百万部とヒットすれば会社の経営に大きく貢献することとなり、多くの出版社が新書を出版するようになった。悪く言えば、数多く出版して、一冊だけでもヒットすればよい、という言われ方すらある。現在では新書は過当競争の時代となっている。新書は各社が毎月に何冊か出版するので、月に数多くの新書が世に現れることとなり、本屋の店頭に並んでから、一カ月で消えるという運命の新書も存在するほどである。

私もこの新書に関わることとなるが、啓蒙書なので紹介は簡単に済ます。最初の新書は、ちくま新書の『ライフサイクルの経済学』（一九九七年）を出版した。人間の生誕から死亡まで一生涯に起こる様々な事象、すなわち教育、勤労、結婚・家族、老後といったことを、経済学の視点に基づいて分かりやすく書いたものである。出版社は大変喜んでくれた内容であったが、販売の点からは失敗であった。多分私の書き方が魅力的でなかったからであろう。しかし、ここで書いた人間の一生の出来事を経済学で評価するという発想をその後持ち続けることとなる意味で、私個人にとっては意義のある出版であった。

新しい試みは、岩波新書の『家計からみる日本経済』（二〇〇四年）である。この書も私の関心である家計、家族という観点から、日本経済を評価した書物である。幸いなことに石橋湛山賞を受賞したこともあったし、これまでこういう書物がない中で新鮮さが好まれて、かなりの好評であった。家政学部での「家政経済」という講義での教科書に使用されている、との思わぬ知らせが到着した本である。

次の作品は中公新書の『企業福祉の終焉』（二〇〇五年）である。福祉、社会保障のことを研究していた私であったが、福祉の担い手としての家族、企業、国家のうち、企業は撤退しても構わない、と主張する過激な本であった。日本ではこの思想は受け入れられないのか、あるいは時期尚早なのか、二刷まで進まなかった失敗作であった。

出版時期は前後するが、岩波新書の『日本の経済格差——所得と資産から考える』（一九九八年）と、『格差社会——何が問題なのか』（二〇〇六年）は既にかなり詳しく紹介したのでここでは述べない。前者はエコノミスト賞を受賞したし、格差論の先駆けであった。後者は格差社会論への様々な批判に対する解答書でもあった。双方の新書とも売れ行きという点では、世に受け入れられたのである。私の書き方が魅力に満ちていたというよりも、格差社会論というブームに乗ったに過ぎないのではないか、という感がする。

格差に関しては同じく岩波新書『日本の教育格差』（二〇一〇年）を出版したが、それほど売れ行きは伸びなかった。そろそろ人々が格差論に飽きてきた頃かもしれないし、経済学者の書く教育論への抵抗があったのかもしれない。「柳の下にいつもどじょうはいない」の格言を痛感したのである。

むしろ教育に関するものであれば、既に第九章で紹介した橘木俊詔著『灘校――なぜ「日本一」であり続けるのか』（光文社新書、二〇一〇年）の方が新書としては成功したのである。本書の内容は第九章に譲るとして、受験競争という多くの家庭での関心の高さがあるからこそ、売れたと言った方がよい。

同志社大学時代に、大学院生としては最後の教え子となる迫田さやかと、『夫婦格差社会』（中公新書、二〇一三年）を出版した。日本の夫婦が似た者同志が結婚するという世界的な風潮の例外ではないことに呼応して、高学歴・高職業・高所得の夫婦と、低学歴・低職業・低所得という二極分解の過程にある、という書物である。こんな冷酷なことを示すことに多大のタメライがあったが、世の中の人はそう驚かずにこの事実を受けとめたようであった。

スポーツ好きの私なので、京大時代の教え子で同じくスポーツ好きの齋藤隆志と『スポーツの世界は学歴社会』をPHP新書として二〇一二年に出版した。教育の経済学に取り組んできたので、スポーツの世界においてどの学校を出たかが有利になるかを、野球、サッカーなどを例にして調べてみた。本人の運動能力、練習態度などが大きく影響する世界なので学歴は大きな効果がないだろうと予想していたが、意外と学歴は意義があることを主張した本である。

橘木・齋藤ともにスポーツの世界では無名なので、無名なりに皆の知らないことを書こうと努力はしたが、売れ行きはもう一つであった。ある人のコメントとして、この本は著者達の趣味で書かれているので、スポーツ競技での優劣がどれほど学校時代の訓練と指導者の教え方で決まるかが書かれていないとの批判があった。スポーツを実践していない著者が趣味で書いたという指摘は正しいのであるが、趣味で本を書ける人はそういないと思われるので、幸せを感じながらこの本を書いたことは事実であった。

学校に関しては、『公立vs私立』（ベスト新書、二〇一四年）を出版した。高校、大学には公立校と私立校の両者があるが、それを比較してその長所と短所を論じたものである。この書はテレビで一時間も取り上げられたのである。ニュース・キャスターとして著名な久米宏と若手タレントとして人気の高い壇蜜、そして私の三名がこの本を論じるという番組であった。司会のうまい久米、色気に満ちた壇蜜、そして何の取り柄もない私という、不思議な組み合わせの三人であったが、番組自体の評判はそう悪くなかった。

『ニッポンの経済学部』という書物を中公新書ラクレとして二〇一四年に出版した。日本の経済学部の現実と経済学者の評判を書いたものであるが、予想以上に関心を持たれて読まれた本となった。別の話題で『フランス産エリートはなぜ凄いのか』（中公新書ラクレ、二〇一五年）を公刊した。フランスの超学歴社会の実態を滞仏経験をふまえて紹介した本である。同じ頃に『日本のエリート』（朝日新書、二〇一五年）を出版し、日本のエリート・指導者層の学歴と選抜ぶりを評価したものである。この二冊は似たテーマで姉妹書と称してもいい。

第十二章　教え子は財産

京大経済研究所に長い間いたので、本務は教育よりも研究とされていたことから、教育の機会は限られていた。しかし研究所では大学院生の指導を行っていたので、かなりの数の大学院生の指導をした。研究所時代の途中に学部生のゼミナールを担当するようになり、学部生をも教えるようになった。私は本書で繰り返し述べたように、教育が大好きだったので、学部生と大学院生の指導には全精力を投入した。もし私の研究上の業績が不十分であると認定されたなら、それは教育に注力したので研究にまで時間を回せなかったからだ、と言い訳をしておこう。

1　教育の意義

教育がなぜ好きか

人であれば多くの人がそうであると予想できるが、自分が小学校から大学院での Ph.D. 取得までの二〇年間という長期間にわたって、先生の思い出というのは非常に大きい。勉強上で教えを受けた先生はもとより、勉強よりも人間形成の上で大きな影響を受けた先生も忘れ難い思い出が残る。このように思い出に残る先生がいるからには、私も学生にとって少しでも思い出に残る先生になれたら、こんなに幸福なことはない、と自然に教育に熱心になるのであった。とはいえ想像するに、私を思い出に残る先生と感じた学生は多くないだろう。なぜならば、本書で挙げた私より年長の経済学者、熊谷尚夫、森嶋通夫、青木昌彦、森口親司、宇沢弘文といった先生方と比較すれば、私の個性は強烈度に乏しいからである。それぞれの先生は経済学上の業績は素晴らしいことは言うまでもないが、それよりも強烈な個性の持ち主であることが大きい。

私の二〇年間の生徒・学生期間を振り返っても、強烈な個性の持ち主の先生にどうしても思い出が深い。あるいは強烈に私を導いてくれた先生に恩を感じる程度が高いこともある。

でも私にとっては強い個性で生徒や学生を引っ張る先生と同時に、地味ながらも真面目にコツコツと指導してくれる先生への尊敬度も高かった。たとえば阪大であれば、とても優秀な経済学者でありながら、静かにとはいえ熱心に教えていただいた、畠中道雄、二階堂副包先生がそれにふさわしい。

自分もそういう教師になりたいと思うことが多かったが、その一つの理由が私の性格、すなわちあまり目立つことを嫌う地味な性格に由来するかもしれない。私はどちらかと言えば、人の自由を尊重する気が強く、その人が思うがままの人生を歩むようにするのが最高の教育と思っていたので、強引にその人の生き方までも変えて指導するということはなかった。これはいいことか悪いことか分からないが、私は学生に対して怒りをぶちまけたことはほとんどなかった。教育を受けてきた私にとっては、強烈な個性の持ち主の先生に魅かれることもあったのに、自分が先生になった時は強烈な個性の持ち主の教師ではないように努めた、という矛盾が私にはあった。

しかしながら別の意味で思い出に残る先生でありたい、という秘かな希望はあった。それは学問でも人生でも、「努力する」ということがいかに尊いかということを、私の姿を見ながら学生が自然に感得してくれれば教師冥利に尽きると思っていた。私の人生の中でも私よりもはるかに頭の良い優れた能力の持ち主に多く出会ったが、そのような人とは異なる私の能力のなさを補うのはひたすら努力しかない、と自覚していたことが大きい。その意味では私が大学院生になってから以降は、学問へのひたむきな努力、すなわちまともに勉強するという姿を学生にも見て欲しいという希望があった。

とはいえ、矛盾と思われるかもしれない別の教師の姿が私にはあった。それは「人生、勉強だけではつまらない」として、できるだけ余暇の時間を遊びに徹しようと努めていた。学生とは出来るだけ時間を一緒に過ごそうとして、コンパ・飲み会は当然として合宿やゼミ旅行などには積極的に参加したし、私から言いだして「甲子園球場ツアー」と称して、阪神タイガースの野球観戦にゼミ生と何度か足を運んだことがある。

　これは、私の研究歴の中で『いま、働くということ』（ミネルヴァ書房、二〇一一年）という著書を紹介したが、「余暇を大切にせよ」という主張をその中でしており、いい仕事をするためには「気晴らし」が肝要と信じていることが大きい。平凡な言葉で申し訳ないが、「よく学びよく遊べ」という格言を実践するのが私の教育の基本であった。

京大院生とコンファレンス（橘木ゼミ大学院卒業生）
（著者は最前列の右から３人目）

どういう学生が気になったか

　この問いに対する私の答えは明解で、どうしても人に付いていけずに取り残されている学生、すなわち学力不足に陥っている学生、就職試験に何度も失敗する学生や、仲間から取り残されている学生などがいつも気になっていた。京大・同志社という入試の困難な大学に入学した学生は一応の勝利者なので、そのような学生はいないだろうと思われるかもしれないが、なかなかどうしてどの社会にも落ちこぼれはいるのである。一方で学問の良くできる学生やゼミの中心にいる学生は、放置していても自分で必ず道を切り開くことができるだろうと、自由に振る舞わせていた。こちら教師はそういう人の邪魔をしないことが役割と信じていた。しかし、学問のよくできる学生でその後研究者として名声を得たり、企業や役所で出世をする学生を見ることも大変嬉しいことである。自分が教えたから成功したのだ、などと思ったことは決してなく、本人の能力と努力がそうさせたのである。

なぜ私が人に付いていけなくて取り残されている学生を最も気にしたかと言えば、私の人生経験が背景にあるのではないかと思っている。灘校の落ちこぼれとして北海道まで行くこととなったので、人生の失敗者なり落伍者の気持ちが痛いほど分かるのである。さらに、格差問題などに関心があると、格差の下にいる人やいわゆる弱者への関心と注目が高くなるのは避けられず、学生の中にあってもそういう立場の人を気にするのは自然なことだったのかもしれない。かといってそういう落ちこぼれの中にいる学生を、私が自ら進んで積極的にアドバイスして人生を一八〇度変えるようなことはしなかった。「人生の失敗は誰でもすることであり、貴君も貴女もその一人にすぎないのだ」と、失敗後も後に立ち直った人の例をいろいろ紹介して、参考になればと話したにすぎない。

学生によっては自分の悩みを先生が解決してくれることを期待していたかもしれないが、私はその悩みをよく聞いてから一つの解決法だけを与えるのではなく、いくつかの取りうる解決法を紹介して、最後は学生に選択を促すようにした。別に精神心理学に強くない私なので、最適な解決法など私が思いつくはずがないし、何よりも本人の自由意思を尊重する気持ちが強かったので学生自身に選ばせた、と言った方がよい。

学生を指導する、あるいは学生ないしゼミ出身のOB・OGと頻繁に会うことができる最良の方法は、これらの人と共同研究することである。最低一週間に一度会って学問の話を徹底的にすることができるし、学問以外のことでも自由にいろいろなことを話す機会をつくることができるからである。大学の教員は講義やゼミを行う以外は、普段一日中研究室に閉じこもるのであるが、すべての研究を一人だけで研究室にいて行うことは、精神衛生上もよろしくないと気が付いていたので、一日のうちの数時間はこれら共同研究を行う人の来訪が刺激となるのである。

共同研究の多さ

他にも私が共同研究を多く行う理由がある。第一に、私一人の知識と能力だけでなく、他の人のそれを加えればお互いに相手の無知と短所を補完できて、質の高い論文ないし書物にする可能性が高まる。しかしこれには裏があって、むしろ補完関係がうまく作用せずに失敗する可能性をも秘めている。現に共同研究が失敗に終わったことも結構ある。

第二に、未熟な学生、それは大学院生であっても、少なくとも学問経験の長い私の方が、学問の世界で今何が問題になっていて、何を解決せねばならないのか、そしてその解決方法としてどういう手法を応用して研究すればよいか、などを知っている程度が高いので、それを学生に提示すれば学生は生き生きと研究に励むことがある。特に学生が何をどのように研究してよいかが分かっていない時、この教育方法を用いると学生は水を得た魚のように蘇ることがある。そして研究とはこういう方式で進めていくのだ、ということを学生自らが会得するのである。言い換えれば、共同研究とは、学生を一人前に育てるための教育手段としてのメリットがある。しかし論文にする時はほとんどを私が執筆した。特に英語の論文であれば、大学院生が専門誌に掲載できる水準の英語はまだ書けないからである。共著者名の大学院生あるいは若手研究者もこの掲載によって、学界での知名度が高まるのであり、それも教育の目的の一つである。

第三に、共同研究を書物として出版する時は、ほとんどの場合、全章を二つに区分して、共著者の担当する章と私の担当する章を個別に研究して、それぞれがその章を執筆するという方法を採用した。書物の場合には共著者も助手（助教）、助教授（准教授）に育っているので、一人前の研究者に育ちつつあり、個別に章を担当する実力を保有しているからである。もとより各自の執筆した章はお互いに読み直して、コメントをして書き直すということを繰り返した。書物は共著で出版するので、最終的には全章が共同の責任ということにした。

『安心して好きな仕事ができますか』出版記念会

　このようにして私は多くの共同論文、共同書籍を出版してきたが、それが達成できた大きな理由は、自分が「我」を出さなかったことにあると思っている。もともと強烈な個性の持ち主ではなかったので、「我」などなかったと言ってもよい。それは相手の共同研究者も同じで、「我」を出す人はいなかったのであり、お互いに相手の気持ちを尊重しながら共同研究を遂行できたのである。この結果人間的にも親しみの増す間柄になれたので幸せなことであった。これが長い研究者生活における私の最大の財産と言っても過言ではない。

もっともこれはお互いに研究テーマの関心を共有できる人との間で共同研究ができたのであり、関心を共有しない人（たとえば理論家）や研究手法の異なる人も私の研究室から多く育っている。こういう人とは共同研究をする機会はなかったが、少なくとも私からすれば学問以外の人間的な付き合いから大切な間柄となっており、これも私にとっては大きな財産である。もっともこういう人もそれらの人の学生時代における論文指導は行ったのであるから、多少の学問上の交流があったことは確実である。

日本経済の実証分析

大学院での指導は計量経済学を用いた実証分析を中心にして行ったことは既に第七章で述べたが、これを集大成として世に問うために一冊の本を出版した。それは橘木俊詔編著『日本経済の実証分析——失われた10年を乗り越えて』（東洋経済新報社、二〇〇七年）である。この書物に論文を提出した人は、京大での学部、大学院で私のゼミから育った人である。いわば教え子が自己の関心に近い分野で論文を書いたものである。二〇〇六年の九月に兵庫県の淡路島でコンファレンスを開催した時に発表した論文である。過去には『○○先生還暦記念論文集』とか『□□先生退官記念論文集』を出版する習慣が学界に残っていたが、それとは一線を画して、統一のテーマ、すなわち日本経済の実証分析をテーマに設定して、一つの目的を果たそうとした書物である。

ここにその書物の内容を章別に示しておこう。

第一部　マクロ経済

第一章　DSGEモデルを用いた資産価格の分析／中島智之（京都大学）

第二章　「失われた10年」と技術進歩／寺尾建（甲南大学）

第三章　自然率とギャップ／村澤康友（大阪府立大学）

第二部　財政

第四章　公的債務問題に見る政府の役割の再検討／二村博司（広島大学）

第五章　少子高齢化と租税政策／岡本章（岡山大学）

第三部　金融

第六章　企業の株式所有構造／岡村秀夫（関西学院大学）

第七章　地域金融市場の競争度とリレーションシップバンキング／小倉義明（早稲田大学）

第八章　メインバンクと雇用削減／野田知彦（大阪府立大学）

第四部　労働

第九章　求人と求職のマッチング／横田宏治（小樽商科大学）

第十章　労働争議と労使関係／瀧敦弘（広島大学）

第十一章　ライフイベントと若年労働市場――『国勢調査』から見た進学・結婚・出生行動／太田聰一（慶應義塾大学）

第五部　家族

第十二章　出産意欲と生活環境――夫婦が出生計画を変更する要因／横山由紀子（兵庫県立大学）

第十三章　税・社会保障制度と女性の働き方／高畑雄嗣（久留米大学）

第十四章　教育格差が資産形成に与える影響――資産格差の過去・現在・未来／森剛志（甲南大学）

終　章　日本経済の現状と今後の行方／橘木俊詔（同志社大学）

分野としてはマクロ経済、財政、金融、労働、家族とバラエティーに富んでいることが一目瞭然であるが、まさに私が関心を持って取り組んできたテーマを網羅していることが分かる。これだけの後継者が生まれたことは私にとっても誇りである。これらの人はまだ最高の年齢でも五〇歳前後にすぎないのでまだ修業中の身分と言っても差し支えない。今後の発展をますます期待するものである。

なお二〇〇六年の段階でまだ大学院生であり、淡路島でのコンファレンスでは先輩方の論文の討論者として登場し、今では大学などで研究者となっている人の名前と所属先を書いておこう。武内智彦（大阪商業大学）、齋藤隆志（明治学院大学）、松浦司（中央大学）、市田行信（政策基礎研究所）、参鍋篤司（早稲田大学）、安井大真（神戸大学）、小寺剛（京都大学）、木村匡子（名古屋市立大学）、岡田啓介（関西大学）、宮本翔（ワシントン大学）、高松里江（大阪大学）。なお所属先は大学院修了後のものである。

2　学部教育

個性の集まり――京大経済学部の学生

これまでは大学院での指導学生のことを述べてきたが、ここで学部の学生のことを一言述べておこう。一つの重要な思い出は、第七章で記したように学部の学生と三冊の書物を出版したことであったが、ここではその再述をしない。

学部でのゼミナールは京大では二年生から四年生までの三年間続いたし、一つのゼミナールには平均一〇人前後の学生しかいなかったので、少人数による長期間のゼミであった。したがって教師にとってても学生にとってても人間関係が濃密になるのである。特に学生にとっては同期のゼミ生は卒業後も友人として交流を続けているようである。

学部生の場合には一部の大学院に進学する学生を除いて、大半は企業や役所（中央官庁と地方自治体）に就職するのであるから、学問を極めようということを目的としていない。大学生としてふさわしい学識を修得し、社会人として生きていくための技能を磨き、そして人間として品格のある人に育て上げる、というのが主目的となる。私一人だけの力でこれらの三つの目的をそれぞれ一人ひとりに関して成就するのは、能力不足があって到底不可能である。最大限の努力をして、できるだけこれら三つの目的に少しだけでも近づくようにする、ということしかできなかった。

私が学部生のゼミナールを担当するようになったのが遅かったので、ゼミ生の中で最高年齢の人はまだ四五歳前後にしかなっていない。したがって企業や役所に就職した人は中間管理職あたりにいるのである。むしろここでは個性を発揮して、ユニークな人生を送っている人を二人ほど紹介しておこう。

(1)國森康弘

学部、大学院と通じての学生であり、修士課程修了後に神戸新聞社の記者となるが、独立してフォトジャーナリストの道を歩む。中東地域やアジア諸国の戦闘地域に単独で入って、戦場の生々しい写真と記事を日本のメディアで発表する、という仕事に就く。命をかけての危険な取材と報道という生活を数年間送ってから、イギリスの大学院でジャーナリズムを勉強する、という国際ジャーナリストとしての修練をも積む。帰国後は独立のジャーナリストとして、様々な分野における写真と記事、書物を発表する。たとえば『証言　沖縄戦の日本兵』(岩波書店、二〇〇八年)などを出版する。

最近は、人間が人生を終えようとする年齢に達した時、誰に看取られるかということに注目して、お年寄りの姿や看護する子供や孫の姿を写真にし、それに伴う記事をも出版するという仕事をしている。東京の新宿でこれらの写真を一堂に集めて写真集の個展を開催しており、私もその会場に馳せ参じた。その個展は『朝日新聞』の「ひと」欄で紹介されたほどである。

まだ四五歳前後という若さなので、今後の活躍が期待されるフォトジャーナリストである。彼の注目する被写体が戦場で苦しむ兵士、女性、子供であり、そして今にも命の途絶えそうな高齢者のすこやかな顔や姿なので、弱者を描く希望が強い。なんとなく私の心情にも近いところがあるので、心から応援している。

(2) 円居挽（高安正弥）

京大在学中から文芸サークルに入っていて、文学活動をしていた。経済学部という場違いの学部に入学し、かつ橘木ゼミというおよそ文学とは無縁な場所で経済学を学んだが、主な活動を文芸に置いていた、というのは私にも分かっていた。しかし経済学部にいたことは彼の就職活動にとって有利に作用したことは事実である。作家という職業はリスクが非常に高く、小説や詩歌だけで食べていけるのはごく一部の人だけであり、まだ売れない作家は他の手段で食べていかねばならない。彼もそのことをよく分かっていて、まずはサラリーマン生活に入ることを考えていたのであり、経済学部に在籍していたので企業に就職することに困難はなかった。会社も彼が副業として小説を書いていることを公認していたので問題はなかったが、最近になってサラリーマンを辞して作家生活に入った。

円居挽著『丸太町ルヴォワール』（講談社、二〇〇九年）が処女作である。学んだ京都の街におけるミステリー作品でありながらも恋物語をも兼ね備えており、現代感覚に優れた作品となっている。ちなみに丸太町というのは京都の一角を占める街並みであるし、彼の筆名である円居というのは、京大キャンパスの近くにあるレストランの名前と同じである。ちなみに挽という名前は、力を入れて引っ張るという期待を込めて、彼から求められて私が命名したものである。私にとっても円居挽は何とか作家として世に認められて欲しいと願うものである。なお第一作『丸太町ルヴォワール』が好評のようで、ごく最近に第二、第三作目を出版した。まだ三〇代前後の若者なので、今後に期待がかかる。

良心学生の集まり
——同志社大学ゼミ

京大で定年を迎えてから同志社大学経済学部に赴任した。同志社大は私立大学なので学生数が多く、経済学部は一学年八〇〇人を超えるマンモス学部である。少人数教育のできるゼミナールはこういうマンモス大学の場合には格別の役割がある。学生にとっては教師と親しく接することができるし、学生においても少数の学生と長期にわたって接するので、親しい友人を見つけることのできる場となっている。そういう意味で私も同志社大学でのゼミには、なんとか大人数教育の弊害を補償したいと思って、熱心に取り組んだ。

同志社大のゼミは第二学年度の後学期からスタートするので、二年半にわたって同一の学生が私のゼミに所属する。私はこの頃六〇歳を過ぎていたので自分の著書も数多くあることから、橘木経済学を学生に教えたいがため、私の書籍をテキストとして用いた。私の書物の中でも、数学や統計学を用いた数理経済学や計量経済学的なものは用いず、経済政策、労働経済学、社会保障、経済学史といった応用経済学を中心にした書物をテキストとした。参加者の全員が読みこなせる内容の経済学書を指定して、ゼミに来る前にあらかじめ読んでおくように指示した。どれほど読んできているかを見極めるような手段はとらなかったが、学生にとって身近なテーマ（たとえば、働くこと、結婚・家族、教育など）の書物なので、結構読んでいるようであった。これによって経済学の知識を高めることが可能と考えた。

ゼミナールの運営方式は徹底的に討論を闘わせる手段を採用した。すなわち私の書物から題材を選択して、ゼミ生がその話題に関して賛成論、反対論をめぐって議論をするのである。一教室に二〇名前後の学生のゼミであるから、討論形式にするには最適な人数であった。学生の就職試験の際や、あるいは社会に入ってからの職業生活において、自分の意見を人前ではっきり話すというコミュニケーション能力が非常に重要となっている時代だけに、学生のこの能力を少しだけでも上げようという意図があった。

もとよりゼミ生の中には引っ込み思案の学生がいるので、そういう学生にはこちらから指名して、強制的に発言させる方法をとったりした。最初の頃は自分の意見をなかなか述べようとしない学生もいたが、徐々に慣れてきて発言をする学生が増加するようになった。私が特に重視したのは、ある意見に賛成するか反対するかというよりも、賛成あるいは反対の根拠を明確に述べるということである。すなわち論理的に自分の主張を述べて、聞く人に説得力を感じさせるような討論を期待したのであった。私自身もそうコミュニケーション能力に優れていないし、その分野の教育方法にも習熟していないので、いい教師でなかったかもしれないが、討論の場を多く経験することによって、学生が徐々にコミュニケーション能力を磨いてくれればよいと思っていた。

同志社大学の学生と接して、彼らの素晴らしい側面を知ったことを強調しておこう。それは良心に満ちた行動と思考をするということである。他人が傷つくような行動や発言をせず、相手の人の気持ちを慮ってから事を進める、という配慮をする学生が多いのである。あるいは他人を蹴落として、自分だけ目立とうとする姿勢をとらないのである。これらのことは学生のみならず、教員と事務職員にも当てはまることである。

同志社の創設者、新島襄は「良心教育」をモットーとしていたことは有名である。学問のトップ、あるいは職業人としてのトップを目指すだけが教育の目的ではなく、人格教育の尊いことを重視したのが同志社の建学精神である。同志社人は良心で動く雰囲気を保持しているな、ということを日頃の教室だけでなく、教員、事務員との接触で私が感じることができたのである。

これは新島襄の教えを忠実に守ろうとする教育などで得られるのではなく、そういう人格を保持した人が同志社人になるからである、と私は判断している。それは比較的経済的に豊かな家庭に育った学生が多く集まることと、学問の世界や職業生活において大成功を収めようとするギラギラした人の少ないことが影響しているのではないだろうか。私自身もギラギラした人間ではないので、同志社のこの雰囲気は私にとっては非常に心地よいものであった。八年間（最後の一年間は教育せずに研究のみ）という短い同志社生活であったが、学生・教職員と楽しくかつ心豊かな時期を送れたことは大変幸せなことであった。

京都女子大学での教育

フルタイムの教授ではなく、客員の教授なのでゼミナールを持つことはなく、教室での講義だけであり、京大や同志社大でのゼミ生とのような濃密な関係はなかった。しかし同志社のようなマンモス大学ではないので、比較的小人数の学生を相手にする授業であった。しかも学生は既に述べたように真面目なので教えることに苦労はなかった。

むしろ現代社会学部なので学生に経済学の知識がほとんどなく、その点を配慮しながら教えるように努めた。私のように何十年も経済学を研究・教育してきた者にとって、経済学入門のような科目を教えることは「お手の物」とまでは言わないが、逆に教えがいもあった。本書のどこかで書いたが、大学院などの尖端の学問を教えるのは若手の担当とし、教養や入門の学問は経験豊富なヴェテランが担当した方がよい、と改めて感得した次第である。

聞く学生が女子ばかりなので、女子労働と家計の経済管理については詳しく教えるようにした。卒業後に労働キャリアを目指す人、専業主婦を目指す人、あるいは働きながら主婦・母を目指す人、と色々な学生が存在していた。労働経済学という私の専門を生かして、これらの諸活動にどう対応したらいいかを熱心に教えた。

逆の楽しみも私にあった。それは現代の若い女子大生が人生をどう生きようとしているのかを教室の中で盛んに問い、反応を聞くことによって私自身の研究の資料とできることであった。

補講　資本主義とは何か

ピケティの貢献

最近資本主義が非常に注目されています。なぜならば、二〇一三年にトマ・ピケティというフランス人の経済学者が『21世紀の資本』というフランス語で一〇〇〇頁、英訳で七〇〇頁、日本語訳でも七〇〇頁ぐらいの本を出版し、その本が非常に注目を浴びたからです。ピケティが言ったことは、資本主義経済は宿命的に格差拡大が避けられないということでした。要するに彼の主張は資本主義をそのまま放っておくと、格差社会がますます深刻になるから、それを防ぐためにはいろいろな政策をやらなければならないということです。その根幹には、資本主義において、お金持ちや、資本家がますます潤う経済組織になっているということがあります。彼の本を読まれた方であれば、r＞gという式をご存知でしょう。rというのは資本収益率です。要するに預金を持つとか、株を持つとかによってどれだけの収益率があるかというものです。そしてgというのは国民所得の成長率。言ってみれば普通の人が稼いでどれだけの所得の増加があるかという指標です。彼の理論の中心はこの式を導出したことでした。お金を持っている人の収益率ｒというのは、普通の庶民が稼ぐ所得の成長率ｇよりも高く、放っておけばお金持ちはますます豊かになるということを言ったわけです。それが彼の理論的な貢献でした。一方でその結果はある程度予想ができることでした。経済学には、ハロッド・ドーマー成長理論というものがあります。それによれば、ｒ＞ｇが自然に導き出せます。今日はこれを導出した経緯については申しませんが、言ってみれば昔からあるハロッド・ドーマー成長理論、これはポスト・ケインジアンの代表的な成長理論ですが、ピケティはそれを応用してこの式を出したということです。

ピケティは、この理論的な貢献よりももっと重要な貢献をしました。その貢献というのは、アメリカ、イギリス、フランス、ドイツ、日本など、資本主義国約二〇カ国のデータを二〇〇年にわたって調査し、ｒ＞ｇがほとんどの時期に成立していることを統計を用いて証明したことです。つまりお金持ちの収益率は、庶民が稼ぐ所得の成長率よりも高い、ということを理論的に証明し、かつ統計データを用いて実証したのです。

アメリカでのヒットの皮肉

やや皮肉っぽいことを二点申します。一つ目はピケティがこの本をフランスで出版したとき、あまり注目されなかった。ところが、英訳本がその翌年に出ると、アメリカでものすごい大ヒットになったことです。本の中には、数式はあまりないものの、ｒ＞ｇがすべての国で成立していることを証明する数字が沢山入っている。そのような専門書であるにもかかわらず、アメリカで五〇万部、日本でも十数万部売れたと聞きました。大ヒットした理由はいくつかあります。一番重要な理由はアメリカでのヒットと関係します。アメリカ人は自国の格差の深刻さを日々感じています。アメリカは資本主義の権化です。その国の人々が、日々見るに、どうも格差が広がっていると気づいているところに、ピケティのこういう学問的にしっかりした本が出た。アメリカのものすごい格差社会が統計によって証明されていると知り、こぞってこの本を読んだのです。

もう一つの皮肉は、英語で出版されたことでした。フランス語だけで出版されていたら、アメリカ人は気づかなかったことでしょう。アメリカ人はとにかく外国語が非常に弱いのです。その意味は、彼らは世界はもう英語で席巻されていると考えているからです。ピケティ、まあ有名な経済学者がフランス語で書いたってどうでもいいというところに、アメリカ人でも読める英訳が出てきて、いっぺんに大ヒットしました。歴史をたどれば、フランス語は昔、国際語でした。しかし、今では完全にアングロ・サクソンが支配する世の中ですので、アメリカ人やイギリス人は、英語でないと読まない、という悲しい状況があります。というわけでピケティの本はフランス語から英訳されて、アメリカで大ヒットした。そして、英語で出版されたことによって世界中の人が気づき、大変な話題になった、というところです。ピケティの本がこれだけ話題になったのはアメリカで大ヒットした、あるいは英語で出版されたことが大きいと思います。これは私達にも非常に皮肉なことを教えています。日本人も書き物で勝負する

時は、英語を使わないと世界から全く無視されるという非常に不幸な時代に入っています。これを私は「イングリッシュ・ドミナンス・ソサイエティ」と呼んでいますが、これはなんとか変えないといけません。

資本主義の始まり

さて、いよいよピケティが問題にした資本主義の話に入ります。資本主義の出発点は大まかには一九世紀、あるいは一八世紀末に起きたイギリスの産業革命だと理解していただいて結構です。産業革命期のイギリスでは、資本家と経営者が生まれました。お金や工場を持つ人が労働者を雇い、機械を用いた大量生産のもとで安くて品質のよい生産を行うのが産業革命というイギリスで最初に起こった経済制度でした。これによって、イギリスは大英帝国という強大な国を作って、七つの海を支配するようになりました。周辺のドイツ、フランスはイギリスに遅れを取ったわけです。イギリスが世界の経済を席巻するようになると、ドイツ、フランスはイギリスに負けたらダメだと考えて必死になります。その後に出てきたのがアメリカです。アメリカではドイツやフランスよりも遅れて産業革命が起こりましたが、第一次世界大戦でヨーロッパが戦場と化して経済が崩壊した間隙を縫って経済を強くしてきました。したがって、どの国が経済的に強くなるかというのは各国の経済制度の特徴のみならず、歴史的な事象によっても影響を受けると言えます。日本もそうです。戦争で破壊されて日本の経済はダメになりましたけれど、なぜ立ち直ったかというと、朝鮮特需というものがありました。第二次世界大戦後、北朝鮮、中国と南朝鮮、アメリカを中心とした連合軍は戦争をしました。その戦争によって破壊、消費される品物を日本で生産して、それが戦争特需として日本の高度成長の起源になりました。資本主義国の発展は、その国特有の経済制度の成功だけではなくて、外部との関係にもよるということを資本主義の特徴の一つとして理解していただけたらと思います。もとより、日本がその後高度成長期に入るのは、戦後の破壊から立ち直ろうとした日本人の復興への強い思いと、それに応じて頑張ったことが大きいといえます。

そして、資本主義はどこが良いか、ということを最初に説明したのがアダム・スミスです。彼が言ったのは、資本主義をうまく運営するためには、二つの原理があるということです。一つは企業経営を自由にやらせ、競争させること。自由な競争が経済の発展につながるというのがアダム・スミスの唱える資本主義の第一の特徴です。二つ目は分業です。誰だって自分の得意な作業をずっとやる方が生産性が上がります。自分で最初から最後まで作るよりも、それぞれが得意なことをやって、それらを集めて一つの生産品にした方が効率性が高いというのは分かります。というわけで、企業も労働者も分業をした方が、資本主義の運営にとって役立つと言った。その二点を主張したのがアダム・スミスでした。

彼以降、リカードやマルサスなど有名な経済学者がイギリスに多く出てきますが、その理由の一つは、彼らがイギリス経済が好調である要因を一生懸命分析したからだと思います。経済学については、その国の経済が強ければ経済学も強い、という論理が意外と成り立つかもしれません。

他方で資本主義にはもう一つの考え方があります。それは主にフランスで育まれた考え方です。フランスはイギリスよりも経済が遅れていました。フランス経済の根幹は領主が農地を保有して、農民はそのもとで働くという制度でした。しかしながら、封建領主は農民を搾取するべきではない、農民が自由な発想に基づいて農作業にあたる形式の方がいい、ということにフランス人は気づき始めました。それでまたそういうことを主張する学者が出てきた。フランソワ・ケネーという経済学者です。レッセ＝フェールという、フランス語で「ほっときなさい」「自由にやらせなさい」という意味の、封建領主が農家を搾取してはいけない、農家の自由な発想でもって、農業生産をやるのが一番良い、ということを言いました。それがケネーに代表される自由主義経済の考え方です。

面白いことに、アダム・スミスはケネーの影響をものすごく受けています。ケネーがフランス語で書いていた文章をしっかり読んでいる。そのため、ケネーのレッセ＝フェールの発想を、アダム・スミスが『国富論』の中で借りてきていると考えられます。というわけで、イギリスとフランスという二大大国が、資本主義体制の解釈に非常に貢献した、ということを分かっていただきたいと思います。これらがいわゆる古典派経済学という考え方です。古典派経済学とはとにかく自由経済で、企業も労働者も自由に経済を運営するのが良いという原則があります。そうすることで経済をもっとも効率的に運営できるということを初めて体系的に主張したのが、イタリア人のパレートという経済学者でした。経済学には「パレート最適」という言葉がありますが、要するに、ケネーやスミスの考え方をうまく咀嚼して、自由に経済を運営することで資源が最適に配分されるから経済はうまくいく、と主張したのがパレートの主張でした。

社会主義の誕生

資本主義はますます発展し、イギリス経済は強大になりました。ところが、そこで問題が発生した。これが二番目の話になります。産業革命が成功して、イギリスの生産が飛躍的に伸びて世界の強国になりましたが、資本家と労働者の関係をみると、労働者が搾取されていることが明らかになってきました。具体的には汚い工場で朝から晩まで働かされ、安い賃金しかもらえない、などのことで、それが資本主義のもう一つの特徴になってきました。ここでドイツ人のマルクスが登場するのが一つのエポックですが、マルクスだけに限定してはダメだと思います。イギリス国内でも労働者のひどい状況をなんとかしないといけないという思想が出てきました。それが空想的社会主義という考え方で、ロバート・オーウェンなどが、労働者を虐げるような経済制度をやめろ、ということを主張しました。

しかし、空想的社会主義思想の弱点は、具体的な方策や、なぜ資本主義では労働者が搾取されるのかを科学的に証明しなかったことでした。そこで現れたのがマルクスです。マルクスはロバート・オーウェンやフランスの空想的社会主義の考え方を念頭に置きながら、経済理論を用いて資本主義をとことん運営すれば、資本家が労働者を搾取する、労働者は資本家に搾取される、ということを『資本論』の中で理論的に証明しました。私はマルクス経済学者ではないので、幸か不幸か『資本論』は読んでいませんが、マルクス経済学の根幹は『資本論』にあると言われています。空想的社会主義ではなくて、科学的社会主義という言葉で、彼らは自分たちの思想を語ったわけです。

ここで大事なことは、マルクスの思想を実践する考え方が出てきたということです。マルクス＝

レーニン主義という考え方です。レーニンはロシアの革命家で、マルクスの経済理論を勉強して、資本主義というのは資本家が労働者を搾取する制度だからそれを倒さなければならず、その手段として暴力革命を起こすべきだと言いました。

現に、マルクス＝レーニンの科学的社会主義、暴力主義的革命論というのは、ロシアで一九一七年に成功しています。彼らの主張が現実で活かされたのです。そして、レーニンの主張は他の国にも移っていった。例えば東ヨーロッパ、中国、ベトナムやキューバなど、様々な国でマルクス主義に基づく経済制度になりました。資本主義に対抗する勢力として、社会主義が力を持ってきたということは、長い経済の歴史を見た時の一つの特徴であると見ていただければと思います。

資本主義の改革

しかし、労働者の劣悪な状況は、資本主義の体系の中であっても改革できる、という考え方が出てきました。これまた、経済学が当時一番強かったイギリスで、ケインズという偉大な経済学者がそう主張したのです。彼の著書『一般理論』は当時、世界中の経済学者が読み漁ったことで非常に有名です。そこで彼は、自由な経済活動をするのは非常に良いことである、しかしそこには必ず負の側面があると言いました。例えば景気循環です。景気の良い時もあれば悪い時もある。必ず資本主義には景気循環があって、景気が悪い時の対策がケインズを筆頭とするマクロ経済学者の主要な研究テーマとなりました。そこで、政府の役割を期待する考え方が出てきました。景気が悪いのであれば、政府が介入して、金融政策を行うとか、国民に消費を促すために減税するとか、あるいは公共投資をどんどんして雇用を増やす財政政策をするべきだというのがケインズのマクロ経済政策の根幹でした。

この当時もう一つ重要な資本主義の動きがありました。「福祉国家論」と言われる考え方です。景気が悪くなって失業者が現れたら、失業者は生活に困ります。その対策として、失業保険制度を作って、失業給付を与えるべきだという考え方がそうです。人々は労働している時は賃金を稼げますが、年老いて退職したら所得はありません。このような人を救済する年金制度、そしてそこに医療保険制度があれば非常に助かる。というわけで、福祉、社会保障の充実によって資本主義の欠陥を補うことができるという考え方が、ケインズと同じ頃に出てきました。これが非常に重要な、経済学史上のエポックメイキングでして、ベバレッジというイギリス人が、「ベバレッジ報告」というのを第二次世界大戦の前に作りました。大戦中にはイギリス政府に対して、資本主義の悪いところを是正するには政府が前面に出てきて、社会保障制度を充実させるべきだと主張しました。今では社会保障のバイブルだと言われるぐらいの有名な報告書となっています。

以上のように、暴力革命には頼らない、必ずしも社会主義体制にはならなくてもいい、という資本主義を保持できる政策が二つ出てきました。これらを修正資本主義だと悪口をいう人もいます。そういう考え方もできるかもしれませんが、資本主義のメリットは享受しましょうと、しかしその資本主義も完璧ではないので、時には政府が前面に出てきて、色々な政策をやるのが大事だと言ったことが重要です。

現代の資本主義

さあ現代になりました。もうケインズもはるか昔の本ですから、ケインズ経済学も色あせてきました。現在はアメリカを筆頭にした金融資本主義の時代だと言われます。金融が全て資本主義を牛耳っていると。それはどういうことか。まず株式会社制度です。株主が経営者を選びます。企業の保有者は株主で、経営者は、株主から委託を受けて企業を経営します。もう一つ重要なアクターが銀行です。銀行は国民から預金を沢山集めてそれを企業に貸しているので、企業も銀行の意見を無視できず、銀行家の言いなりにならざるをえない。というわけで、現代は株主、銀行、そういう金融に関係する人が資本主義を動かしていると見ていただいて結構です。そして、そのことに注目して世の中の格差が広がっていると言ったのが先ほど挙げたピケティです。資産を持っている人がますます潤うことが金融資本主義に特徴的だと言ったのがピケティの貢献でした。金融資本主義はイギリスやアメリカに代表されるアングロ・サクソン型資本主義と言ってよいでしょう。特にアメリカが突出しています。イギリスはやや落ちていってますが。アメリカを中心とした金融資本主義、これが現代の資本主義の一つの顔です。

しかし、もう一つの顔があります。それがライン型資本主義という考え方です。ドイツの経済を念頭に置かれたらいいかと思います。資本主義は放っておけば労働者が搾取される組織だとしたら、労働者が搾取されないように、労働者も経営に参加しましょうというのがライン型資本主義という考え方です。これはものすごくうまくいった。皆さんご存じのように、ドイツは今やヨーロッパ経済の盟主です。経営者は当然、労働者を意識して経営をしなければいけないし、労働者は経営者に搾取されないので、一生懸命頑張って働く。ところが、ドイツで最近、不幸な事件が起こりました。皆さんご存知のように、フォルクスワーゲンという名門企業が、排気ガス規制をごまかすために悪いことをやった。ドイツ企業はそういうことをやらないと、みんな世界中の人が信じていたわけです。経営者と労働者の関係もうまくいっているし、生産性も高いし、ヨーロッパの経済の盟主であったはずのドイツであういう企業が出てきて経済が落ち込んだら、資本主義もこれから変わるかもしれませんが、今後のことなのでどうなるか分かりません。

また、もう一つのドイツの懸念は、内戦をしているシリアを筆頭にして多くの難民がドイツに押し寄せたため、人道支援に熱心だったドイツも社会不安に陥っています。ドイツ経済のもう一つの心配事です。

社会主義の失敗

社会主義についても触れておきたいと思います。一時は社会主義国が多かったのですが、それらの国の経済は非常に非効率的でした。社会主義は当局がモノの生産量を決めるという中央集権の計画経済ですが、その計画経済がうまくいかなくなった。それが象徴的に表れたのがまたドイツでした。ドイツは西ドイツと東ドイツの二つに分かれていました。ですが、東ドイツは社会主義、西ドイツは資本主義。どちらも同じ言葉を話し、文化も国民性も同じで、唯一違うのが経済体制という非常に面白い現象が戦後ドイツで起こりました。

私は統合前に東西ドイツ両方を旅行しましたが、圧倒的に西ドイツの方が豊かで、東ドイツは貧乏なことを知りました。ベルリンの壁が壊れる前の東ドイツは非常に貧乏で、私も社会主義を目の当たりにして、これでは社会主義はうまくいかないな、と実感した記憶があります。案の定、東ドイツの人は資本主義体制に変えたい、自由な生活がしたいと望みました。これを契機にポーランドやチェコ、ハンガリー、ソビエトは社会主義から脱却しましたから、社会主義は結局は非効率的な経済体制であることを世の中に示したことになります。

ただし、社会主義が残っている国はあります。中国、キューバ、ベトナムといった国です。しかし、中国というのは非常に不思議な国で、経済は資本主義、政治は社会主義、共産党一党独裁です。他党を認めたり、自由を認めたりすることはあまりない国ですが、かつて鄧小平という主席が出てきて、「先富論」を唱えました。富んでいる者、力の強い者がまず潤いましょう、そうすれば、いずれ下の方の恵まれない者、中小企業などが潤うというものです。結果、何が起こったか。潤ったのは北京や上海の大企業、そして中央の政府だけで、下にベネフィットが及ばなかった。資本主義国でも同様の考え方をする「トリクルダウン理論」というものがあります。まず大企業などが潤って、いずれそのしずくが落ちるように地方の中小企業にベネフィットが及ぶという理論です。皆さんも聞いたことがあるでしょう。まず中央の大企業が潤って、その後地方の中小企業が潤うんだという理論をどの資本主義国でも主張しました。社会主義国では先富論、資本主義国ではトリクルダウンが主張されましたが、どの国においても実現していません。そうしますと、社会主義国でも資本主義国でも格差拡大は避けられないということを皆さんに分かっていただけると思います。

なぜ「トリクルダウン理論」が実現しないのか、二つの解釈があります。第一に、中央の大企業が潤おうとするときに景気循環の宿命から、景気が下降を始めることによって、大企業が引き締めに入ることが多い。第二は「ウィナー・テイク・オール理論（勝者の総取り）」が成立して、そもそもしずくの落ちるメカニズムは働かない、というものです。

次の話題はピケティが提唱した政策についてです。彼の政策は、累進度の高い所得税率、資産を多く持っている人からたくさん税金をとれ、というかなりドラスティックなものでした。この意見に対しては賛否両論です。実際に応用できないという反論が強くありました。まずは、これら高所得・高資産の人が高い税金に直面すると、勤労意欲を失う懸念が指摘されたのです。次いで、多くの資産を持っている人や高い所得を得ている人に高い税金をかけると「タックス・ヘイブン」と呼ばれる税金のかからない国に逃げてしまうという懸念がありました。象徴的なことは日本でも起こりました。一〇年ほど前に村上ファンドという大金持ちがいました。彼は大金を儲けて、高い税金をかけられることを嫌って税金の安いシンガポールに逃げようとしました。ですが、逃げる直前に、政府は捕まえて見せしめみたいなことをやりました。税金の低い国に逃げようとするのは、ヨーロッパだけではない、日本でも同じ発想をするということを、皆さんに分かってもらいたいと思います。

日本における格差はどうか

さて次は、日本における格差の話をしましょう。自分の本を宣伝して申し訳ありませんが、『日本人と経済』（東洋経済新報社、二〇一五年）という本をごく最近出版しました。明治から現代までの一〇〇年ぐらいの日本経済の概略を書いています。特に私は格差問題などを専門にしていますから、明治、大正、昭和、平成と、格差がどんな変遷をしてきたかを分析したのがこの書物の特色です。そこで明らかにしていますが、驚くことに明治時代は我々の想像を絶するような格差社会でした。三井、三菱、住友といった財閥系の資本家の所得を見たら、現在のお金に換算したら資産額が一兆円、二兆円を超しているぐらいのすごい額です。それからもう一つのお金持ちは、大地主でした。昔は小作制度というのがありまして、土地を持っている大地主は小作人に土地を貸して耕させ、地代をもらう、小作料をもらうというのが第二次世界大戦前の日本の農業の制度でした。そうすると、大地主は非常に大きな所得を得ることになります。ここでは数字には示しませんが、とにかくとんでもない格差社会でした。イギリスやフランスよりもひどい格差社会です。日本は明治時代になって近代国家になったような顔をしていましたが、江戸時代といった古い時代の特徴はずっと戦前まで残っていました。

そこで出てきたのが、ＧＨＱでした。不幸にして日本は戦争に負けました。しかし、戦争に負けたことのベネフィットもあった。どういうことか。ＧＨＱは財閥解体や、労働民主化、教育改革をやりました。また、農地改革もやりました。その他、男女平等など、様々な政策を行いました。私はＧＨＱの歴史を見ると、非常に面白いことに気がつきました。アメリカでもできないような理想的な改革を日本でやってくれたのです。日本の財閥解体、いわゆる独占禁止法を日本に導入したハドレーという経済学者の研究を見ますと、生々しく書いてある。「自分はアメリカでこんな政策を主張したけれど、成功できなかった。じゃあ日本でやりたい」。日本で理想的な制度を作りたいと、彼らＧＨＱの人は燃えていたんですね。素晴らしいことです。「ＧＨＱ様々」と言ったら怒られるかもしれませんが、アメリカですらできない改革を日本でやった。勝者の言いなりになったからだめだという意見も当然あるでしょうが、私はＧＨＱの改革は日本にとって非常に良かったと見ています。息子の方のブッシュ大統領が、非常に良いことを言っていた。「アメリカは日本の占領政策に成功した」。広島・長崎に原爆を落としたことには言及せずに。「日本はＧＨＱのおかげで民主国家になり、経済も強くなった。それをイラン・イラクでもやりたい」と彼は発言したのです。彼もＧＨＱのことを評価していたのです。不幸にしてアメリカのイラン・イラク政策は失敗しましたけれど、このようなブッシュ大統領の言葉からは、アメリカが日本に対して良いことをやったという解釈をしていることがうかがえます。

公平性と効率性

次に参りましょう。ＧＨＱの改革は成功して、日本は一転、平等国家になりました。財閥は無くなりました。独占禁止法が非常に強くなって企業は小さくなったし、何よりも農地改革が成功した。いわゆる小さな土地を持つ独立自営農民の数が増えた。というわけで大地主や資本家が巨額のお金を持つのではなくて、国民、つまり労働者も農民も経営者も色んな人が大体同じような所得を得る平等社会になりました。統計を見れば如実に出ております。戦後の一〇年間二〇年間、日本は非常に平等社会だったのです。今の北欧並みに貧富の格差がありませんでした。しかし、もっと大事なことがあります。それは、当時、経済の効率性も非常に高かったということです。まさにこの時期は高度成長期です。経済成長率は一〇％弱という非常に高い数字。同時に国民の所得の分配も平等性が高かった。経済効率性と公平性・分配・平等、これを高度成長期の日本は見事に達成していました。まさに両方の良い面を保持していたのがこの時期です。

ところが、経済学ではこの両者、すなわち効率性と公平性はトレードオフ関係にあると考えます。一般に、経済効率性を重視すれば平等性が犠牲になるというのが、我々が勉強している経済学の一つの帰結です。多くの国でそれが成立しています。アメリカでも、イギリスでも、ドイツでも、そしてフランスでもそうです。日本の高度成長期だけ、稀有な例外として存在している。我々はこの経済史の事実を世界に誇っていいと思います。

アメリカやフランスやドイツでは、なぜこのトレードオフの関係が起こっているのか。一つの例を挙げれば、よく分かります。イギリスの経済史を見ましょう。一九六〇年代から七〇年代、イギリスの経済はガタガタでした。先進国の恥と言われたくらい、イギリスの経済はダメでした。イギリスから自動車産業が消えました。製造業はガタガタで、イギリス経済は瀕死の重症。今からは考えられませんが、なんとＩＭＦからお金を借りているんです。それくらいイギリス経済の非効率性が高かったのです。その時に出てきたのがサッチャー首相です。鉄の女、サッチャーが出てきて何をやったか。規制緩和、競争促進、福祉削減。まさに経済を強くするための政策を、彼女は主張したわけです。これらはある程度成功しました。一九八〇年代のイギリス経済は立ち直りました。経済効率を重視するためのサッチャーの三つの政策が、成功したんです。

ところが、今度は何が起きたか。国民の間で貧富の格差が広がりました。つまり平等性が犠牲になったというわけです。イギリス国民は非常に賢いです。サッチャーのおかげでイギリスの経済は立ち直ったけれど、統計を見ると国民の間で格差は広がっていた。今度は公平性を考えなければいけないという意見が出てきて、保守党から労働党の政権になりました。国民は非常に良い選択をしているのです。経済は強くなった。それはいいけれど、格差が広がりすぎたのも困るというわけで、今度は労働党のブレア首相を選んだのです。しかし、労働党のブレアが福祉を充実させて、分配の平等性が高まると、今度は逆に経済が弱くなるという現象が起きて、国民は再び保守党を選択しました。今のキャメロン首相です。このように、経済の問題と政治の問題が緊密に関連しているのです。経済効率を重視する時は保守党、公平性を重視する時は労働党を選びましょうと。イギリスの政治は非常にうまくいっていると私は思います。行き過ぎると是正の力が働くというのがイギリス。

同じことはドイツでも起きています。ドイツもキリスト教民主同盟と社民党が政権交代を繰り返しています。まさに効率性を重視するのか平等性を重視するのか。トレードオフが避けられないから、今はこっちを選びましょうというわけです。なんと、アメリカもそうです。民主党と共和党の政権交代、まさにこれに対応しています。

日本だけダメ。民主党に期待する人が民主党にいっぱい投票しましたが、だらしない首相が三人も出てきた。民主党の政権は運営能力が無くて、今や安倍さんになっています。安倍さんはまさに経済の効率性ばかり言ってるでしょう。彼の主張はもうこれしかない。公平性はどうでもいいとまでは言いませんが無視の姿勢です。彼の政治信条ですから仕方がないのですが。日本はそういう現状にあると思ってもらって結構です。

日本の成長戦略

最後に、日本の成長戦略という話に参りましょう。安倍さんは経済効率、もうとにかく経済を豊かにしようと強調します。経済を豊かにしましょうという案に私は反対しません。経済が豊かであるに越したことはない。しかし、彼は最近、二〇二〇年にGDPを六〇〇兆円にすると言ってます。計算すると、名目での年率三％の経済成長を実現しないといけない。役所が計算した結果ですから、おそらくこれは正しいです。しかし、今季の経済成長率はマイナス〇・八％です。どのようにして年率三％を達成するのでしょうか。このような疑問が、なんと日経新聞の社説にも載りました。

日経新聞といえば、どちらかといえば経営者寄り、自民党寄りじゃないですか。日経新聞ですらこんなの無理だと社説で書きました。もう一人、無理だと言った人が、経済同友会代表幹事の小林喜光さんです。日経新聞と経営者のトップが無理だと言ったことを安倍さんはやろうとしているのです。私も無理だと思う。日本は少子高齢化が進んでいる。労働力がどんどん減っています。労働力が減るということは、稼ぎ手の数も減る、そうすると家計消費も減ります。GDPの大きな比率を占めているのは家計消費ですから、少子高齢化で労働力も足りない、家計消費も足りない。成長率は本来ならば、今よりもっと悪くなることを国民は選択しているということです。低成長率を国民は選択した。なぜか。少子高齢化を選択したからです。経済学を勉強された方であれば、こういう式があるということはご存知ですかね。経済成長率・Y／Yというのは、国民所得の成長率は技術進歩の成長率と、資本の成長率と、労働の成長率で決まります。労働の成長率・L／Lはマイナスです。・K／K、日本の貯蓄率は今もう〇％か一％ですから。資本の成長率も〇％前後。このような状態で三％の成長率なんてとっても無理。技術進歩だけで年率三％以上なんてどの国も達成したことがありません。少子高齢化を選択した日本において、これは無理です。だから私の成長戦略はゼロ成長率であります。今はマイナスですが、さすがにマイナスだけはやめましょう。マイナスというのは生活水準が落ちるということを意味します。昨日食べていたものが今日は食べられないということをやはり人間は認めたくありません。できれば過去と同じ生活水準を保ちたい。私もそう思う。だから、ゼロで我慢しましょうと。ゼロということは、生活水準は変わらないということです。これを主張した人が、私の大好きな経済学者である、J・S・ミルです。彼の説はステーショナリー・エコノミーといい、定常状態と訳されています。豊かにならなくても、貧乏にならなくても、今のままでいくのが、人間一番幸せじゃないか、というのがJ・S・ミルの定常状態の主張です。私のゼロ成長率も、それに該当するということを言っています。最後は幸福の話に一言触れておきたいと思います。

幸福の経済学という分野がありまして、どの国の人が一番幸福かという調査が世界中で今行われているのですが、だいたいどの研究もデンマークの国民が世界一幸福だと言っています。なぜデンマークの国民が世界一幸福かというと、政府が年金や医療や介護、教育の面倒を見てくれて、非常に不安の無い社会だからです。その代わり、デンマークの国民の税負担率は六割から七割。自分の収入の六割ぐらいがとられることを彼らは認めているのです。日本ではまず無理だと思います。日本人の嫌税意識は非常に強いので、まあデンマークほどはいかないにしてもフランスやドイツやイギリスぐらいの負担率で日本は経済を運営したらいいのじゃないか、というのが私の主張です。したがって、結論を申しますと、そんなに成長成長とばかり言わず、かといってとことん平等ばかりも追求しない、たとえばデンマークみたいな国が一番いいのじゃないかというのが私の主張です。ちょうど時間になりましたので、皆さんからの質問をお受けしたいと思います。どうもご静聴ありがとうございました。

質疑応答

――今日はご講演ありがとうございました。一点質問させていただきたいのは、先生は貿易をどのようにお考えなのかということについてです。資本主義ではどこかに市場があって、そこに商品を売ることによって利益を上げてそこから税金を取って、その税金によって再分配ができるから平等というのが成立すると思います。しかし、市場の規模が国内に十分ないという場合、特に日本は少子化によって市場規模が十分ではないのではないかと疑問を持っています。そうしますと、日本の場合、特に少子化でマイナス成長であることを鑑みて、ゼロ成長を保つためにもおそらく輸出をしないといけないのではないか。しかし、そうなった場合、輸入国が輸出を受け入れてくれる程度に生産力が低いという状況が必要なのではないかと思っています。これから途上国がどんどんキャッチアップをして、先進国並みの力をつけていった時に、どの国もお互い輸出ができない。そうなった場合、「タックス・ヘイブン」の話にもつながりますが、結局シンガポールのような国が勝ってしまって国際的には貧富の格差が拡大するということに陥らないのかなと考えているのですが、先生はどうお考えでしょうか。

私は国際貿易が専門ではないので素人のようなお答えしかできなくて申し訳ないのですが、ヨーロッパの場合はEUという共同体があって、域内貿易がものすごく盛んです。デンマーク、ドイツ、イギリス、フランスもヨーロッパの中での域内貿易というのが非常に多いです。日本は島国だし、アジアでそんな共同体を作るのは、日本と韓国と中国の仲の悪さをみたら、絶対無理じゃないですか。というわけで日本は、まだヨーロッパほど域内貿易をできるような体制にないので、やはりどうしても国内での経済政策に頼らざるを得ない割合が強いかなと。貿易の統計を見たら輸出輸入額の対GDP比率はまだ日本はそんなに高くないです。ヨーロッパは多くの国で五〇％を超していますよ。これは域内貿易があるからです。日本は国内で国内需要を喚起するのが一番重要ではないか。

そのための最大の効率的な政策は、出生率の上昇ですよ。子供の数が増えて労働力が増えて、品物の買い手も増えればもう日本国内だけでやっていけるのだけど、出生率だけは国家が国民一人ひとりに強要できる話じゃないですね。昔戦争中は「産めよ増やせよ」で兵隊の数が欲しいから人口をものすごく増やしましたが、今のこの私達のような自由な社会で、独裁者が、女性に子供を産む数を命令し、逆らったら処罰するなんてことはできないでしょ。だから理想は子供の数を増やすことなのだけど、それが強制的にできない限りにおいては、できるだけ子供の数は増やしたいけれど、それに全面的に依存できないなら、もう、技術進歩に期待するしかないです。企業の生産性を上げる。労働者の生産性を上げる。一人あたりの生産力を上げる。これに期待することが、日本での国内政策で重要だと私は見ています。以上です。

――今日の先生のお話、同感する部分が多いのですが、解決策を考えないといけない部分がどうしても疑問になります。その一つが今日本は大変な財政赤字を抱えていることです。一〇〇〇兆円とも言われていますし、それから各年度においても大量に国債を発行している。そういう基本的な財政の部分の問題をどう考えるのですか、あとリニアモーターカーとか、原発も賛成・反対の大議論になっていますが、そういうふうに日本の技術を使って相当の投資をする話が進んでいるものについてはどうするんだということ。それと絡んで、大学教育といいますか、最後ちょっと言われたので、技術志向型というところに日本の未来があるようなことを言われたんですが、今までと今後の大学教育のあり方ということについて日本がゼロ成長経済を志向した時に、何かそのヒントになるお考えがあればお聞きしたいと思います。

全くあなたのご意見と一緒で、今後日本の技術進歩を上げるには教育に頼るしかないと思います。一人あたりの教育水準を高め、一人あたりの生産性を高めるのは、教育を全国民に施して、できるだけ高い教育をみんなに受けてもらうような政策が基本にあれば良いのです。一人あたりの生産性が高くなったら、技術進歩率も上がりますからね。一人あたりの生産性を高める教育、これは職業訓練と、学校教育です。訓練は昔は企業でやっていましたが、今はもう企業にそんな余力はないから企業で訓練はしないんですよ。となると、学校でそのような教育をやる必要があるというのが私の個人的な意見です。

学校教育には二つの目的がある。教養教育と実務教育。要するに、教養を高める、アリストテレスのことを一生懸命分かり、源氏物語の文学がいかに面白いかを勉強するのが教養教育です。実務教育というのはそうじゃなくて、教育を受けたことによって一人あたりの働き手としての能力を高めるのが実務教育ですね。反対の意見を持たれている方もいると思いますが、実は私は実務教育を重視せよという立場なんです。一人ひとりが有能な労働者として育つことが、日本の経済を立ち直らせるための唯一の政策だと私は思っているのですが、教育の分野ではこれが真っ向から対立してるんですよ。皆さんご存知のように文科省が文系学部は国立大学にいらないと言いましたね。あの背後には実務教育の重視があるのですよ。それに対してはものすごい抵抗がありましたね。そんな働くことだけに一生懸命になっていく国を作るのかと、もっと教養もないといけない。サルトルが何を言ったとか、アリストテレスが何を言ったということも知ってないと、国際的なビジネスマンは国を出ても恥ずかしい目に遭うよという意見も結構強い。

皆さんはどっちが主だと思いますか。私の方からむしろ聞きたいです。大学教育は、教養教育に徹するべきか、実務教育に徹するべきか、皆さんの意見を聞いてみたいと思います。よろしいですか、皆さんに聞いても（会場手を挙げる）。真っ二つに分かれる。まさにこれが今の日本の現状なんですよ。もちろん、両方できれば良いに越したことない。理想はそうなんだけど、人間の教える能力も学ぶ能力も限られているから、どちらかと言えばこちらというようにそろそろ決着つける時期になっている、というのが私の答えです。

——お話ありがとうございました。僕が個人的に質問したいのは今日の講演のタイトルが「21世紀の資本主義」ということで僕がまさにこれから生きていく時代が二一世紀なわけです。今後資本主義はどうなっていくのだろうということなんですけど、僕が思っているのが、今後ロボットがどんどん出てきて人々が働く必要がなくなっていくんじゃないかというのがあります。僕は東京に住んでいるのですけど、東京の街を歩いていると、必要とされていないサービスが結構出てきているなっていうふうに感じていて、それらがどんどん出てきて、資源を使ったりしていることが、環境問題とかあるいは経済のショックにつながっていくんじゃないかとちょっと直感的に感じているんです。たとえばレストランがこんなに沢山ある理由を考えたり、人々に必要とされないサービスがこんなに出てきている理由を考えています。これがどのような仕組みで成り立っているのかということを説明いただければ幸いです。

ご質問を私なりに解釈すると、資本主義の経済というのは結構ムダな生産やサービス提供をしているのではないか、ということになります。

今のところ不幸にして資本主義に代わる理想的な制度を経済学者がまだ主張できていません。天才に頼るしかないと思います。あなた方の世代が大人になった時に天才的な人が出てきて資本主義に代わる何かいい制度を提案してほしいという期待があります。今の段階では、資本主義に代わる良い経済制度はないと思います。したがって、資本主義のもつ欠点をできるだけ小さくすることが、今二一世紀に入っての私達の課題と役割であって、二一世紀の後半、あなた方がもう中心人物になる頃には案外新しい経済制度が出てくるかもしれません。資本主義に代わるものはない、今の時点では。それはピケティも言っています。ピケティも資本主義に代わる良い制度は今の時点ではないと言っています。だからおおよそのコンセンサスだと言っていいと思います。あなたの中に何かありますか。新しい制度。

――いやあ難しいですね。

難しい。ある意味ね、これ非常に逃げ道なんだけど、やっぱ天才って大事なんですよ。他の学問、技術の分野でも天才の果たした役割は大きいです。経済学の世界でも私が本日の講演で挙げた人はやはりみんな天才なんですよ。彼らがやっぱりものすごくいいアイデアを出し、私ら小者はですね、それがいいとか悪いとか言っているにすぎない。日本人は不幸にしてまだノーベル経済学賞を出していないので、ノーベル経済学賞を受賞するような人が出てきてほしいという期待はしています。

――ちょっと経済学、経済そのものの話からは外れるんですけれども、ピケティの『21世紀の資本』に関してちょっとお尋ねしたいです。先生は先ほどこれが爆発的に欧州で売れたファクターの一つとして英語で書かれたということをお挙げになっていました。日本の場合はみすず書房から出された翻訳の本が爆発的に、十数万部売れました。しかし、この本はすごく高いので、これを買える人は相当経済的に余裕があったり、あるいは時間的にもそれを分析したり味わって読める人が買っているのだと私は思います。この本を、どのような層が読んでいるのか教えていただけると嬉しいです。

それは出版社に聞いてもらった方がいいのではないでしょうか。私は誰が読んでいるかまでは分かりません。ただ易しい本ではありません。全然数学の知識はいらない。ただ忍耐が要ります。七〇〇頁の本を読むっていうのは単純に辛いですからね。でも忍耐さえあれば誰でも読める本ですし、日本語の翻訳も出てますからね。読めないことはない。誰が買ったか……。あなたの予想はどうでしょうか。

――ファッションで買ってる人が相当数いるんじゃないかと少し勘ぐっています。

若い世代の人は知らないと思いますが、私らより少し年下で浅田彰という人がいて、京大の若手教員や学生の間で『構造と力』という彼の著作を持って歩くのがファッションだという時代があったんですよ。まあピケティもそのようなところはあるかもしれませんが、ピケティの方がまだ経済学者としては優れてますよ。彼は将来たぶんノーベル賞を取るでしょう。まだ若いですからね。四〇代だから。一〇年後とか二〇年後かになるでしょうけれども。

――先生はゼロ成長率を目標にするのが一番いいんじゃないかということをおっしゃっていて、その中で少子高齢化のために子供をたくさん産ませることと、実務教育に力を入れるということをおっしゃいました。しかし、子供の数を増やすっていうのがうまくいったとしても、それが結果として出てくるのに一世代かかります。それで、もし先生が日本の総理大臣だったら、ゼロ成長率を達成するためにどのような政策とかを掲げて、それを達成すると思いますか。

繰り返しになりますが、やはり教育をとことん頑張ると。教育を重視することが一人あたりの生産性を高めることになるので。教育は幼児の頃から二〇歳くらいの人に施すもので、教育をやればすぐに生産に関与できますからね。子供を作るよりもはるかに効率性、即効性があります。私はやはり教育の充実、学校教育と職業訓練、訓練は国が職業学校をつくって、色々な教育をやらなければいけないと思います。この前日本が国産のジェット機を飛ばしたじゃないですか。日本は戦争直後、アメリカにジェット機の生産を禁止されたんですよね。ところが日本は戦後何十年間かにわたって、三菱が頑張って、あのジェット機をやっと飛ばしました。他の技術でも教育がしっかりしていればそういう素晴らしい製品を作ってくれる人がどんどん出てくるので、いいんじゃないでしょうか。

――私は今、大学院生なんですけれども、一応在籍がドイツの学校です。それで、日本で学生でいること、実務教育もそうですけど勉強をすることに、お金がかかるなと思います。ドイツにいて、簡単に奨学金をもらえるチャンスが沢山あることなどを見ていて、日本で実務教育も含め教育の権利を受けることは経済的にそんなに簡単ではない、と大学院生をしている経験から感じました。

それはもうあなたの意見に大賛成です。統計を見れば一目瞭然ですが、日本は、国家が教育支出をしている対GDP比率がOECD諸国の中で最低です。国は教育支出をしていません。なぜか。日本は教育は私的財だと見てるんですよ。教育を受ける人がその利益を受けるのであるから、その人が負担しなさいというのが日本の長い間の教育の歴史なのです。だから家庭に負担を押し付けているのです。そうではなくて、国家が税金を沢山取るけど国家が教育支出を多くやれば国立大学の授業料だってゼロになるかもしれない。今や年間五三万円、アメリカに次いで世界で二番目に高い大学での授業料の国ですよ。ドイツはまだ授業料ゼロじゃないの。

――数年前からゼロでなくなりましたが、それでも安いですね。

そう、非常に安い。フランスはいまだにゼロです。イギリスは無料ではやっていけないので、かなり高い額になりましたが。だから、教育に支出する対GDP率がトルコ並みの低い比率である日本は、教育に関しては先進国とは言えないと私は思います。以上です。

――最後の幸福度を高めていくという点で質問があります。デンマークとの比較という話で日本では税に対する嫌悪感が強く、デンマークのような再分配などは難しいのではないかというお話がありましたが、日本において税だとか再分配に対して嫌悪感を減らしていくといった政策を国民が受け入れていくためには、どういうところから始めていけばよいのでしょうか。また、別の話ですけれども、先ほど出てきたライン型資本主義のような、搾取される側の労働者も納得を得られるというような政策が税の面でも必要なのかなと考えたんですが、何から始めたらよいかという点でお考えがあれば伺いたいです。

私はそれに関して、日本人にはやや悲観的な見方をしています。いまや日本人が一番の理想としてるのはアメリカ型自立主義なんです。ヨーロッパのような福祉国家は俺達の肌には合わないと、やはりアメリカ流の自立を中心にして自分で頑張って生きなさいという考え方を支持する人が多数派です。

そういう人は頑張ってたくさんの所得を得たのをたくさん税金で取られるのは嫌だという人が多いので、日本で再分配政策を導入するのは諦めた方がいいような気がします。昔、日本の一番所得の高い人の税率は八〇％くらいでした。一番所得の高い人は八〇％も税金取られていた。ですが、今はお金持ちからそんなの嫌だという声がものすごく強くなって、四〇％台に落ちています。それが日本の国民の多数派の意見だからこれは仕方がない。我々は民主主義の中で生きてますから。だから昔のような税率八〇％は取りすぎだけど、六〇％くらいに上げる政策をどう日本人に納得させたらいいかと言われれば、私も色々考えますけど、今の時点ではやや否定的です。日本人はそこまでの寛容性がない国民だと見ています。

一つ私にできることは、デンマークやスウェーデンのような北欧諸国では所得税率や消費税率が高くて、国民の間の所得分配には公平性が保たれているが、経済効率性も高くて経済の強い国がある、ということを日本人に知ってもらえる努力をすることです。あなたは何かありますか。

――私も特に思いつくことがなくて、その先ほど話題に出たような納得感というか、その取られるぶん何か得られるというところで拡充させていくしかないのかなという考えではいます。

労使関係をもっと良くするっていうのはあり得ますけどね。でも重要なテーマであることは確かです。税制は非常に大事なことです。

（二〇一五年一一月二二日、京都大学一一月祭での講演）

おわりに

改めて自伝を執筆後に読み返してみると、波乱万丈とまではとても言えないが、いろいろな場所で過ごして、いろいろなことをしてきたし、いろいろな人に遭遇してきた、ということを感じる。日本国内のみならず、世界の国々で訪問、滞在をしてきたことがわかる。とてつもない嫌みを言えば、G5の国々（日米英独仏）の首都のうち、東京以外のワシントン、ロンドン、ベルリン、パリの四都市に少なくとも三カ月以上の滞在経験がある。東京だけを知らない日本の田舎者なのである。

とはいえ外国に関しては、アメリカ、フランス、イギリス、ドイツだけが主たる滞在国であり、他のアジア、アフリカ、南米などの経験はないし、発展途上国をほとんど知らないことが不本意である。私の専門が主として先進国に特有な問題だったのでやむをえない面もあるが、心残りではある。

大学に限定しても国内、国外のいろいろな大学で学びそして研究生活を送った。特に日本では教養部、学部、研究所という異なる部局を経験した。私の秘めた誇りは、日本政府の官庁（日銀を含めて）の研究所を、客員制度をもたない官庁を除いてほぼ総なめにして、客員研究員として務めたことである。政策や実証に関する研究を広範囲にできたことは幸運であった。

私の研究歴を振り返ると、様々に異なる広範囲なテーマに取り組んで研究してきた、ということが明らかである。なんとスポーツや文学に関することまで出版し、手法も経済学のみならず哲学、社会学などの力も借りた。しかも書物、論文の数は普通の人よりかなり多いというのが特色となっているし、共著という形態もかなり多い。もとより研究者の貢献は研究の質で評価されるべきということはよく分かっているので、業績数の多いことを誇りに思う気はまったくない。むしろ世界の学界におけるトップ学術誌である『*American Economic Review*』などに出版経験のないことを恥じているのが本音である。

一つ言い訳になるかもしれないが、たとえ超弩級の学術誌に出版できなかったとしても、若い頃は研究中心の生活で学術誌への論文投稿だけに特化した。書物の出版は五〇歳を超えてから、マスコミへの登場は四五歳を超えてからであった。書籍の出版やマスコミ登場に関しては、良い意味でも悪い意味でも私は完全に遅咲きであった。

ところで数多い大学、研究所での滞在経験、そして多数の共著者がいるということは、多くの人と接する機会のあったことを意味する。ここで会った人々は私にとっては財産となっており、親しくお付き合いをさせていただいたことは幸運であった。さらに教育ということに格別の思いがあった私にとって、大学院、学部を問わず私を先生として接してくれた学生には大いに感謝したい。研究上で取り立てた仕事のない私であるとの声があれば、その欠点を教育で補ってきた、と返答したいほどである。

もう一つは、学者にしては新聞、雑誌、テレビなどに現れる回数が多い方であったということである。マスコミに出る学者は勉強していない、という批判が強いので、そう言われることが嫌で数多くの書物、論文の執筆に駆り立てたと言っても言い過ぎではない。

最後に、人生を振り返って学者ではなく、私はノンフィクション作家になるべきであったとの悔いがある。最近の数年間はほぼ二カ月に一冊の割合で本を出版するという多作ぶりであった。もとより質の悪いものが多いかもしれない。次々とアイディアが浮かぶし、執筆の速い自分を悟ったのである。学者はごく少数のテーマをとことん追求して、新しいことを発見するのが役割である。ノンフィクション作家はそうではなくて、それほど深い掘り下げを必要とせず、事実を淡々と叙述する作業が中心である。速く書ける人に打って付けの文筆業になればよかったのである。

もとより人生は一度きりなので、悔いても仕方がない。学者として小さいながらも幸せな生活を送れたことに不満はない。こういう人の人生を書くことを勧められたミネルヴァ書房編集部の田引勝二氏の親身になっての編集作業に心より御礼申し上げたい。自分のことを書いたので、内容に関する責任はすべて私にあることは言うまでもない。

二〇一六年四月

橘木俊詔

橘木俊詔略年譜

和暦	西暦	齢	関係事項	一般事項
昭和一八	一九四三	0	**8・8**父橘木正教と母美佐子の長男として兵庫県西宮市に誕生。	
二〇	一九四五	2		**8・15**終戦。
二二	一九四七	4		**5・3**日本国憲法施行。
二五	一九五〇	7	**4・1**西宮市立津門小学校入学。	**6・25**朝鮮戦争勃発。
二九	一九五四	11	**9・1**名古屋市立桜小学校転入学。	
三一	一九五六	13	**3・31**桜小学校卒業。**4・1**愛知学芸大学（現・愛知教育大学）附属名古屋中学校入学。	
三三	一九五八	15	**4・1**西宮市立学文中学校転入学。	
三四	一九五九	16	**3・31**学文中学校卒業。**4・1**私立灘高等学校入学。	
三五	一九六〇	17		**6月**安保反対闘争の激化。**12・27**池田内閣、所得倍増計画発表。
三七	一九六二	19	**3・31**灘高等学校卒業。	

三八	一九六三	20	4・1小樽商科大学入学。	7・16名神高速道路開通。
三九	一九六四	21		10・1東海道新幹線開業。 10・10～24東京オリンピック。
四一	一九六六	23		6月ビートルズ来日。
四二	一九六七	24	3・31小樽商科大学卒業。 4・1大阪大学大学院経済学研究科修士課程入学。	
四四	一九六九	26	3・31大阪大学大学院経済学研究科修士課程修了。 4・1大阪大学大学院経済学研究科博士課程入学。 9・1アメリカ、ジョンズ・ホプキンス大学大学院入学（阪大大学院は休学のまま）。	1月東大安田講堂事件。
四五	一九七〇	27		3・14～9・13日本万国博覧会（大阪万博）開催。
四七	一九七二	29		2月あさま山荘事件。
四八	一九七三	30	11月アメリカ、ジョンズ・ホプキンス大学大学院博士課程修了。Ph. D. in Economics取得。	10月第一次オイルショック。
四九	一九七四	31	1月国立統計経済研究所（ＩＮＳＥＥ）客員研究員、パリ、フランス（～一九七六年九月）。	
五〇	一九七五	32		4・30ベトナム戦争終結。
五一	一九七六	33	10月経済協力開発機構（ＯＥＣＤ）エコノミスト、パリ、フランス（～一九七七年九月）。	

五二	一九七七	34	**10月**大阪大学教養部助教授、大阪、日本（〜一九七九年三月）。	
五四	一九七九	36	**4月**京都大学経済研究所助教授、京都、日本（〜一九八六年三月）。	**1月**共通一次試験導入。**6月**東京サミット開催。
五五	一九八〇	37	**9月**スタンフォード大学経済学部客員準教授、スタンフォード、カリフォルニア、米国（〜一九八一年八月）。	
六〇	一九八五	41	**1月**エセックス大学客員教授、コルチェスター、英国（〜一九八五年三月）。**4月**ロンドン大学経済政治学院（ＬＳＥ）客員研究員、ロンドン、英国（〜一九八五年一二月）。	**10・16**阪神タイガース、二一年ぶりのリーグ優勝。
六一	一九八六	42	**4月**京都大学経済研究所教授、京都、日本（〜二〇〇三年三月）。**7月**ベルリン国際経営研究センター客員研究員、西ドイツ（〜一九八六年九月）。	
六二	一九八七	43	**7月**経済企画庁経済研究所客員主任研究官（〜一九九〇年三月）（併任）。	
六三	一九八八	44	**4月**日本銀行金融研究所客員研究員（〜一九九〇年三月）（併任）。	
平成 元	一九八九	45	**8月**国際通貨基金（ＩＭＦ）客員研究員、ワシントンＤＣ、米国（〜一九八九年一〇月）。	

二	一九九〇	46	**4月**連合・総合生活研究所客員研究員（併任）。**5月**郵政省郵政研究所特別研究官（～一九九三年四月）（併任）。	**1月**大学入試センター試験導入。
三	一九九一	47		**1・17～2・28**湾岸戦争。この年、バブル経済崩壊。
六	一九九四	50	**6月**財務省財務総合研究所特別研究官（～二〇〇一年五月）（併任）。	
七	一九九五	51	**8月**通産省通産研究所特別研究官（～一九九七年八月）（併任）。	**1・17**阪神・淡路大震災。
一〇	一九九八	55	**10月**東京大学大学院経済学研究科客員教授（～二〇〇〇年三月）（併任）。	
一三	二〇〇一	57	**4月**経済産業省経済産業研究所ファカルティ・フェロー（～二〇〇六年三月）（併任）。**4月**内閣府男女共同参画会議議員（～二〇〇七年三月）。	**9・11**アメリカ同時多発テロ。
一五	二〇〇三	59	**4月**京都大学大学院経済学研究科・経済学部教授（～二〇〇七年三月）。	
一七	二〇〇五	62	**10月**日本学術会議会員（～二〇一一年九月）（併任）。	
一九	二〇〇七	63	**4月**同志社大学経済学部教授（～二〇一四年三月）。	
二一	二〇〇九	65	**4月**同志社大学ライフリスク研究センター長（～二〇一四年三月）（併任）。	

二三	二〇一一	67		3・11東日本大震災。
二六	二〇一四	70	4月京都女子大学現代社会学部客員教授。	

シリーズ「自伝」my life my world

精神医学から臨床哲学へ	木村　敏著	三七六頁	二八〇〇円
生物学の夢を追い求めて	毛利秀雄著	二九〇頁	二八〇〇円
情報を読む力、学問する心	長尾　真著	三三二頁	二八〇〇円
新しい歴史像を探し求めて	角山　榮著	二〇四頁	二五〇〇円
社会学　わが生涯	富永健一著	四八二頁	三〇〇〇円
アジアのなかの日本再発見	上田正昭著	二八四頁	二八〇〇円
実証政治学構築への道	猪口　孝著	二七二頁	二八〇〇円
一般均衡論から経済学史へ	根岸　隆著	二五六頁	二八〇〇円
ある社会学者の自己形成	森岡清美著	三三六頁	三〇〇〇円
生命のつながりをたずねる旅	岩槻邦男著	三六〇頁	三〇〇〇円
環境考古学への道	安田喜憲著	二九二頁	二八〇〇円
国際法の現場から	小田　滋著	四〇〇頁	三二〇〇円
ゲーム理論と共に生きて	鈴木光男著	三七二頁	三五〇〇円
言語文化の深層をたずねて	堀井令以知著	四四八頁	三五〇〇円
真実に悔いなし	古田武彦著	四〇八頁	三〇〇〇円
経済学　わが歩み	小宮隆太郎著	二四〇頁	二八〇〇円
戦国史を歩んだ道	小和田哲男著	二一八頁	二四〇〇円
厚生と権利の狭間	鈴村興太郎著	三九四頁	三五〇〇円
青春放浪から格差の経済学へ	橘木俊詔著	三八八頁	三五〇〇円

以下続刊

青柳正規　上田閑照　加藤尚武　川勝平太　川崎和男

古在由秀　佐藤文隆　西尾幹二　速水　融　樋口恵子

藤田紘一郎　宮本憲一　山内昌之　山極寿一

＊敬称略、五十音順
（二〇一六年八月現在）

《著者紹介》

橘木俊詔（たちばなき・としあき）

1943年　兵庫県生まれ。
1967年　小樽商科大学商学部卒業。
1969年　大阪大学大学院修士課程修了。
1973年　ジョンズ・ホプキンス大学大学院博士課程修了（Ph.D.）。
仏米英独での研究職・教育職を経て京都大学教授，同志社大学教授。
現　在　京都女子大学客員教授，京都大学名誉教授。
主　著　『いま，働くということ』ミネルヴァ書房，2011年。
『課題解明の経済学史』朝日新聞出版，2012年。
『三商大　東京・大阪・神戸――日本のビジネス教育の源流』岩波書店，2012年。
『社会保障改革への提言』共編，ミネルヴァ書房，2012年。
『格差社会』編著，ミネルヴァ書房，2012年。
『変革の鍵としてのジェンダー』共編著，ミネルヴァ書房，2015年，ほか。

シリーズ「自伝」my life my world
青春放浪から格差の経済学へ

2016年８月30日　初版第１刷発行　〈検印省略〉

定価はカバーに
表示しています

著　者　橘　木　俊　詔
発行者　杉　田　啓　三
印刷者　藤　森　英　夫

発行所　株式会社　ミネルヴァ書房
607-8494　京都市山科区日ノ岡堤谷町１
電話代表　(075)581-5191
振替口座　01020-0-8076

亜細亜印刷・新生製本

ISBN978-4-623-07690-1

Printed in Japan

人名索引

あ　行

か　行

さ　行

た　行

ま　行

や　行

ら　行

わ　行

事項索引

あ 行

か 行

さ 行

た 行

な　行

は　行

ま・や　行

ら・わ　行

欧　文

橘木俊詔著作一覧

英語著書・編著

A1. *Labour Market and Economic Performance: Europe, Japan and the U.S.A.*, editor, Macmillan Press, London, U.K., 1994.

A2. *Savings and Bequest*, editor, University of Michigan Press, Ann Arbor, U.S., 1994.

A3. *Wage Determination and Distribution in Japan*, Oxford University Press, London, U.K., 1996.

A4. *Public Policy and the Japanese Economy: Savings, Investment, Unemployment, Inequality*, Macmillan Press, London, U.K., 1996.

A5. *Wage Differentials: An International Comparison*, editor, Macmillan Press, London, U.K., 1998.

A6. *Internal Labour Markets, Incentives and Employment*, co-editor, Macmillan Press, London, U.K., with I. Ohashi, 1998.

A7. *Who Runs Japanese Business?* , editor, E. Elgar Press, London, U.K., 1998.

A8. *The Economic Effects of Trade Unions in Japan*, Macmillan Press, London, U.K., with T. Noda, 2000.

A9. *Capital and Labour in Japan: The Functions of Two Factor Markets*, Routledge, London, U.K., with A. Taki, 2000.

A10. *From Austerity to Affluence*, co-editor, Macmillan, London, U.K., with R. Griffiths, 2000.

A11. *Banking, Capital Markets and Corporate Governance*, co-editor, Palgrave, London, U.K., with H. Osano, 2002.

A12. *Aging Issues in the United States and Japan*, co-editor, University of Chicago Press, Chicago, U.S., with S. Ogura and D. A. Wise, 2002.

A13. *Social Security Reforms in Advanced Countries* : Evaluating Pension Financing, co-editor, Routledge, London, U.K., with T. Ihori, 2002.

A14. *Labor Markets and Firm Benefit Policies in Japan and the United States*, co-editor, University of Chicago Press, Chicago, U.S., with S. Ogura and D. A. Wise, 2003.

A15. *The Economics of Social Security in Japan*, editor, Edward Elgar, London, U.K., 2004.

A16. *Confronting Income Inequality in Japan: A Comparative Analysis of Causes, Consequences, and Reform*, MIT Press, U.S., 2009.

A17. *The New Paradox for Japanese Women*, I-House Press:, Tokyo, Japan, 2010, translated by M. A. Foster.

A18. *Advances in Happiness Research: A Comparative Perspective*, editor Berlin, Springer Press, 2015.

邦文著書・編著

B1.『金融機能の経済分析』東洋経済新報社，1991 年．（松浦克己と共編）

B2.『査定・昇進・賃金決定』編著，有斐閣，1992 年．〈沖永賞受賞〉

B3.『労働組合の経済学』東洋経済新報社，1993 年．（連合総合生活開発研究所と共編）

B4.『生命保険の経済分析』日本評論社，1993 年．（中馬宏之と共編）

B5.『個人貯蓄とライフサイクル――生涯収支の実証分析』日本経済新聞社，1994 年．（下野恵子と共著）〈日経図書文化賞受賞〉

B6.『ライフサイクルと所得保障』編著，NTT 出版，1994 年．

B7.『日本の金融――市場と組織』日本評論社，1994 年．（松浦克己と共編）

B8.『昇進の経済学』東洋経済新報社，1995 年．（連合総合生活開発研究所と共編）

B9.『日本の資本市場』日本評論社，1996 年．（筒井義郎と共編）

B10.『昇進のしくみ』東洋経済新報社，1997 年．

B11.『ライフサイクルの経済学』ちくま新書，1997 年．

B12.『日本の経済格差――所得と資産から考える』岩波新書，1998 年．〈エコノミスト賞受賞〉

B13.『セーフティ・ネットの経済学』日本経済新聞社，2001 年．

B14.『ライフサイクルとリスク』編著，東洋経済新報社，2001 年．

B15.『企業行動と労働市場』日本経済新聞社，2001 年．（D. A. ワイスと共編）

B16.『安心の経済学』岩波書店，2002 年．

B17.『失業克服の経済学』岩波書店，2002 年．

B18.『戦後日本経済を検証する』編著，東京大学出版会，2003 年．

B19.『安心して好きな仕事ができますか』東洋経済新報社，2003 年．（橘木研究室との共編著）

B20.『企業福祉の制度改革』東洋経済新報社，2003 年．（橘木研究室金子能宏と共編）

B21.『家計からみる日本経済』岩波新書，2004 年．〈石橋湛山賞受賞〉

B22.『封印される不平等』編著，東洋経済新報社，2004 年．

B23.『労働経済学入門』有斐閣，2004 年．（太田聰一と共著）

B24.『脱フリーター社会――大人たちにできること』東洋経済新報社，2004 年．

B25.『リスク社会を生きる』編著，岩波書店，2004 年.
B26.『日本のお金持ち研究』日本経済新聞社，2005 年.（森剛志と共著）
B27.『企業福祉の終焉』中公新書，2005 年.
B28.『消費税 15％による年金改革』東洋経済新報社，2005 年.
B29.『現代女性の労働・結婚・子育て――少子化時代の女性活用政策』編著，ミネルヴァ書房，2005 年.
B30.『現代経済学の潮流 2005』東洋経済新報社，2005 年.（岩本康志，二神孝一，松井彰彦と共編）
B31.『アメリカ型不安社会でいいのか――格差・年金・失業・少子化問題への処方せん』朝日選書，2006 年.
B32.『日本の貧困研究』東京大学出版会，2006 年.（浦川邦夫と共著）
B33.『格差社会――何が問題なのか』岩波新書，2006 年.
B34.『企業の一生の経済学』ナカニシヤ出版，2006 年.（安田武彦と共編著）
B35.『リスク学入門 1 ――リスク学とは何か』岩波書店，2007 年.（長谷部恭男，今田高俊，益永茂樹と共編著）
B36.『リスク学入門 2 ――経済からみたリスク』編著，岩波書店，2007 年.
B37.『日本経済の実証分析――失われた 10 年を乗り越えて』編著，東洋経済新報社，2007 年.
B38.『政府の大きさと社会保障制度』編著，東京大学出版会，2007 年.
B39.『女女格差』東洋経済新報社，2008 年.
B40.『早稲田と慶応――名門私大の栄光と影』講談社現代新書，2008 年.
B41.『家族の経済学――お金と絆のせめぎあい』NTT 出版，2008 年.（木村匡子と共著）
B42.『学歴格差の経済学』勁草書房，2009 年.（松浦司と共著）
B43.『東京大学エリート養成機関の盛衰』岩波書店，2009 年.
B44.『教育と格差――なぜ人はブランド校を目指すのか』日本評論社，2009 年.（八木匡と共著）
B45.『新・日本のお金持ち研究――暮らしと教育』日本経済新聞出版社，2009 年.（森剛志と共著）
B46.『貧困を救うのは，社会保障改革か，ベーシック・インカムか』人文書院，2009 年.（山森亮と共著）
B47.『働くことの意味』編者，ミネルヴァ書房，2009 年.
B48.『灘校――なぜ「日本一」であり続けるのか』光文社新書，2010 年.
B49.『日本の教育格差』岩波新書，2010 年.
B50.『安心の社会保障改革――福祉思想史と経済学で考える』東洋経済新報社，2010 年.
B51.『京都三大学 京大・同志社・立命館-――東大・早慶への対抗』岩波書

店，2011 年.
B52.『女性と学歴――女子高等教育の歩みと行方』勁草書房，2011 年.
B53.『無縁社会の正体――血縁・地縁・社縁はいかに崩壊したか』PHP 研究所，2011 年.
B54.『成熟ニッポン，もう経済成長はいらない――それでも豊かになれる新しい生き方』朝日新書，2011 年.（浜矩子と共著）
B55.『ほどほどに豊かな社会』ナカニシヤ出版，2011 年.（香山リカと共著）
B56.『いま，働くということ』ミネルヴァ書房，2011 年.
B57.『三商大 東京・大阪・神戸――日本のビジネス教育の源流』岩波書店，2012 年.
B58.『働くための社会制度』東京大学出版会，2012 年.（高畑雄嗣と共著）
B59.『日本の地域間格差――東京一極集中型から八ヶ岳方式へ』日本評論社，2012 年.（浦川邦夫と共著）
B60.『課題解明の経済学史』朝日新聞出版，2012 年.
B61.『社会保障改革への提言――いま，日本に何が求められているのか』編，ミネルヴァ書房，2012 年.（同志社大学ライフリスク研究センターと共編）
B62.『格差社会（福祉＋α）』編著，ミネルヴァ書房，2012 年.
B63.『格差社会を越えて（Economic Affairs）』東京大学出版会，2012 年.（宇沢弘文，内山勝久と共編）
B64.『スポーツの世界は学歴社会』PHP 新書，2012 年.（齋藤隆志との共著）
B65.『学歴入門（14 歳の世渡り術）』河出書房新社，2013 年.
B66.『夫婦格差社会――二極化する結婚のかたち』中公新書，2013 年.（迫田さやかと共著）
B67.『「機会不均等」論』PHP 研究所，2013 年.
B68.『「幸せ」の経済学』岩波書店，2013 年.
B69.『宗教と学校』河出書房新社，2013 年.
B70.『脱「成長」戦略――新しい福祉国家へ』岩波書店，2013 年.（広井良典と共著）
B71.『公立 vs 私立』ベスト新書，2014 年.
B72.『幸福』編著，ミネルヴァ書房，2014 年.
B73.『ニッポンの経済学部――「名物教授」と「サラリーマン予備軍の実力』中公新書ラクレ，2014 年.
B74.『日本のエリート』朝日新書，2015 年.
B75.『来るべき経済学のために』人文書院，2014 年.（根井雅弘と共著）
B76.『共生社会を生きる』編著，晃洋書房，2015 年.

B77.『経済学部タチバナキ教授が見たニッポンの大学教授と大学生』東洋経済新報社，2015 年.

B78.『21 世紀の資本主義を読み解く』宝島社，2015 年.

B79.『フランス産エリートはなぜ凄いのか』中公新書ラクレ，2015 年.

B80.『日本人と経済——労働・生活の視点から』東洋経済新報社，2015 年.

B81.『変革の鍵としてのジェンダー』ミネルヴァ書房，2015 年.（落合恵美子と共編）

B82.『貧困大国ニッポンの課題』人文書院，2015 年.

B83.『愛と経済のバトルロイヤル』青土社，2016 年.（佐伯順子と共著）

B84.『21 世紀日本の格差』岩波書店，2016 年.

B85.『老老格差』青土社，2016 年.

B86.『プロ野球の経済学』東洋経済新報社，2016 年.

B87.『あたらしい幸福論』岩波新書，2016 年.

B88.『世襲格差社会——機会は不平等なのか』中公新書，2016 年.（参鍋篤司と共著）

B89.『青春放浪から格差の経済学へ』ミネルヴァ書房，2016 年.

英語論文

C1. "Wage Determinations in Japanese Manufacturing Industries: Structural Change and Wage Differential," *International Economic Review*, Vol. 16, No. 3, October 1975, pp. 562-586.

C2. "Quality Change in Labour Input: Japanese Manufacturing," *The Review of Economics and Statistics*, Vol. LVIII, No. 3, August 1976, pp. 293-299.

C3. "A Note on the Marginal Productivity Principle and Labor," *Osaka Economic Papers*, Vol. 26, No. 3-4, March 1977, pp. 58-66.

C4. "On Labor Aggregation," *The Economic Studies Quarterly*, Vol. XXVIII, No. 2, August 1997, pp. 130-141.

C5. "Models for Educational and Occupational Achievement over Time," *Sociology of Education*, Vol. 52, No. 3, July 1979, pp.156-162.

C6. "Education, Occupation and Earnings: A Recursive Approach for France," *European Economic Review*, Vol. 13, No. 1, January 1980, pp. 103-127.

C7. "Social Mobility: A New Look," *Quality and Quantity*, Vol. 15, 1981, pp. 417-423.

C8. "A Note on the Impact of Tax on Income Redistribution," *The Review of Income and Wealth*, Series 27, No. 3, September 1981, pp. 327-332.

C9. "Further Results on Japanese Wage Differentials: Nenko Wages,

Hierarchical Position, Bonuses, and Working Hours," *International Economic Review*, Vol. 23, No, 2, June 1982, pp. 447–461.

C10. "Labor Mobility and Job Tenure," in M. Aoki ed., *The Economic Analysis of the Japanese Firm*, North-Holland Publishing Company, 1984.

C11. "Lifetime Income and Public Pension with a Two-Period Analysis," *Journal of Public Economics*, Vol. 28, 1985, pp. 1–13, with Keiko Shimono.

C12. "Labour Supply of the Elderly: Their Desires and Realities about Full-time Jobs, Part-time Jobs, Self-Employed Jobs or Retirement," *Keizai Kenkyu*, Vol. 36, No. 3, 1985, pp. 239–250, with Keiko Shimono.

C13. "The Effect of Discrimination and Industry Segmentation on Japanese Wage Differentials in Relation to Education," *International Journal of Industrial Organization*, Vol. 4, No. 1, March 1986, pp. 43–68, with Yoko Kawashima.

C14. "Saving and Life-Cycle: A Cohort Analysis," *Journal of Public Economics*, Vol. 31, No. 1, October 1986, pp. 1–24, with Keiko Shimono.

C15. "Measurement of Tax Progressivity When the Forms of Both Income Distribution and Tax Function Are Given," *Economic Studies Quarterly*, Vol. 38, June 1987, pp. 97–108, with Yoshio Itaba.

C16. "Labour Market Flexibility in Japan in Comparison with Europe and the U.S.," *European Economic Review*, Vol. 31, 1987, pp. 647–684.

C17. "Statistical Inference of Functional Forms in Income Distribution," *Economic Studies Quarterly*, Vol. 39, March 1988, pp. 14–40, with Naosumi Atoda and Terukazu Suruga.

C18. "The Taxation of Income from Capital in Japan," in J.B. Shoven ed., *Government Policy Towards Industry in the United States and Japan*, Cambrdige University Press, 1988, with John B. Shoven.

C19. "The Determination of the Promotion Process in Organizations and the Earnings Differentials," *Journal of Economic Behavior and Organization*, Vol. 8, 1988, pp. 603–616.

C20. "Education, Occupation, Hierarchy and Earnings," *Economics of Education Review*, Vol. 9, No. 2, 1988, pp. 221–230.

C21. "Public Investment, Aging Trend and Financing: General Equilibrium Evaluations," in Government of Japan ed., *Global and Domestic Policy Implications of Correcting External Imbalances*, Economic Planning Agency, 1988, with Osamu Ichioka.

C22. "Government Policies, the Working of Financial Market, Saving and

Investment in Japan," in M. Funke ed., *Factors in Business Investment*, Springer, 1988.

C23. "Wage Determination in Japan: A Theoretical and Empirical Investigation," in H. Konig ed., *Recent Development in Wage Determination*, Springer, 1989, with Atsuhiro Taki.

C24. "Japan's New Policy Agenda: Coping with Unequal Asset Distribution," *Journal of Japanese Studies*, Summer 1989, pp. 345–369.

C25. "General Equilibrium, Evaluations of Tariffs, Nontariff Barriers and Subsidies for Agriculture in Japan," *The Economic Studies Quarterly*, Vol. 40, No. 1, December 1989, pp. 701–719, with Osamu Ichioka.

C26. "The Taxation of Income from Capital in Japan: Historical Perspectives and Externsions," in C. Hulten ed., *The U.S. and Japan Productivity Difference*, University of Chicago Press, 1990, with Tatsuya Kikutani.

C27. "Shareholding and Lending Activity of Financial Institutions in Japan," *Monetary and Economic Studies, Bank of Japan*, Vol. 9, No. 1, March 1991, pp. 23–60, with Atsuhiro Taki.

C28. "Earnings Distribution and Inequality over Time: Education vs. Relative Position and Cohort," *International Economic Review*, Vol. 32, No. 2, May 1991, pp. 475–489, with Naosumi Atoda.

C29. "Wealth Accumulation Process by Income Class, " *Journal of the Japanese and International Economies*, Vol. 5, 1991, pp. 239–260, with Keiko Shimono.

C30. "The Effect of Individual Characteristics on Saving Behavior in Japan," *Empirical Economics*, Vol. 16, 1991, pp. 351–362, with Terugazu Suruga.

C31. "Labour Supply and Unemployment in Japan," *European Economic Review*, Vol. 35, No. 8, December 1991, pp. 1575–1588, with Kojiro Sakurai.

C32. "Economies of Scope and Shareholding of Banks in Japan," *Journal of the Japanese and International Economies*, Vol. 5, 1991, pp. 261–281, with K. Mitsui and H. Kitagawa.

C33. "Employment Problems of the Elderly in Japan and their Human Resource Management," in M. Trevor ed., *International Business and the Management of Change*, Avebury and Gower Publishing Company, 1991, pp. 248–266.

C34. "Testing Constancy of Relative Risk Aversion: An Analysis of the Japanese Household Financial Data," *Journal of the Japanese and*

International Economies, Vol. 6, No. 1, March 1992, pp. 52–70, with Seki Asano.

C35. "Japanese Tax Reform: Equity versus Efficiency," *Public Finance*, Vol. 47, 1992, pp. 271–285.

C36. "Estimation of Mis-match and U-V Analysis in Japan," *Japan and World Economy*, Vol. 4, 1992, pp. 319–332, with Kojiro Sakurai.

C37. "Cost of Capital in the Banking Industry in Japan and a Comparison with U.S. Banks," in Ingo Walter and Takato Hiraki eds., *Restructuring Japan's Financial Markets*, Business One Irwin, Illinois, 1993, pp. 287–309.

C38. "Japan," in Dale W. Jorgenson and Ralph Landau eds., *Tax Reform and the Cost of Capital*, The Brookings Institution, Washington, D.C., 1993, pp. 244–269, with Tatsuya Kikutani.

C39. "Savings and Bequests: Introduction," in T. Tachibanaki ed., *Savings and Bequests*, University of Michigan Press, Ann Arbor, U.S., 1994.

C40. "Bequests and Asset Distribution: Human Capital Investment and Intergenerational Transfer," in T. Tachibanaki ed., *Savings and Bequests*, University of Michigan Press, Ann Arbor, U.S., 1994, with Seiji Takata.

C41. "Labour Market and Economic Performance: Europe, Japan and the U. S.: Introduction," in T. Tachibanaki ed., *Labour Market and Economic Performance: Europe, Japan and the U. S.*, Macmillan Publishing Company, London, U.K., 1994.

C42. "Wage Differentials by Industry and Firm Size, and Labour Market in Japan," in T. Tachibanaki ed., *Labour Market and Economic Performance: Europe, Japan and the U. S.*, Macmillan Publishing Company, London, U.K., 1994, with Souichi Ohta.

C43. "Relative Risk Aversion Once More: An Analysis of Japanese Households' Financial Asset Holding Pattern," *Financial Engineering and the Japanese Markets*, 1994, Vol. 1, pp. 137–154, with Seki Asano.

C44. "Housing and Saving in Japan," in Y. Noguchi and J.M. Poterba eds., *Housing Markets in the United States and Japan*, University of Chicago Press, 1994, pp. 161–190.

C45. "An Analysis of Labour Mobility in Japan," in M. Okabe ed., *The Structure of the Japanese Economy*, Macmillan Press, 1995, pp. 81–108, with Atsuhiro Taki.

C46. "Enterprise Unionism: the Japanese System at Work," *Economic Policy*, No. 23, October 1996, pp. 470–485, with Tomohiko Noda.

C47. "The Effect of Individual Characteristics and of Parametric and Non-parametric Approaches on Job Duration in Japan," in R. Schettkat ed., *The Flow-Analysis of Labour Market*, Routledge, 1996, pp. 132-151.

C48. "Distribution of Economic Well-being in Japan: Towards A More Unequal Society, " in Peter Gottschalk, Bjorn Gustafsson and Edward Palmer, eds., *Changing Patterns in the Distribution of Economic Welfare*, Cambridge University Press, Cambridge, 1997, chapter 6, pp. 108-131, with Tadashi Yagi.

C49. "Estimations of Income Distribution Parameters for Individual Observations by Maximum Likelihood Method," *Journal of Japan* Statistical Society, vol. 27, No. 2, 1997, pp. 191-203, with Naosumi Atoda and Terukazu Suruga.

C50. "Economic Development in Asian Countries, and the Effect of Trade in Asia on Employment and Wages in Japan," *Asian Economic Journal*, vol. 12, No. 2, 1998, pp. 123-151, with Masayuki Morikawa and Taro Nishimura.

C51. "Income Redistribution through the Tax System: A Simulation Analysis of Tax Reform," *Review of Income and Wealth*, vol. 44, 1998, pp. 397-415, with Tadashi Yagi.

C52. "Introduction and Conclusions: Who Runs Japanese Business?" in T. Tachibanaki ed., *Who Runs Japanese Business?*, London: Edward Elgar Press, 1998, pp. xvii-xxv and 242-249.

C53. "Roads to the top and Executive Management Goals," in T. Tachibanaki ed., *Who Runs Japanese Business?*, London: Edward Elgar, 1998, chapter 1, pp. 1-35.

C54. "Introduction to Internal Labour Markets, Incentives and Employment," in I. Ohashi and T. Tachibanaki eds., *Internal Labour Markets, Incentives and Employment*, London: Macmillan Press, 1998, chapter 1, pp. 1-15, with Isao Ohashi.

C55. "Job Tenure versus Age: Effects on Wages and the Implication of Consumption for Wages," in Ohashi and T. Tachibanaki eds., *Internal Labour Markets, Incentives and Employment*, London: Macmillan Press, 1998, chapter 3, pp. 49-77, with Souichi Ohata.

C56. "Introduction to Wage Differentials: An International Comparison," in T. Tachibanaki ed., *Wage Differentials: An International Comparison*, London: Macmillan Press, 1998, chapter 1, pp. 1-34.

C57. "The United Kingdom," in T. Tachibanaki ed., *Wage Differentials: An*

International Comparison, London: Macmillan Press, 1998, chapter 7, pp. 210–238.

C58. "Wage Differentials between Industries in Asian Countries," in T. Tachibanaki ed., *Wage Differentials: An International Comparison*, London: Macmillan Press, 1998, chapter 10, pp.328–367, with Masayuki Morikawa and Taro Nishimura.

C59. "Volatility in Stock Prices in Japan," *Japanese Journal of Financial Economics*, vol. 2, No. 1, January 1998, pp. 25–40, with Hiroshi Futamura and Atsuhiro Taki.

C60. "From Austerity to Affluence: The Turning-Points in Modern Societies," in R.Griffiths and T.Tachibanaki eds., *From Austerity to Affluence: The Transformation of the Socio-Economic Structures of Western Europe and Japan*, London: Macmillan Press, Chapter 1, 2000, pp. 1–24.

C61. "Japan Was Not A Welfare State, But...," in R. Griffiths and T. Tachibanaki eds., *From Austerity to Affluence: The Transformation of the Socio-Economic Structure of Western Europe and Japan*, London: Macmillan Press, Chapter 11, 2000, pp. 188–208.

C62. "Optimal Nonlinear Income Taxation and Heterogeneous Preferences," *The Japanese Economic Review*, vol. 52, No. 2, June 2001, pp. 198–207 with N. Atoda.

C63. "Introduction," in H. Osano and T. Tachibanaki eds., *Banking, Capital Markets and Corporate Governance*, London: Palgrave, 2001, pp. 1–10.

C64. "Governance Structure of Banks and Their Business Performanve," in H. Osano and T. Tachibanaki eds., *Banking, Capital Markets and Corporate Governance*, London: Palgrave Publishers, Chapter 5, pp. 85–132. 2000 with H. Okamura.

C65. "Promotion, Incentives and Wages," in S. Ogura, T. Tachibanaki and David Wise eds., *Aging Issues in the United States and Japan*, Chapter 11, Chicago: University of Chicago Press, 2001, pp. 335–360 (with T. Maruyama).

C66. "Gender and Market Mechanism," in D. Colmé, Y. Meguro, and T. Yamamoto eds. *A Gender Agenda: Asia-Europe Dialogue*, JCIE, 2001, pp. 99–120.

C67. "Income Distribution Effect of Public Pensions between Dynastic Families," *Review of Income and Wealth*, vol. 48, No.2, June 2001, pp. 235–244 with R. Futagami and K. Kamada.

C68. "Structural Issues in the Japanese Labor Market: An Era of Variety,

Equity, and Efficiency or an Era of Bipolarization," *Bank of Japan Monetary and Economic Studies*, vol.19, (s-1), 2001, pp. 177-211 with H. Fujiki and S. Nakada.

C69. "Introduction," in T. Ihori and T. Tachibanaki eds., *Social Security Reform in Advanced Countries: Evaluating Pension Finance*, London: Routledge, 2002, pp. 1-8 with T. Ihori.

C70. "Integration of Tax and Social Security Systems: On the Financing Methods of a Public Pension Scheme in a Pay-as-you-go System," in T. Ihori and T. Tachibanaki eds., *Social Security Reform in Advanced Countries: Evaluating Pension Financing*, London: Routledge, 2002, pp. 132-160.

C71. "The Role of Firms in Welfare Provisions," in S. Ogura, T. Tachibanaki, and D. Wise eds., *Labor Markets and Firm Benefit Policies in Japan and the United States*, Chicago: University of Chicago Press, 2003, Chapter 11, pp. 315-338.

C72. "Introduction," in T. Tachibanaki ed., *The Economics of Social Security in Japan*, London: Edward Elger, 2004, pp.1-11.

C73. "Social Security Reform in Japan in the Twenty-first Century," in T. Tachibanaki ed., *The Economics of Social Security in Japan*, London: Edward Elger, 2004, pp. 12-42.

C74. "The Differences in the Economic Effects between the DB Plan and the DC Plan," *Journal of the Japanese and International Economies*, vol. 18, 2004, pp. 551-564 with T.Takeuchi.

C75. "Treatment of Hawks and Doves," *Kyoto Economic Review*, vol. 73, 2004, pp. 29-39 with T. Takeuchi.

C76. "Inequality and Poverty in Japan," *The Japanese Economic Review*, vol. 57, No. 1, 2006, pp. 1-27.

フランス語論文

D1. "Les Disparties des Salaires dans L'Industrie Japonaise," *Annales de L'INSEE*, numero 16.

D2. "Mobilité Socialé et Formation en France," *Annales de L'INSEE*, No. 28, 1977, pp. 130-143.

邦語学術論文

E1. 「収入分配と所得分配の不平等」『季刊現代経済』日本経済新聞社, 1977 年秋, 第 28 号, pp. 160-175.

E2. 「フランス経済計画の歴史的変遷とその評価」『大阪大学経済学』, 1978

年6月，第28巻1号，pp. 35-51.

E3.「年金の経済効果——貯蓄を中心にして」『文研論集』生命保険文化研究所，1980年9月，第52号，pp. 147-167.

E4.「内部収益率からみた厚生年金制度の所得再分配効果」『日本労働協会雑誌』日本労働協会，1982年4月号，pp. 2-14.（下野恵子と共著）

E5.「失業期間の計測と国際比較，そして失業保険が失業期間に与える影響」『日本労働協会雑誌』日本労働協会，1983年8月号，pp. 31-41.

E6.「税・年金制度の所得再分配効果」『文研論集』生命保険文化研究所，1983年9月，第64号，pp. 33-51.

E7.「最適所得税の数値計算とわが国での応用」『日本経済の構造分析』森口親司・青木昌彦・佐和隆光編，創文社，1983年，pp. 245-260.

E8.「失業期間の計測と国際比較——失業保険が失業期間に与える影響」『現代の失業』小池和男編，同文館，1984年，pp. 89-115.

E9.「高年齢者の就業行動分析——男女比較」『季刊社会保障研究』東京大学出版会，1984年春，第19号，pp. 398-413.（下野恵子と共著）

E10.「租税・社会保障政策の再分配効果と水平的平等」『季刊現代経済』日本経済新聞社，1984年秋，第59号，pp. 42-54.（跡田直澄と共著）

E11.「若年における失業問題について」『日本労働協会雑誌』日本労働協会，1984年12月号，pp. 12-22.

E12.「所得源泉別にみた所得分配の不平等」『季刊社会保障研究』東京大学出版会，1985年春，第20巻4号，pp. 330-340.（跡田直澄と共著）

E13.「公的年金制度が世代別貯蓄率と資産形成に与えた影響」『季刊社会保障研究』東京大学出版会，1985年夏，第21巻1号，pp. 59-71.（佐々木基彦と共著）

E14.「イギリスの失業率の高さについて」『日本労働協会雑誌』日本労働協会，1985年9月，第27巻9号，pp. 14-24.

E15.「フランスの失業問題について」『日本労働協会雑誌』日本労働協会，1986年9月号，第28巻，pp. 14-25.

E16.「若年失業と労働供給」『長期労働市場の展望』労働省編，1987年6月.

E17.「家計貯蓄，生命保険と公的年金」『文研論集』生命保険文化研究所，1988年3月，第82号，pp. 23-58.（下野恵子と共著）

E18.「西ドイツ経済の雇用・失業問題と貿易問題」『日本労働協会雑誌』日本労働協会，1989年4月，第31巻4号，pp. 14-23.

E19.「資産価格変動と資産分布の不平等」『日本経済研究』日本経済研究センター，1989年3月，18号，pp. 79-91.

E20.「ライフサイクルと経済分析」『21世紀のライフデザイン』蠟山昌一編，TBSブリタニカ，1989年，pp. 233-252.

E21. 「ライフサイクルと資産選択」『人工の高齢化と貯蓄・資産選択』貯蓄経済研究センター，ぎょうせい，1990 年，第 3 章，pp. 71–98.

E22. 「高齢者の就業問題」『高齢化社会の経済学』金森久雄・伊部英男編，東京大学出版会，1990 年，pp. 85–106.

E23. 「家計の資産選択――資産保有パターンの計量分析」『ファイナンス研究』日本証券研究所，1990 年 7 月，12 号，pp. 1–20.（谷川寧彦と共著）

E24. 「貯蓄率の解明――契約貯蓄か自由貯蓄か，実物資産要因か金融資産要因か」『季刊社会保障研究』東京大学出版会，1991 年冬，第 27 巻 3 号，pp. 245–264.

E25. 「家計の金融資産選択と公的金融」『金融機能の経済分析』橘木俊詔・松浦克己編，東洋経済新報社，1991 年，第 3 章，pp. 73–95.（松浦克己と共著）

E26. 「家計資産選択のクロスセクション分析――連立方程式アプローチ」『金融機能の経済分析』橘木俊詔・松浦克己編，東洋経済新報社，1991 年，第 4 章，pp. 97–115.（谷川寧彦と共著）

E27. 「日本における金融業の規制と規制緩和の経済」『フィナンシャル・レビュー』大蔵省財政金融研究所編，1992 年 3 月，第 24 巻，pp. 90–101.

E28. 「金融・保険業の労働市場と賃金」『現代経済研究』東京大学出版会，1992 年，第 7 章，pp. 165–188.（堀内昭義・吉野直行と共著）

E29. 「査定・昇進・賃金決定――本書の問題意識と要約，評価」『査定・昇進・賃金決定』橘木俊詔編，有斐閣，1992 年，第 1 章，pp. 1–17.

E30. 「日本の産業間賃金格差」『査定・昇進・賃金決定』橘木俊詔編，有斐閣，1992 年，第 8 章，pp. 181–205.

E31. 「労働組合の分析はなぜ必要か」『労働組合の経済学』橘木俊詔・連合総合生活開発研究所編，東洋経済新報社，1993 年，序章，pp. 3–7.（吉川薫と共著）

E32. 「労働組合参加率低下の社会経済的背景」『労働組合の経済学』橘木俊詔・連合総合生活開発研究所編，東洋経済新報社，1993 年，第 1 章，pp. 9–29.

E33. 「未組織労働者と能力主義」『労働組合の経済学』橘木俊詔・連合総合生活開発研究所編，東洋経済新報社，1993 年，第 4 章，pp. 69–88.（野田知彦と共著）

E34. 「賃金，労働条件と労働組合」『労働組合の経済学』橘木俊詔・連合総合生活開発研究所編，東洋経済新報社，1993 年，第 10 章，pp. 195–216.（野田知彦と共著）

E35. 「生命保険の経済分析」『生命保険の経済分析』橘木俊詔・中馬宏之編，日本評論社，1993 年，序章，pp. 1–9.（中馬宏之と共著）

E36.「年金の経済価値評価」『生命保険の経済分析』橘木俊詔・中馬宏之編，日本評論社，1993 年，第 6 章，pp. 137-173.（八木匡・井藤徹也と共著）

E37.「生命保険会社の資産運用と株式保有行動」『生命保険の経済分析』橘木俊詔・中馬宏之編，日本評論社，1993 年，第 7 章，pp. 175-195.（牧寛久・井藤徹也と共著）

E38.「生命保険会社の効率性の計測」『生命保険の経済分析』橘木俊詔・中馬宏之編，日本評論社，1993 年，第 8 章，pp. 197-230.（中馬宏之・高田聖治と共著）

E39.「ライフサイクルと所得保障」『ライフサイクルと所得保障』橘木俊詔編，NTT 出版，1994 年，序章，pp. 1-14.

E40.「貯蓄率の解明」『ライフサイクルと所得保障』橘木俊詔編，NTT 出版，1994 年，第 1 章，pp. 15-42.

E41.「自営業者の労働と所得保障」『ライフサイクルと所得保障』橘木俊詔編，NTT 出版，1994 年，第 7 章，pp. 151-173.

E42.「生活保障における政府の役割」『ライフサイクルと所得保障』橘木俊詔編，NTT 出版，1994 年，第 9 章，pp. 195-219.（大田弘子と共著）

E43.「所得保障の担い手は誰か」『ライフサイクルと所得保障』橘木俊詔編，NTT 出版，1994 年，終章，pp. 221-227.

E44.「金融業における市場原理と規制論理の相剋」『日本の金融――市場と組織』橘木俊詔・松浦克己編，日本評論社，1994 年，序章，pp. 1-8.（松浦克己と共著）

E45.「日本の金融機関の資金調達コストの計測とその経済的意義」『日本の金融――市場と組織』橘木俊詔・松浦克己編，日本評論社，1994 年，第 5 章，pp. 135-153.

E46.「電気通信事業における民営化の経済分析――資本稼働率概念を用いて」『講座・公的規制と産業 3　電気通信』NTT 出版，1994 年，pp. 80-105.（入江洋と共著）

E47.「公的金融と金融規制」『講座・公的規制と産業 5　金融』NTT 出版，1994 年，pp. 145-173.

E48.「所得分配の現状と最近の推移――帰属家賃とキャピタルゲイン」『日本の所得と富の分配』石川経夫編，東京大学出版会，1994 年，第 1 章，pp. 23-58.（八木匡と共著）

E49.「なぜ昇進の経済学なのか」『昇進の経済学』橘木俊詔・連合総合生活開発研究所編，東洋経済新報社，1995 年，序章，pp. 3-10.

E50.「役員への途と役員の役割」『昇進の経済学』橘木俊詔・連合総合生活開発研究所編，東洋経済新報社，1995 年，第 1 章，pp. 13-38.

E51.「昇進の経済学で何がわかり，何をする必要があるか」『昇進の経済学』

橋木俊詔・連合総合生活開発研究所編，東洋経済新報社，1995年，終章，pp. 277-285.

E52. 「東京金融市場活性化への道」『フィナンシャル・レビュー』大蔵省財政金融研究所，1996年1月，第37号，pp. 60-81.（山本容子・笠松浩充と共著）

E53. 「等価所得比率の測定と所得分配不平等度の解釈」『季刊社会保障研究』東京大学出版会，1996年秋，第32巻2号，pp. 178-189.（八木匡と共著）

E54. 「本書の目的・本書の要約」『日本の資本市場』橘木俊詔・筒井義郎編，東洋経済新報社，1996年，序章，pp. 1-9.（筒井義郎と共著）

E55. 「信託銀行における系列取引——生保会社との比較を通じて」『日本の資本市場』橘木俊詔・筒井義郎編，日本評論社，1996年，第8章，pp. 163-193.（行司秀俊と共著）

E56. 「企業内労働政策——賃金支払いか非賃金支払いか」『高齢化社会の生活保障システム』八代尚宏編，東京大学出版会，1997年，第4章，pp. 99-116.

E57. 「信託銀行の資産選択と経営効率」『フィナンシャル・レビュー』大蔵省財政金融研究所，1997年11月，第43号，pp. 134-157.（尾崎哲・笠松浩充と共著）

E58. 「株式持合と企業行動」『フィナンシャル・レビュー』大蔵省財政金融研究所，1997年11月，第43号，pp. 158-173.（長久保僚太郎と共著）

E59. 「わが国企業年金の制度改革——ポータビリティと確定拠出型の導入をめぐって」『フィナンシャル・レビュー』大蔵省財政金融研究所，1997年12月，第44号，pp. 125-150.（鯛天材樹と共著）

E60. 「日本の労働問題と社会保障問題」『日本経済21世紀への課題』小宮隆太郎・奥野正寛編，東洋経済新報社，1998年，第10章，pp. 219-238.

E61. 「1990年代における銀行貸出金利の決定要因」『フィナンシャル・レビュー』大蔵財政金融研究所，1998年3月，第45号，pp. 123-144.（野口卓と共著）

E62. 「昇進，インセンティヴと賃金」『日本経済研究』日本経済研究センター，1998年7月，No. 36，pp. 1-26.（丸山徹也と共著）

E63. 「持株会社の経済効果」『フィナンシャル・レビュー』大蔵省財政金融研究所，1998年10月，第47号，pp. 210-237.（砂田晃一，野村秀雄と共著）

E64. 「失業時の所得保障制度の役割とその経済効果」『日本労働協会雑誌』May 1999, No. 466，pp. 41-53.

E65. 「東アジアにおける経済発展と消費者行動の変化に関する一考察」『フィナンシャル・レビュー』大蔵省財政金融研究所，1999年12月，

第 52 号，pp. 122–138（今山学と共著）

E66.「都市銀行の合併効果」『フィナンシャル・レビュー』大蔵省財政金融研究所，1999 年 12 月，第 52 号，pp. 139–176.（羽根田明博と共著）

E67.「株式持合解消の受け皿」『現代の金融と政策』小佐野広・本田佑三編，日本評論社，1999 年，第 15 章，pp. 363–383.

E68.「日本の所得格差は拡大しているか」『日本労働協会雑誌』July 2000, pp. 41–52.

E69.「企業と労働市場の役割」『（日米比較）企業行動と労働市場』橘木俊詔・D.Wise 編著，日本経済新聞社，2001 年，第 1 章，pp. 11–24.

E70.「福祉における企業の役割」『（日米比較）企業行動と労働市場』橘木俊詔・D.Wise 編著，日本経済新聞社，2001 年，第 9 章，pp. 231–247.

E71.「ライフサイクルとリスク」『ライフサイクルとリスク』橘木俊詔編，東洋経済新報社，2001 年，序章，pp. 3–11.

E72.「結婚のリスク，離婚のリスク」『ライフサイクルとリスク』橘木俊詔編，東洋経済新報社，2001 年，第 1 章，pp. 13–32.

E73.「失業のリスクとワークシェアリング」『ライフサイクルとリスク』橘木俊詔編，東洋経済新報社，2001 年，第 5 章，pp. 103–124.

E74.「社会保障制度における世代間公平論と民営化を含んだ制度改革」『社会保障と世代・公正』国立社会保障・人口問題研究所編，東京大学出版会，2002 年，pp. 43–73.

E75.「経済格差と経済政策」『経済格差と社会変動』社会政策学会誌，第 7 号，2002 年，pp. 3–16.

E76.「日本におけるワーク・シェアリングの可能性についての実証分析」『日本経済研究』2002 年，No. 44，pp. 46–62（齋藤隆志と共著）

E77.「戦後の日本経済を検証する」『戦後日本経済の検証』橘木俊詔編，東京大学出版会，2003 年，序章，pp. 1–10.

E78.「家計」『戦後日本経済の検証』橘木俊詔編，東京大学出版会，2003 年，第 7 章，pp. 537–594.

E79.「なぜ，いま，企業福祉なのか」『企業福祉の制度改革』橘木俊詔・金子能宏編，東洋経済新報社，2004 年，序章，pp. 1–18.

E80.「企業，福祉からの撤退あってよい」『企業福祉の制度改革』橘木俊詔・金子能宏編，東洋経済新報社，2004 年，第 1 章，pp. 19–40.

E81.「日本の不平等と貧困」『現代経済学の潮流 2006』岩本康志・太田誠・二神孝一・松井彰彦編，日本経済新聞社，2006 年，第 1 章，pp. 3–40.

E82.「新しい福祉システムを導入するに際して考慮すること」『社会保障改革への提言』橘木俊詔・同志社大学ライフリスク研究センター編，ミネルヴァ書房，京都，2012 年，第 2 章，pp. 26–44.

E83.「格差社会をどう考えるか」『格差社会』橘木俊詔編，ミネルヴァ書房，

2012年，総論，pp 1-12.

E84. 「経済学で福祉を評価すると」『公共性の社会福祉学』武川正吾編，東京大学出版会，2013年，第11章，pp. 229-240.

邦語論文

F1. 「フランス経済学界の動向」『経済評論』25(9)，1976年8月，pp. 125-133.

F2. 「書評　山田雄三『社会保障政策論』」『季刊　理論経済学』29(1)，1978年，pp. 93-94.

F3. 「労働白書の分析視点――ライフサイクルからみた勤労者生活の実態」『労働時報』37(8)，1984年8月，pp. 8-17.（石岡慎太郎，江本嘉幸との共著）

F4. 「労働経済学研究の現在――1982年～84年の業績を通じて」『日本労働協会雑誌』27(3)，1985年3月，pp. 2-32.

F5. 「書評　尾高煌之助著『労働市場分析――二重構造の日本的展開』」『The Economic Studies Quarterly』37(2)，1986年，pp. 189-190.

F6. 「日本の失業と経済政策――失業率上昇は不可避」『日本経済研究センター会報』(562)，1988年6月15日，pp. 19-24.

F7. 「金融業における規制の経済効果」『経済分析』(117)，1990年3月，pp. 1-139.

F8. 「保険需要分析――安全資産，危険資産および保険に関する資産選択」『文研論集』(90)，1990年3月，pp. 49-72.（下野恵子との共著）

F9. 「家計の金融資産選択と公的金融」『経済分析』(119)，1990年7月，pp. 81-138.（松浦克己，井村浩之との共著）

F10. 「応用一般均衡モデルと公共政策」『経済分析』(120)，1990年9月，pp. 2-75.（市岡修，中島栄一との共著）

F11. 「金融における規制の経済学――金融機関の倒産を認めるか」『日本経済研究センター会報』(636)，1991年7月15日，pp. 42-45.

F12. 「書評　戸塚秀夫，兵藤釗編著」『労使関係の転換と選択――日本の自動車産業』」『日本労働研究雑誌』33(8)，1991年8月，pp. 64-67.

F13. 「書評　石川経夫『所得と富』」『経済学論集』57(4)，1992年1月，pp. 86-88.

F14. 「日本の不平等化現象――背景に社会移動の閉鎖性」『日本経済研究センター会報』(667)，1992年11月1日，pp. 33-38.

F15. 「ホワイトカラー――その働き方（フォーラム）」『日本労働研究雑誌』35(12)，1993年12月，pp. 40-53.

F16. 「高齢者の就業行動分析」『個人貯蓄とライフサイクル』1994年，pp. 40-110.

F17.「所得分配平等の“神話”は崩れた」『世界』(592), 1994年3月, pp. 72-75.

F18.「累進消費税導入で社会保障を——高齢化社会における政府の役割と財源」『エコノミスト』72(13), 1994年3月22日, pp. 42-45.

F19.「わが国の賃金体系と労働組合(リベラル・アカデミ-研究講座)」『月刊自由民主』(496), 1994年7月, pp. 126-139.

F20.「なぜこの時期に年俸制を導入するのか」『エコノミスト』73(22), 1995年5月23日, pp. 29-31.

F21.「生産性向上のポイント——ホワイトカラー生産性研究委員会の報告書を中心に〔含質疑応答〕」『労働法学研究会報』46(43), 1995年11月24日, pp. 1-22.

F22.「これからの人事, 処遇体系」『人事院月報』49(3), 1996年3月, pp. 4-6.

F23.「アジア諸国の産業間賃金格差」『通産研究レビュー』(7), 1996年5月, 96-117. (森川正之, 西村太郎との共著)

F24.「企業内での労働施策——賃金支払いか非賃金支払いか(市場を通じた生活保障のあり方)」『NIRA 政策研究』9(11), 1996年11月, pp. 18-21.

F25.「座談会　規制緩和先進国における構造改革の経験」『ESP：economy, society, policy economy society policy』(376), 1997年1月, pp. 6-17. (富士彰夫, 吉川洋他との共著)

F26.「ホワイトカラー改革私案(7)　公平な査定を前提に競争原理を活かしたキャリア制度を築け」『人事マネジメント』7(1), 1997年1月, pp. 70-73.

F27.「高齢・少子化社会　社会保障負担は「累進消費税」の導入で賄え」『エコノミスト』75(12), 1997年3月18日, pp. 76-79. (岡本章との共著)

F28.「転職行動の経済分析」『通産研究レビュー』(9), 1997年5月, pp. 80-107. (長谷川和明, 田中哲也との共著)

F29.「「就業構造基本調査」を活用しよう」『統計』48(7), 1997年7月, pp. 33-38.

F30.「座談会　労働の近未来を考える」『日本労働研究雑誌』39(8), 1997年8月, pp. 2-18. (桑原靖夫, 今野浩一郎他との共著)

F31.「「日本版ビッグバン」の経済効果」『経済セミナー』(512), 1997年9月, pp. 20-24.

F32.「書評　David A. Wise, *Advances in the Economics of Aging*」『季刊社会保障研究』33(3), 1997年12月, pp. 306-310.

F33.「公共部門と公務員の今後」『地方公務員月報』(413), 1997年12月,

pp. 2–9.

F34.「金融持株会社の経済効果」『経済セミナー』(515), 1997 年 12 月, pp. 50–55.（砂田晃一, 野村秀雄との共著）

F35.「少子高齢社会における企業の従業員処遇（講演懇談要旨）」『経済人』52(1), 1998 年 1 月, pp. 47–49.

F36.「金融機関ガバナンス　誰が金融機関を統治・監視するか」『論争東洋経済』(11), 1998 年 1 月, pp. 180–187.

F37.「企業福祉から撤退し福利厚生費を賃金で支払うべき」『企業福祉』21 (463), 1998 年 1 月 15 日, pp. 30–34.

F38.「企業の福利厚生費は賃金で支払いを――会社福祉が削減される根拠」『週刊東洋経済』(5489), 1998 年 5 月 9 日, pp. 74–75.

F39.「生命保険相互会社のコーポレート・ガバナンスを巡る問題について」『文研論集』(123), 1998 年 6 月, pp. 1–47.（植松千裕との共著）

F40.「高失業の欧州・失業率低下の米国から学ぶ 4 つのポイント（失業・転職・生活リストラ――″雇用ビッグバン″の激震）――（1　失業率はどこまで上がる？）」『エコノミスト』76(47), 1998 年 11 月 2 日, pp. 19–24.

F41.「「日本の経済格差――所得と資産から考える」をめぐって」『連合総研レポート』(123), 1999 年 1 月, pp. 13–15.

F42.「生保の再生・再編には株式会社化が第一歩（「金融再編」の嵐が襲う銀行淘汰）――(第 1 部　動き出す金融再編)」『エコノミスト』77(6), 1999 年 2 月 8 日, pp. 28–32.

F43.「座談会　社会保障と財政の問題をめぐって」『Eco-forum』18(1), 1999 年 4 月, pp. 31–48.（井堀利宏, 八田達夫との共著）

F44.「銀行合併の経済効果　過去の都銀のケースで見れば「メリットなし」」『エコノミスト』77(19), 1999 年 4 月 27 日, pp. 30–33.（羽根田明博との共著）

F45.「コメント(1)（第 3 回　厚生政策セミナー　テーマ「福祉国家の経済と倫理」)」『季刊社会保障研究』35(1), 1999 年 6 月, pp. 37–39.

F46.「生命保険会社のコーポレート・ガバナンス（金融機関のコーポレート・ガバナンス）」『ニッセイ基礎研所報』(10), 1999 年 6 月, pp. 1–39.（深尾光洋, ニッセイ基礎研究所との共著）

F47.「機関投資家によるコーポレート・ガバナンス（金融機関のコーポレート・ガバナンス）」『ニッセイ基礎研所報』(10), 1999 年 6 月, pp. 40–88.（深尾光洋, ニッセイ基礎研究所との共著）

F48.「公務と民間の人事政策比較」『ジュリスト』(1158), 1999 年 6 月 15 日, pp. 21–26.

F49.「雇用調整・賃金抑制・廃業――製造業のマイクロデータによる実証

分析」『通産研究レビュー』(13)，1999年7月，pp. 102-126.（森川正之との共著）

F50.「格差拡大で高まる公共政策への期待（誌上論争　日本の平等神話は崩れたか）」『論争東洋経済』(20)，1999年7月，pp. 178-183.

F51.「わが国の雇用・失業問題と所得」『かんぽ資金』(256)，1999年9月，pp. 4-9.

F52.「誌上講演会　崩れてしまった日本の「平等神話」」『連合』12(6)，1999年9月，pp. 14-17.

F53.「20世紀をふりかえる(9)　所得と資産」『書斎の窓』(489)，1999年11月，pp. 8-12.

F54.「対談　日本の社会保障——どのような価値を選択するのか」『世界』(667)，1999年11月，pp. 60-72.（広井良典との共著）

F55.「経済構造改革論にみる効率性と公平性」『生活経済政策』(34)，1999年11月，pp. 2-6.

F56.「平等神話の崩壊（第7回産研アカデミック・フォーラム　日本における効率と公平——「平等神話の崩壊」をめぐって)」『産研アカデミック・フォーラム』(7)，2000年，pp. 19-25.

F57.「座談会　労働市場の規制改革はこう進めよ」『エコノミックス』(2)，2000年4月，pp. 10-27.（小嶌典明，八代尚宏他との共著）

F58.「経済活動のリスクにどう対処すべきか」『ESP：economy, society, policy』(417)，2000年6月，pp. 12-24.（大田弘子，玄田有史他との共著）

F59.「大学人の役割」『学士会会報』2000(4)，2000年10月，pp. 63-67.

F60.「特別対談　いま，なんとなくそこにある不平等と付き合う法　橘木俊詔 vs 水木楊　これが「日本の経済格差」の正体だ」『プレジデント』38(20)，2000年11月13日，pp. 166-171.（水木楊との共著）

F61.「インタビュー　所得・資産格差に見る拡大する不平等」『月刊自治研』42(495)，2000年12月，pp. 16-23.

F62.「放置すればGDPマイナス6.7%——少子化不況をプラスに転ずる方策」『エコノミスト』78(51)，2000年12月5日，pp. 62-65.

F63.「対談　格差と「格差」の間で——格差と「格差のリアリティー」をめぐって」『家計経済研究』(51)，2001年，pp. 3-16.（金子勝との共著）

F64.「座談会　日本人はなぜ貯蓄を好むのか——今こそ求められる家計の視点」『にちぎんクオータリー』16(2)，2001年，pp. 3-11.（フィールズ・ジョージ，白石真澄他との共著）

F65.「財政政策が民間需要へ与えた影響について——Structural VARによる検証」『フィナンシャル・レビュー』(55)，2001年2月，pp. 165-185.（鴨井慶太との共著）

F66.「経済格差と能力分布（学際的"学問事始め"）」『学際』(1)，2001 年 5 月，pp. 13-17.
F67.「アメリカ型構造改革の「痛み」をどうするか」『経済セミナー』(560)，2001 年 9 月，pp. 46-50.
F68.「経済学と行動科学という観点から」『学鐙』98(10)，2001 年 10 月，pp. 12-15.
F69.「基調講演「労働のセーフティネットと失業削減策」（ESRI-経済政策フォーラム　第 4 回　労働市場とセーフティーネット））『ESP：economy, society, policy』(434)，2001 年 11 月，pp. 5-8.
F70.「労働のセーフティネットと失業削減策（〔平成 13 年〕10 月 2 日内閣府・経済社会総合研究所経済政策フォーラム基調講演録より）（景気の悪化・失業者増大・政府の雇用対策（資料集））」『賃金と社会保障』(1310)，2001 年 11 月，pp. 43-46.
F71.「インタビュー　少子高齢化の経済的影響と対応策　京都大学教授橘木俊詔氏」『RP レビュー』2001(3)，2001 年 11 月，pp. 20-25.（松尾利昭との共著）
F72.「企業の役割を再検討――福祉からの撤退も視野に　福祉から撤退して事業繁栄と雇用を」『日本経済研究センター会報』(877)，2001 年 11 月 15 日，pp. 14-17.
F73.「失業率をワークシェアリングで激減させた「オランダ・モデル」を日本に導入せよ（大不況も怖くない！こんなにしたたかに生きていける――世界「失業共生ガイド」)）」『サピオ』14(3)，2002 年 2 月 13 日，pp. 94-96.
F74.「学者が斬る(73)　安心してリスクに挑戦できる福祉国家をめざせ」『エコノミスト』80(29)，2002 年 7 月 9 日，pp. 46-49.
F75.「わが国における所得・資産の分配問題」『かんぽ資金』(291)，2002 年 8 月，pp. 4-9.
F76.「公的年金の信頼性を回復する制度改革案」『フィナンシャル・レビュー』(64)，2002 年 8 月，pp. 181-199.（中居良司との共著）
F77.「労働力の市場価値と賃金(9)市場主義と賃金決定」『関西経協』56(9)，2002 年 9 月，pp. 38-42.
F78.「意見論文　ライフサイクルと法律」『季刊労働法』(200)，2002 年 9 月，pp. 80-85.
F79.「対談 3　ライフサイクルと労働法」『季刊労働法』(200)，2002 年 9 月，pp. 91-115.（山田省三，伊藤実との共著）
F80.「老後――日本版 401k は 2 倍の年金格差を生む」『エコノミスト』80(46)，2002 年 11 月 5 日，pp. 81-83.（中居良司との共著）
F81.「日本は福祉国家に向かわざるを得ない――国民の不安を解消するた

めに」『論座』(91)，2002 年 12 月，pp. 228-237.
F82.「対談　これまでの年金，これからの年金」『家計経済研究』(60)，2003 年，pp. 2-10.（大沢真理との共著）
F83.「経済統計が示す日本の階級社会化（現代「階級」考）」『エコノミスト』81(8)，2003 年 2 月 18 日，pp. 69-71.（森剛志との共著）
F84.「セーフティーネットには不熱心——不平等化の深まりにほの見える政権の本質」『論座』(101)，2003 年 10 月，pp. 38-43.
F85.「RESEARCH&REVIEW95　企業福祉の制度改革」『経済産業ジャーナル』36(11)，2003 年 11 月，pp. 54-57.
F86.「新しい世代間抗争の出現——公的年金をめぐって」『生活協同組合研究』(335)，2003 年 12 月，pp. 12-16.
F87.「何が起きるか——鮮明化する勝者と敗者」『エコノミスト』82(2)，2003 年 12 月 30 日・2004 年 1 月 6 日，pp. 31-33
F88.「現代日本社会において何が〈必要〉か？——『福祉に関する意識調査』の分析と考察」『季刊社会保障研究』39(4)，2004 年，pp. 389-402.（後藤玲子，阿部彩他との共著）
F89.「わが国の低所得者支援策の問題点と制度改革」『季刊社会保障研究』39(4)，2004 年，pp. 415-423.
F90.「格差の拡大と機会平等の欠如——今の日本で起こっていること」『アステイオン』(60)，2004 年，pp. 80-98.
F91.「消費税で基礎年金は全額税収化（特報　2004 年改革の迷走　年金自壊）——（経済学者の独自試案——年金制度はこう抜本的に改革せよ）」『エコノミスト』82(3)，2004 年 1 月 13 日，pp. 28-29.
F92.「議論の前提として　経済格差は拡大し続けている」『世界』(724)，2004 年 3 月，pp. 167-175.
F93.「検証　日本経済を動かす５つの要素——伸びない家計の深刻度　消費を抑制する失業・年金の不安」『エコノミスト』82(20)，2004 年 4 月 6 日，pp. 30-31.
F94.「民のかまどの経済学　『負け犬の遠吠え』の読み方」『論座』(108)，2004 年 5 月，pp. 228-231.
F95.「最低賃金制度が賃金分配と所得分配に与える効果」『国際産研』(23)，2004 年 5 月，pp. 22-27.
F96.「経済を見る眼　経済を語るときの最終目標は家計」『週刊東洋経済』(5892)，2004 年 5 月 22 日，p. 9.
F97.「日本経済と家計——家計消費から見た景気はまだ回復していない」『日本経済研究センター会報』(920)，2004 年 6 月，pp. 44-47.
F98.「民のかまどの経済学　容易に解決しない若者の雇用問題」『論座』(110)，2004 年 7 月，pp. 200-203.

F99. 「巻頭対談　期待される消費の回復持続——雇用不安の解消と社会保障制度への国民的合意が鍵」『みずほリサーチ』(28), 2004 年 7 月, pp. 1-5. (杉浦哲郎との共著)

F100. 「対談　不景気・家族崩壊・少子化……日本をアメリカ型「非福祉国家」にしないために (破綻する福祉国家)」『中央公論』119(8), 2004 年 8 月, pp. 160-168. (和田秀樹との共著)

F101. 「Q&A で理解する「実感なき景気回復」の真相」『The21』21(8), 2004 年 8 月, pp. 74-77. (嶋中雄二との共著)

F102. 「経済を見る眼　根拠のない国民負担率 50%の壁」『週刊東洋経済』(5911), 2004 年 8 月 28 日, p. 9.

F103. 「民のかまどの経済学　基礎年金を 100%税方式に」『論座』(112), 2004 年 9 月, pp. 144-147.

F104. 「民のかまどの経済学　日大の最低賃金は低すぎる」『論座』(114), 2004 年 11 月, pp. 252-255.

F105. 「家計からみる日本経済」『経済倶楽部講演』(669), 2004 年 11 月, pp. 115-147.

F106. 「受賞記念講演　家計からみる日本経済——豊かさの実感できる社会をめざして〔含質疑〕(〔第二五回〕「石橋湛山賞」記念特集)」『自由思想』(97), 2004 年 11 月, pp. 5-22.

F107. 「経済を見る眼　働きすぎの人が若者の職を奪っている」『週刊東洋経済』(5927), 2004 年 11 月 27 日, p. 9.

F108. 「民のかまどの経済学　貧困な失業保険制度を改革するには」『論座』(116), 2005 年 1 月, pp. 116-119.

F109. 「格差拡大と雇用問題のゆくえ」『経済セミナー』(600), 2005 年 1 月, pp. 30-33.

F110. 「特集　社民党国会議員セミナー　結果の不平等が大きくなれば機会の不平等も拡大」『社会民主』(596), 2005 年 1 月, pp. 20-25.

F111. 「RESEARCH&REVIEW (110)　なぜ女性活用策がうまくいかないのか——2004 年 11 月 9 日 RIETI 政策シンポジウム「女性が活躍できる社会の条件を探る」における基調講演」『経済産業ジャーナル』38(2), 2005 年 2 月, pp. 58-61.

F112. 「民のかまどの経済学　少子化を防ぐためには」『論座』(118), 2005 年 3 月, pp. 204-207.

F113. 「労働組合の立ち位置はどこ？ (「平等」が壊れちまった——「負け組」になりたくないからって「負け組」のこと, 考えなくていいの？)」『連合』17(12), 2005 年 3 月, pp. 9-11. (仁平章との共著)

F114. 「全労済協会 2004 東京シンポジウム　国民に支持される年金制度の改革を (1)——基調講演 国民に安心と経済活性化をもたらす社会保

障制度改革（上）」『共済と保険』47(3)，2005年3月，pp. 26-31.

F115.「経済を見る眼　「公共財」としての子育て支援を」『週刊東洋経済』(5943)，2005年3月5日，p. 11.

F116.「書評　清家篤・山田篤裕著『高齢者就業の経済学』」『三田学会雑誌』98(1)，2005年4月，pp. 129-132.

F117.「全労済協会2004東京シンポジウム　国民に支持される年金制度の改革を(2)　制度改革の課題と抜本改定に向けて――基調講演国民に安心と経済活性化をもたらす社会保障制度改革（下）」『共済と保険』47(4)，2005年4月，pp. 24-29.

F118.「プロ野球と労働市場」『日本労働研究雑誌』47(4)，2005年4月，pp. 14-16.

F119.「富裕層の実態と意識――大調査！日本のお金持ちの本音」『週刊東洋経済』(5948)，2005年4月2日，pp. 78-81.（森剛志との共著）

F120.「弱者の貧困化が格差を助長している」『論座』(121)，2005年6月，pp. 102-107.

F121.「書評　白波瀬佐和子著『少子高齢社会のみえない格差――ジェンダー・世代・階層のゆくえ』」『日本労働研究雑誌』47(6)，2005年6月，pp. 84-86.

F122.「日本のお金持ち研究」『日経ブランディング』2005(Sum.)，2005年6月，pp. 59-63.

F123.「経済を見る眼　学歴神話の崩壊と歪曲」『週刊東洋経済』(5960)，2005年6月4日，pp. 1-3.

F124.「対話　総中流神話の崩壊――階層化する日本と希望なき若者たち」『公研』43(7)，2005年7月，pp. 20-32.（橋爪大三郎との共著）

F125.「巻頭対談　いまや政権交代のときがきた――小泉流破壊主義に反乱を」『現代の理論』(4)，2005年7月，pp. 4-25.（森永卓郎との共著）

F126.「高額所得者五百人アンケート　日本のお金持ちと学歴大研究――名門大学卒，上場企業への「道」は有効なのか」『文藝春秋』83(11)，2005年8月，pp. 262-280.

F127.「「億万長者」になる方法――聞き取り調査」『文藝春秋』83(11)，2005年8月，262-282.（森剛志との共著）

F128.「最低賃金制度の拡充策」『生活経済政策』(103)，2005年8月，pp. 3-8.

F129.「経済を見る眼　中国高成長"終焉"のおそれ」『週刊東洋経済』(5972)，2005年8月6日，p. 9.

F130.「The Compass　企業福祉の役割は終了。法定福利厚生は税財源で」『週刊東洋経済』(5985)，2005年10月15日，pp. 138-139.

F131.「The Compass　避けられぬ医療費増加。目指すは効率的な医療」『週刊東洋経済』(5989), 2005年11月12日, pp. 136-137.

F132.「日本の貧富格差拡大（日本医療のアクセスを問う――大阪保険医雑誌2005年6月号特集抜刷）」『月刊保団連』(882), 2005年12月, pp. 15-18.

F133.「第18回連合総研フォーラム(2)安心社会の実現にむけた改革の道筋」『DIO』(200), 2005年12月1日, pp. 22-26.

F134.「The Compass　女性・高齢者・若者を活用し生産性を高めよ」『週刊東洋経済』(5994), 2005年12月10日, pp. 102-103.

F135.「The Compass　個人の自由の尊重か, 経済的格差の是正か」『週刊東洋経済』(5997), 2005年12月31日・2006年1月7日, pp. 142-143.

F136.「格差拡大の真実と是非論」『学術の動向』11(9), 2006年, pp. 56-59.

F137.「核心インタビュー　企業経営者と医師が二大職業――大資産蓄える日本の「お金持ち」」『週刊ダイヤモンド』94(4), 2006年1月28日, pp. 45-46.

F138.「インタビュー　「健康格差社会」におけるセーフティネット――現状と将来」『公衆衛生』70(2), 2006年2月, pp. 115-119.（高鳥毛敏雄との共著）

F139.「The Compass　関西経済の復興策――教育, 仕事, 住居」『週刊東洋経済』(6001), 2006年2月4日, pp. 100-101.

F140.「格差がもたらすもの　格差拡大が歪める日本の人的資源」『世界』(750), 2006年3月, pp. 103-110.

F141.「The Compass　高い名目成長を求める竹中派と慎重な谷垣派」『週刊東洋経済』(6007), 2006年3月4日, pp. 134-135.

F142.「日本の格差――教育差・職種差・男女差の実態（第16回女性学公開講座）」『昭和女子大学女性文化研究所紀要』(33), 2006年3月31日, pp. 123-140.（木下武男, 坂東眞理子との共著）

F143.「The Compass　法学部優位をやめて理工系人材の登用を」『週刊東洋経済』(6012), 2006年4月1日, pp. 166-167.

F144.「独り勝ち社会――「結果の不平等」が「機会の平等」を奪う」『エコノミスト』84(22), 2006年4月25日, pp. 35-36.

F145.「The Compass　低い租税負担率なのになぜ増税を拒否する」『週刊東洋経済』(6019), 2006年5月13日, pp. 110-111.

F146.「日本の「格差社会」の現状をどう考えるか（「国のかたち研究会」から）」『朝日総研リポート』(193), 2006年6月, pp. 22-45.（大竹文雄との共著）

F147.「The Compass　市場の規律を緩める安易な持ち合い期待論」『週刊東洋経済』(6025), 2006年6月17日, pp. 122-123.

F148.「The Compass　地方のよさを見直す政策誘導で魅力高めよ」『週刊東洋経済』(6033), 2006年7月22日, pp. 104-105.

F149.「団塊はフリーターと連帯せよ」『文藝春秋』84(11), 2006年8月, pp. 354-360.

F150.「"不平等社会日本"には何が必要か——橘木俊詔京都大学教授に聞く」『月刊労働組合』(496), 2006年8月, pp. 11-15.

F151.「The Compass　効率的な市場を確立するために必要なこと」『週刊東洋経済』(6039), 2006年9月2日, pp. 104-105.

F152.「The Compass　ノーベル経済学賞を読み解く　英語圏が圧倒的に優位　日本人では宇沢氏か青木氏」『週刊東洋経済』(6045), 2006年10月7日, pp. 148-149.

F153.「The Compass　難しい破綻の見極め, M&Aは積極活用を」『週刊東洋経済』(6049), 2006年11月4日, pp. 142-143.

F154.「The Compass　「消費税」はいつまでも先送りでいいのか」『週刊東洋経済』(6053), 2006年12月2日, pp. 126-127.

F155.「The Compass　労働法制の改正で強引すぎる経営側」『週刊東洋経済』(6058), 2006年12月30日・2007年1月6日, pp. 210-211.

F156.「格差——無策でさらに不平等が深まる」『週刊ダイヤモンド』95(1), 2006年12月30日・2007年1月6日, p. 134

F157.「「効率」「安心」「公平」の経済学——戦後60年日本経済の回顧と展望 ([日本経済政策] 学会特集号)」『経済政策ジャーナル』4(2), 2007年, pp. 71-75.

F158.「対談　「格差」にどう向き合うべきか」『環』(30), 2007年, pp. 340-373. (Boyer Robertとの対談)

F159.「格差社会——日本が目指すべき社会とは。(特別企画日本——いま, そこにある危機)」『潮』(575), 2007年1月, pp. 82-87.

F160.「格差社会とその課題 (希望のヒューマンチェーン)」『ヒューマンライツ』(226), 2007年1月, pp. 4-14.

F161.「The Compass　変容する学歴主義, 名門校信仰は真実か」『週刊東洋経済』(6063), 2007年2月3日, pp. 126-127.

F162.「INTERVIEW　格差と貧困を問う——日本は所得再配分機能が弱い, 最低賃金引き上げが必要だ (COVER STORY あなたは無縁だといえますか…貧困の罠) —— (サラリーマンの受難)」『週刊東洋経済』(6067), 2007年2月24日, p. 51.

F163.「The Compass　「最低賃金制度」金額引き上げと厳格な運用が必要」『週刊東洋経済』(6071), 2007年3月17日, pp. 122-123.

F164.「The Compass　"上場維持"の判断, 東証の適格性を問う」『週刊東洋経済』(6077), 2007年4月21日, pp. 122-123.

F165.「憲法記念日に語る　安心して働ける社会に――いま雇用と労働は」『婦人之友』101(5)，2007年5月，pp. 15–27.（鴨桃代，竹信三恵子と共著）
F166.「The Compass　仕事だけではない「アリギリス」の幸福」『週刊東洋経済』(6085)，2007年6月，pp. 118–119.
F167.「日本の貧困と労働に関する実証分析」『日本労働研究雑誌』49(6)，2007年6月，pp. 4–19.（浦川邦夫と共著）
F168.「データ編　非正規雇用の労働者を中心に日本型の貧困と格差が拡大している」『Journal of financial planning』9(88)，2007年6月，pp. 5–9.
F169.「The Compass　経済学的な見方は市民社会の基礎」『週刊東洋経済』(6091)，2007年7月21日，pp. 104–105.
F170.「下流と富裕層の奇妙な「共犯関係」――勤労観が変わりゆく時代に」『中央公論』122(8)，2007年8月，pp. 126–135.（三浦展と共著）
F171.「景気討論会　安定的な回復続く」『日本経済研究センター会報』(958)，2007年8月，pp. 24–28.（河野龍太郎，玉越良介他との共著）
F172.「The Compass　言語と国力との不可分な関係」『週刊東洋経済』(6099)，2007年9月8日，pp. 134–135.
F173.「INTERVIEW　貧富の格差（日本人の未来給料――3年後に上がる仕事，落ちる仕事）」『週刊東洋経済』(6104)，2007年10月6日，pp. 114–115.（山田昌弘と共著）
F174.「The Compass　消費税の税率アップを主張する勇気を」『週刊東洋経済』(6107)，2007年10月20日，pp. 148–149.
F175.「誰が安心を支えるのか――変わる社会保障と家計　橘木俊詔氏に聞く」『婦人之友』101(13)，2007年12月，pp. 92–97.
F176.「The Compass　政策の差は小さいが「翼賛会」は避けよ」『週刊東洋経済』(6114)，2007年12月1日，pp. 118–119.
F177.「格差社会」『組織科学』41(3)，2008年，pp. 4–10.
F178.「年金座談会　保険方式と税方式の選択で財源を含めた具体論を――わが国の年金制度の将来像を巡って」『週刊社会保障』62(2463)，2008年1月7日，pp. 62–73.（大林尚，堀勝洋と共著）
F179.「The Compass　大学は教育と研究に分けよ」『週刊東洋経済』(6121)，2008年1月19日，pp. 124–125.
F180.「書評　宮本弘之著『富裕層ファミリー』」『金融財政事情』59(7)，2008年2月18日，p. 64.
F181.「アメリカとヨーロッパ，それぞれの豊かさ」『公衆衛生』72(3)，2008年3月，pp. 217–220.
F182.「The Compass　消費拡大のために経営者も自覚を」『週刊東洋経済』

(6130)，2008 年 3 月 1 日，pp. 126-127.

F183.「対談　最低賃金を考える」『日本労働研究雑誌』50(4)，2008 年 4 月，pp. 2-11.（大竹文雄と共著）

F184.「中級 教育と格差（vol.1）　日本の教育」『経済セミナー』(636)，2008 年 4 月，pp. 82-87.（八木匡と共著）

F185.「格差社会を巡る社会学と経済学」『社会政策研究』(8)，2008 年 4 月，pp. 3-5.

F186.「The Compass　摩訶不思議な学問，日本の教育学」『週刊東洋経済』(6137)，2008 年 4 月 12 日，pp. 126-127.

F187.「中級 教育と格差（vol.2）　学歴形成と所得格差」『経済セミナー』(637)，2008 年 5 月，pp. 92-97.（八木匡と共著）

F188.「格差の元凶「非正規雇用」で貧乏人は？」『週刊朝日』113(22)，2008 年 5 月 16 日，p. 24.

F189.「The Compass　歴史から見る［日銀］総裁への期待と注文」『週刊東洋経済』(6145)，2008 年 5 月 31 日，pp. 134-135.

F190.「中級 教育と格差（vol.3）　学歴と昇進」『経済セミナー』(638)，2008 年 6 月，pp. 78-84.（八木匡と共著）

F191.「［関西国際産業関係研究所］年次総会特別講演　格差社会の行方」『国際産研』(27)，2008 年 6 月，pp. 16-23.

F192.「中級 教育と格差（vol.4）　学歴とエリート形成」『経済セミナー』(639)，2008 年 7 月，pp. 66-70.（八木匡と共著）

F193.「The Compass　公的医療保険の完全一本化を進めよ」『週刊東洋経済』(6152)，2008 年 7 月 12 日，pp. 158-159.

F194.「社会全体で支えあう安心の社会保障。(世界の先進国「北欧」に学べ)」『潮』(594)，2008 年 8 月，pp. 76-81.

F195.「中級 教育と格差 (vol.5)　学歴形成における家庭環境要因」『経済セミナー』(640)，2008 年 8 月，pp. 92-99.（八木匡と共著）

F196.「格差社会の行方［含コメントと質疑応答］」『Eco レポート』(60)，2008 年 8 月，pp. 1-26.

F197.「The Compass　税方式か保険料方式か決断すべき時期だ」『週刊東洋経済』(6160)，2008 年 8 月 30 日，pp. 126-127.

F198.「Interview　同志社大学教授 橘木俊詔 (特集 「下流」の子は下流？格差世襲) ——（貧困と富が世襲される国)」『週刊ダイヤモンド』96(33)，2008 年 8 月 30 日，p. 50.

F199.「中級 教育と格差（vol.6）　家庭における教育」『経済セミナー』(641)，2008 年 9 月，pp. 93-100.（八木匡と共著）

F200.「わが国の貧困問題の歴史的変遷と現状」『公衆衛生』72(9)，2008 年 9 月，pp. 696-699.

F201. 「医療経済フォーラム・ジャパン・第39回定例研修会から（上）医療保険制度の一本化と医学教育の問題をめぐって」『社会保険旬報』(2362)，2008年9月1日，pp. 12-17.
F202. 「医療経済フォーラム・ジャパン・第39回定例研修会から（下）医療保険制度の一本化と医学教育の問題をめぐって」『社会保険旬報』(2363)，2008年9月11日，pp. 22-27.（渡辺俊介ほかと共著）
F203. 「グローバル化と教育経済学（課題研究3　教育とグローバリゼーション）」『日本教育社会学会大会発表要旨集録』(60)，2008年9月19日，p. 379.
F204. 「中級 教育と格差(vol.7)　男の子と女の子」『経済セミナー』(642)，2008年10月，pp. 78-86.（八木匡と共著）
F205. 「早稲田と慶応はなぜ伸びたか」『本』33(10)，2008年10月，pp. 52-54.
F206. 「貧困解決に経済学はいかに貢献できるか」『貧困研究』(1)，2008年10月，pp. 24-29.
F207. 「The Compass　「大きすぎて潰せない」の論理性を問う」『週刊東洋経済』(6168)，2008年10月11日，pp. 166-167.
F208. 「中公読書室 著者に聞く　橘木俊詔『女女格差』」『中央公論』123(11)，2008年11月，pp. 284-286.
F209. 「中級 教育と格差（vol.8)　学校選択行動（上)」『経済セミナー』(643)，2008年11月，pp. 76-83.（八木匡と共著）
F210. 「The Compass　女医への子育て支援が必要だ」『週刊東洋経済』(6174)，2008年11月22日，pp. 124-125.
F211. 「伝統の継承こそ，「格差」是正の鍵である」『諸君』40(12)，2008年12月，pp. 158-167.（原田泰，松本健一と共著）
F212. 「中級 教育と格差（vol.9)　学校選択行動（下)」『経済セミナー』(644)，2008年12月，pp. 60-68.（八木匡と共著）
F213. 「表紙の顔　鈴村興太郎」『学術の動向』14(12)，2009年，p. 3.
F214. 「中級 教育と格差（vol.10)　教育の地域間格差」『経済セミナー』(645)，2009年1月，pp. 100-109.（八木匡と共著）
F215. 「The Compass　息を吹き返すケインズ経済学」『週刊東洋経済』(6181)，2009年1月10日，pp. 106-107.
F216. 「中級 教育と格差（vol.11)　教育と格差はどういう方向に進むか」『経済セミナー』(646)，2009年2月，pp. 82-89.（八木匡と共著）
F217. 「チェンジ　同一労働・同一賃金の条件でワークシェアリングを導入せよ（日本経済処方箋）――（経済専門家9人の提言)」『エコノミスト』87(7)，2009年2月3日，pp. 32-33.
F218. 「The Compass　先人は勤労と余暇をどう解釈したか」『週刊東洋経

済』(6188)，2009 年 2 月 21 日，pp. 128-129.

F219.「賃金を上げ内需拡大せよ！（底なし不況に劇薬を！）――（救国ワイド今こそ給料を上げろ！）」『週刊朝日』114(9)，2009 年 3 月 6 日，p. 20.

F220.「社会保障この一冊　丸尾直美／カール・レグランド／レグランド塚口淑子編『福祉政策と労働市場――変容する日本モデル・スウェーデンモデル』」『週刊社会保障』63(2521)，2009 年 3 月 9 日，p. 28.

F221.「教育制度――質の高い教育はいかに実現されるか」『経済セミナー』(647)，2009 年 4 月，pp. 72-77.

F222.「日本の地域間格差（vol. 1）　地域住民の生活意識と格差」『経済セミナー』(647)，2009 年 4 月，pp. 102-114.（浦川と邦夫共著）

F223.「The Compass　高校，大学で職業教育の充実を」『週刊東洋経済』(6195)，2009 年 4 月 4 日，pp. 200-201.

F224.「The Compass　問題山積みの改正産業再生法」『週刊東洋経済』(6203)，2009 年 5 月 23 日，pp. 110-111.

F225.「日本の地域間格差（vol. 2）　住民の地域移動の要因」『経済セミナー』(648)，2009 年 6 月，pp. 110-122.（浦川邦夫と共著）

F226.「セミナー　安全網の再構築――国民の安心へ全額税方式」『日本経済研究センター会報』(981)，2009 年 7 月，pp. 50-52.

F227.「安心社会をつくるにはどうすればよいか」『CEL』(89)，2009 年 7 月，pp. 10-15.

F228.「The Compass　企業福祉から撤退を」『週刊東洋経済』(6210)，2009 年 7 月 4 日，pp. 140-141.

F229.「日本の地域間格差（vol. 3）　企業立地の地域間格差」『経済セミナー』(649)，2009 年 8 月，pp. 108-119.（浦川邦夫と共著）

F230.「The Compass　働く人への支援か，働かない人への支援か」『週刊東洋経済』(6216)，2009 年 8 月 8 日，pp. 116-117.

F231.「政府の役割を量と質でどう考えるか」『会計検査研究』(40)，2009 年 9 月，pp. 5-10.

F232.「企業福祉と労働福祉の諸問題」『いのちとくらし研究所報』(28)，2009 年 9 月 15 日，pp. 19-23.

F233.「The Compass　世帯所得と教育格差」『週刊東洋経済』(6223)，2009 年 9 月 26 日，pp. 128-129.

F234.「現代女性キャリア研究所開設記念講演会・シンポジウム「女性の多様な社会参加をもとめて――今，何が課題か」『現代女性とキャリア――日本女子大学現代女性キャリア研究所　紀要』(1)，2009 年 9 月 30 日，pp. 1-46.（大沢真理，木本喜美子，大沢真知子と共著）

F235.「日本の地域間格差（vol. 4）　地域間の賃金格差と貧困の現状」『経

済セミナー』(650), 2009年10月, pp. 102-113. (浦川邦夫と共著)
F236.「貧困の拡大とセーフティネットの役割——雇用と社会保障の交錯」『企業と法創造』6(1), 2009年10月, pp. 5-10.
F237.「The Compass その場しのぎの民主党への不安」『週刊東洋経済』(6231), 2009年11月7日, pp. 112-113.
F238.「The Compass まだまだ不十分な社会保障政策」『週刊東洋経済』(6238), 2009年12月19日, pp. 122-123.
F239.「日本の地域間格差 (vol. 5) 行政サービスの地域間格差」『経済セミナー』(651), 2009年12月・2010年1月, pp. 97-108. (浦川邦夫との共著)
F240.「基礎年金ないし最低保障年金全額を消費税で賄う政策はなぜ好ましいか」『学術の動向』15(11), pp. 77-81, 2010.
F241.「大学における人材育成の成果と課題」『學鐙』107(2), 2010年, pp. 30-33.
F242.「日本の地域間格差 (vol. 6) 地域間格差の是正策——財政調整か, 東京一極集中をやめるか」『経済セミナー』(652), 2010年2月, pp. 102-112. (浦川邦夫と共著)
F243.「The Compass マーシャルに学ぶ——日本は150年前のイギリスと同じ」『週刊東洋経済』(6245), 2010年2月6日, pp. 124-125.
F244.「The Compass 子ども手当を評価する」『週刊東洋経済』(6252), 2010年3月20日, pp. 140-141.
F245.「職業教育とキャリア教育の必要性 (講演 第31回研究大会報告)『キャリア教育研究』28(2), 2010年3月31日, pp. 71-72. (松本浩司と共著)
F246.「書評 玄田有史著『人間に格はない——石川経夫と2000年代の労働市場』」『経済学論集』76(1), 2010年4月, pp. 108-111.
F247.「The Compass 人生を有意義にする余暇の過ごし方」『週刊東洋経済』(6259), 2010年5月1日, pp. 164-165.
F248.「書評と紹介 白波瀬佐和子著『日本の不平等を考える——少子高齢社会の国際比較』」『大原社会問題研究所雑誌』(620), 2010年6月, pp. 64-66.
F249.「人はなぜ働くのか——古今東西の思想から学ぶ」『日本労働研究雑誌』52(6), 2010年6月, pp. 4-9.
F250.「The Compass 東京一極集中をやめよう」『週刊東洋経済』(6267), 2010年6月19日, pp. 132-133.
F251.「The Compass 民主党敗北でも消費税アップを」『週刊東洋経済』(6275), 2010年7月31日, pp. 116-117.
F252.「「貧困大国」になった日本——年金充実や最低賃金アップが急務」

『エコノミスト』88(52)，2010年9月14日，pp. 44-45.

F253.「The Compass　社会保障を哲学から考える」『週刊東洋経済』(6282)，2010年9月18日，pp. 162-163.

F254.「素朴な疑問——働ける人，高額所得者にも支給する違和感（ベーシック・インカムについて考えよう）」『エコノミスト』88(53)，2010年9月21日，pp. 86-87.

F255.「坂本龍馬の師 横井小楠に学ぶ教育改革」『文藝春秋』88(12)，2010年10月，pp. 170-178.

F256.「The Compass　共同体主義を離れつつある日本人」『週刊東洋経済』(6291)，2010年10月30日，pp. 142-143.

F257.「The Compass　貧困解消のためにも，社会保障改革を急げ」『週刊東洋経済』(6299)，2010年12月11日，pp. 120-121.

F258.「RIETI 10周年記念セミナー　日本の教育問題［含 質疑応答］」『RIETI highlight』(34)，2011年，pp. 26-31.

F259.「格差，貧困論議を評価する（第15回厚生政策セミナー　暮らしを支える社会保障の構築——様々な格差に対応した新しい社会政策の方向）——（パネルディスカッション）」『季刊社会保障研究』47(1)，2011年，pp. 39-42.

F260.「The Compass　人材育成について議論を盛り上げよ」『週刊東洋経済』(6305)，2011年1月29日，pp. 128-129.

F261.「対談　結婚・家族と女性の自立」『経済セミナー』(658)，2011年2月，pp. 10-22.（檀ふみと共著）

F262.「対談　共助が息づく社会で国民生活に安心を」『公明』(63)，2011年3月，pp. 18-25.（坂口力と共著）

F263.「公的教育支出の増加と実務教育の充実を」『弘道』119(1071)，2011年3月，pp. 6-11.

F264.「The Compass　国民の意向を聴き，拙速は避けるべき」『週刊東洋経済』(6314)，2011年3月12日，pp. 140-141.

F265.「The Compass　震災でわかった地域社会の結び付き」『週刊東洋経済』(6324)，2011年5月14日，pp. 100-101.

F266.「対話 "非常時"の経済学——復興議論に冷静さを」『公研』49(6)，2011年6月，pp. 30-44.（飯田泰之と共著）

F267.「The Compass　政治の劣化を防ぐため，政治家選びに意識改革を」『週刊東洋経済』(6332)，2011年6月25日，pp. 124-125.

F268.「The Compass　無責任な政治家と，選んだ国民の責任」『週刊東洋経済』(6341)，2011年8月6日，pp. 118-119.

F269.「視点(40)　企業年金制度の歴史と今後」『企業年金』30(9)，2011年9月，pp. 16-19.

F270.「The Compass　女性の登用は不可避，クオータ制の時代へ」『週刊東洋経済』(6347)，2011 年 9 月 17 日，pp. 138-139.
F271.「The Compass　公的医療保険への加入強制は人権侵害？」『週刊東洋経済』(6357)，2011 年 10 月 29 日，pp. 128-129.
F272.「The Compass　反格差運動が教えること――格差の拡大は世界的な潮流に」『週刊東洋経済』(6363)，2011 年 12 月 3 日，pp. 116-117.
F273.「The Compass　社会保障と税の一体改革――消費増税は必要だが逆進性対策にも留意を」『週刊東洋経済』(6371)，2012 年 1 月 28 日，pp. 112-113.
F274.「書評　『小樽商科大学百年史』」『小樽商科大学史紀要』(5)，2012 年 3 月，pp. 7-10.
F275.「いま日本で安心の社会保障改革を――どうなる年金と消費税」『婦人之友』106(3)，2012 年 3 月，pp. 134-138.
F276.「エリート教育をどうすればよいか」『弘道』120(1077)，2012 年 3 月，pp. 25-30.
F277.「The Compass　過激な少子化対策――出生率を高める同棲の容認を」『週刊東洋経済』(6380)，2012 年 3 月 10 日，pp. 136-137.
F278.「The Compass　曲がり角に来た企業年金制度――企業年金は縮小か廃止にするべき」『週刊東洋経済』(6387)，2012 年 4 月 21 日，pp. 122-123.
F279.「The Compass　「維新の会」の経済政策――おおむね賛成だが年金や税では反対だ」『週刊東洋経済』(6396)，2012 年 6 月 9 日，pp. 116-117.
F280.「The Compass　増え続ける生活保護費――社会保険の充実で総額の削減が可能」『週刊東洋経済』(6404)，2012 年 7 月 21 日，pp. 108-109.
F281.「社会保障は削減か充実か」『週刊ダイヤモンド』100(29)，2012 年 7 月 21 日，pp. 50-52.（鈴木亘と共著）
F282.「とことん考える消費税（21・最終回）　増税賛成――福祉国家への道が日本の進む姿」『エコノミスト』90(31)，2012 年 7 月 24 日，pp. 74-76.
F283.「The Compass　ロンドン五輪余話――英仏に見るスポーツの歴史」『週刊東洋経済』(6412)，2012 年 9 月 8 日，pp. 100-101.
F284.「日本はデンマーク型の「福祉国家」をめざせ。(「日本再生」の分岐点)」『潮』(646)，2012 年 12 月，pp. 54-59.
F285.「格差と雇用の問題を解決する政策」『経済政策ジャーナル』10(2)，2013 年，pp. 60-64.
F286.「いま，働くということ（経済学会学術講演会）」『九州国際大学経営

経済論集』19(1/2)，2013年1月，pp. 1-22.

F287.「創刊90周年企画　エコノミスト賞受賞者が考える日本経済　私の処方箋（第11回）　経済成長だけが幸福の源泉ではない」『エコノミスト』91(7)，2013年2月12日，pp. 74-77.

F288.「対談　サッカーで語るスポーツと学歴，ビジネスとしてのプロスポーツ」『経済セミナー』(671)，2013年4月，pp. 10-21.（川淵三郎と共著）

F289.「若者の貧困問題」『公衆衛生』77(5)，2013年5月，pp. 360-364.

F290.「対談　「成長戦略」がもたらすリスク——アベノミクスと社会保障」『世界』(846)，2013年8月，pp. 122-131.（広井良典と共著）

F291.「安心の福祉社会へ——軽減税率の検討を急げ。」『潮』(661)，2014年3月，pp. 70-75.

F292.「経済成長は幸福感を高めるか（室田武教授古稀記念論文集）」『経済学論叢』65(3)，2014年3月，pp. 215-231.

F293.「日本は貧困大国」『更生保護』65(4)，2014年4月，pp. 13-17.

F294.「親が貧しいと子どもの進学不利に——教育格差の是正こそが優先的課題」『Journalism』(287)，2014年4月，pp. 89-96.

F295.「脱成長戦略への転換を」『弘道』122(1090)，2014年5～6月，pp. 17-22

F296.「アベノミクスと労働改革の諸問題」『いのちとくらし研究所報』(47)，2014年7月31日，pp. 23-27.

F297.「格差論，幸福論，経済政策論の軌跡（橘木俊詔最終講義）」『経済セミナー』(680)，2014年10月，pp. 56-63.

F298.「パネルディスカッション　現代の経済政策を巡る議論（橘木俊詔最終講義）」『経済セミナー』(680)，2014年10月，pp. 64-75.（パネリストに八田達夫，太田聰一，八木匡ほか）

F299.「トマ・ピケティ著『21世紀の資本』の衝撃」『現代思想』42(17)，2015年1月，pp. 76-87.

F300.「格差の研究者は——高所得者を分析した新たな視点の格差論（ピケティにもの申す！）——（言いたい，聞きたいピケティに一言）」『エコノミスト』93(7)，2015年2月17日，p. 89.

F301.「学校教育が人々の賃金に与える効果」『経済学論叢』66(4)，2015年3月，pp. 641-661.（櫻井康晴と共著）

F302.「急げ！ 社会保障改革(04)　「脱成長」から福祉国家の構築へ——子ども手当充実で若者支援を」『エコノミスト』93(13)，2015年3月31日，pp. 80-81.

F303.「格差社会の現状と課題」『学士会会報』2015(3)，2015年5月，pp. 24-28.

F304.「格差社会に挑む（上）　格差社会の象徴――増える「貧困者」」『ひろばユニオン』(643)，2015年9月，pp. 62-64.

F305.「格差社会に挑む（中）　格差・貧困――背後に非正規増大」『ひろばユニオン』(644)，2015年10月，pp. 62-64.

F306.「フランス産エリートはなぜ凄いのか――ENA（国立行政学院）学長ナタリー・ロワゾ氏に聞くエリート養成の極意」『中央公論』129(11)，2015年11月，pp. 234-240.（ロワゾ，ナタリーとの共著）

F307.「格差社会に挑む（下）　格差解消待ったなし――手立ては」『ひろばユニオン』(645)，2015年11月，pp. 62-64.

F308.「経済状況から見た老老格差」『現代思想』44(3)，2016年2月，pp. 52-59.

F309.「日本の貧困を克服するために。」『潮』(685)，2016年3月，pp. 32-39.

F310.「格差論の再燃――ピケティの衝撃とその評価」『地域経済経営ネットワーク研究センター年報』(5)，2016年3月31日，pp. 41-52.